高管财务实用手册

［葡］努诺·费尔南德斯　著
王文华　译

对外经济贸易大学出版社
中国·北京

图书在版编目（CIP）数据

高管财务实用手册 /（葡）努诺·费尔南德斯著；王文华译．—北京：对外经济贸易大学出版社，2023.9

ISBN 978-7-5663-2538-9

Ⅰ．①高…　Ⅱ．①努…　②王…　Ⅲ．①企业管理—财务管理—手册　Ⅳ．①F275-62

中国国家版本馆 CIP 数据核字（2023）第 151784 号

版权登记号：01-2023-3340

高管财务实用手册

GAOGUAN CAIWU SHIYONG SHOUCE

[葡] 努诺·费尔南德斯 **著**

王文华 **译**

责任编辑： 王延新

出版发行：对外经济贸易大学出版社

社　　址：北京市朝阳区惠新东街 10 号

网　　址：www.uibep.com

资源网址：www.uibepresources.com

邮政编码：100029

邮购电话：010-64492338

发行部电话：010-64492342

E-mail：uibep@126.com

成品尺寸：185mm × 260mm

印　　张：16.25

字　　数：317 千字

ISBN 978-7-5663-2538-9

印　　刷：北京时代华都印刷有限公司

版　　次：2023 年 9 月北京第 1 版

印　　次：2023 年 9 月第 1 次印刷

定　　价：58.00 元

关于作者

努诺·费尔南德斯先生是瑞士 IMD 商学院财务金融学教授和战略金融学院的董事。瑞士 IMD 商学院在全球公开课程学习方面排名第一（2012、2013 年），并且在总裁教育和培训方面被《金融时报》评为美国之外排名第一（2008—2013 年）。在瑞士 IMD 商学院，费尔南德斯教授领导着战略金融课目以及其他诸多与国际知名公司合作的课目。

费尔南德斯教授与许多高级领导及总裁合作，在投资选择、财务战略、合并收购、跨境投资、风险分析以及通常的公司治理问题上为他们提供帮助。他是公司财务、国际金融市场和新兴市场风险管理方面的专家。他在许多国际著名学术杂志上发表过文章，包括《金融与经济杂志》《金融研究》《国际商业研究杂志》以及《投资组合管理杂志》等。他曾在亚洲、欧洲和北美的商务大会上演讲，是多家国际商业媒体的撰稿人，包括《华尔街日报》《金融时报》等。

费尔南德斯教授在亚洲、欧洲、拉丁美洲和中东地区为公司和金融机构提供有关金融战略、全球证券组合投资、跨境估值、合并及收购、风险管理以及新兴市场投资等方面的咨询。

费尔南德斯教授是葡萄牙人，拥有西班牙 IESE 商业学院的博士学位，加入瑞士商学院前，是葡萄牙 Católica 里斯本商业与经济学院的金融硕士项目主任以及纽约哥伦比亚大学商学院的访问学者。他曾获得不少杰出荣誉，包括 AEFIN 奖和 FDIC 奖。2008 年成为欧洲央行蓝法路西研究员，此研究员资格只授予在世界金融领域杰出的学者。

作者关于本书，这么说

高管人员掌握一定的财务知识会如虎生翼。我在多年的职业生涯中，曾为高管人员开设过诸多重大的学习课目，这些课目涵盖与财务及商业相关的许多领域，但我一直面临一项挑战——每次课目结束时，总有一个问题被问到："这个课目好啊，我们想再多了解一些，你能推荐一本书，能够涵盖所有这些题目吗？"大多数财务方面的书籍太复杂、篇幅太长，与高管人员实际工作相关的内容被其中大量的理论和技术问题搞得懵懵的，而其他一些书籍又太基础，深度和宽度有限，如财务比率方面等。每当遇到这一问题，我只能推荐某书的某一章节、另一本书的某些章节。最终，这些书加起来，一大摞带上飞机回家。过了几年，我意识到有许多人在寻找一本书，能融合这些内容。市面上还没有这么一本书，所以，我决定写出这本书。

我在与总经理们一起工作的过程中注意到，他们中许多人对财务有种恐惧感，行业术语、复杂的数学和非标准的概念，没有直观的意义。我的这本书，就想避开这些问题——引用许多著名的学术理论（许多还获诺贝尔奖）——只集中在重要的与实际工作相关的方面，不钻研高深的技术细节而是概括结论。另外，本书呈现了几个实际应用的关键财务工具并讲解如何将它们与战略相连，如何在 excel 中应用。

学习目标

财务金融知识其实既有趣又实用，有这本书作参考，高管们就拥有了一套工具和手段，帮助他们在解决主要的财务问题和决策中，增强运用备选分析、战略规划等方面的意识。

财务其实很简单，就是与钱相关的那点事。有的人有钱想投资，有的人有想法在找钱，财务就是把两者连接起来。当然，最终有公司成功地把两者结合在一起，为双方创造出价值。

我个人有关财务的这些认知，使我在写这本书的过程中遵循以下几个特点，并能使它的使用效果最大化。

简单——财务的核心概念是简单。在使用这本书后，直觉上感到这些东西应该都是清晰的。

简明——所有的章节都比较短并可独立成体，那些平时比较忙但又对价值提升活动感兴趣的高管们会喜欢看。

实用——对核心的概念进行解释，但读者也能从中学会辨别问题，解决实际工作中不同的意想不到的困难，避免易犯的错误。

将理论运用到实践——对高管来讲，熟悉影响公司的重要学术方面的研究相当重要。此书融入世界水平的研究，但只呈现每个题目最亮点的研究，所以并不是把那些题目拿来复述一下。

真实——书中的范例都来自实际的公司和实际的数据，采用世界上许多行业和公司的数据。

以我的经验，用真实的问题和数据比基于公式和原理要有用得多，因为真实的数据对学习财务至关重要。本书的每一章都呈现真实的例子，用真实的数据来证明关键的观点，使全球的高管们都“认识财务”并喜欢财务。

目标读者

大多数的高管在制定和把握公司战略时，都需要有一定的财务基础原理，但终极目标是创造价值。此书就是写给他们的。

《高管财务手册》是一本写给商界高管的书，无论什么背景，只要他：

- 无论私营公司还是上市公司，只要是财务与公司战略相关联。
- 发现如何为公司创造价值、提升财务业绩。
- 想了解长期价值创造的关键构成要素。
- 想在公司建立资本成本的文化。
- 想要更新和扩展财务概念和金融工具。
- 不仅是学点会计数字，而且要运用财务进行决策，如财务和付款策略、合并和收购、项目估值、风险管理以及衍生工具等。
- 最终作出更优的决策。

本书也可以用作高管财务培训和 MBA、EMBA 工商管理类教材。的确，此书是基于多年的高管教育并咨询了很多世界级公司而写出的。我的教学也一直是有关公司估值、资本结构，以及其他财务政策、合并收购、风险管理方面的。我也在教学过程中通过与学员交流学到了许多，包括 CEO、CFO 以及其他高管，所以我能够分辨什么样的课题适合哪一类不同的公司，私营的还是上市的，在实际工作中存在什么难题，本书的各章内容都萃取了这些丰富的经验。

精选的样本

大多数章节里，都列举了例子并一步步作了解释。还有，在本书的网页 www.FinanceforExecutives.net 还可以下载每一章里 Excel 模型表，学员很容易从中找到自己的需求，这可以用于各种场合：价值创造、分解各种关键指标、资本成本预测、项目评估、合并收购、公司估值、优选价值等。

感　谢

本书的一些观点得到很多人的指导和完善。在教学过程中，我与有着各种背景的许多高管互动交流，这使我受益匪浅，这些高管包括来自世界各地的 CEO、CFO。有时，我也为公司定做一些项目，提供咨询或非正式的一些交谈。我非常感谢他们与我分享他们的智慧，这也为本书注入了新的观点。

我还要感谢瑞士 IMD 商学院的同事们对该书提出的宝贵意见，感谢校对、编辑的同事们。

引　言

怎样使用本书?

这是一本用来参阅的书，无须从头读到尾。

每一章都有很高的可读性、实践性，同时也很缜密。每章本身就涵盖基本概念、分析工具以及那些工具如何运用。高管们可以“量身定用”，根据自己公司的情况选用。

本书以真实公司为例，采用实证的方法和财务技术手段。更重要的是，每一简短的章节都能够使高管们马上将其中的概念运用到实践中。

本书第一章从主要的财务比率和关键会计术语开始，先回顾主要的会计报表，关注作为公司高管应该留意的分析财务报表时的关键点。

第二章涵盖以下几个问题：什么是资本成本，它是如何随着时间变化的，怎样使不同公司的权益成本产生不同，我是怎样计算公司加权平均资本成本的，资本成本与风险之间存在怎样的关系。

第三章关注什么是价值创造，它是如何与公司战略相联系的。的确，价值创造是每位高管的责任，但不是所有高管都会运用最新的战略和价值创造工具。本章就概述了一个最实用的价值创造的方法，可以用于不同的公司和机构。

第四章关注以下问题：在两个有盈利的投资项目中，我的公司应该从中选哪一个；我如何保证我的公司将资本安排在能够增值的那个项目；我在不同的资本支出中决策时，应采取什么标准；我在不同的成本节约项目中，如何决策；我如何对品牌估值；在对公司主业之外的项目评估时，我们应该关注什么。

第五章强调与财务政策相关的实际问题：为什么有些公司持续保持高负债，我们的公司应该有多少负债，不同行业间最优的财务结构有何不同，债务对公司运营有什么样的影响（客户、供应商和员工等）。

第六章包括债务市场的融资活动，重点关注以下问题：我们应该发行固定利率还是浮动利率的债；我的公司传统上只用银行贷款，公司债券是一种选择吗；评级机构是如何看待不同的公司的；投资债券有什么风险；什么是信用违约掉期；我们应该持有长期还是短期债。

第七章强调以下问题：我的公司应该上市吗；怎样开展股权融资；股票首发的步骤是什么；公开股权发行的成本和费用有哪些；当一家公司发出期权时，会发生什么；为什么有公司拆分股票；在世界上不同的交易所上市，会有什么不一样。

第八章回答了以下问题：我的公司上市 8 年了，一直是盈利的，是不是该开始分红了；回馈股东的最好方式是什么；什么时候公司应该回购股份；为什么我们不保留现金；我应该怎样设计一个优选方案回报股东。

第九章描述了公司估值的主要方法，强调以下几个问题：我们公司正在考虑将非主业的业务分拆，它的合理价值是多少；在对公司估值时，我们应该用多少年来计算；公司估值有哪些方法；不同的倍数如何发挥作用。

第十章包括合并和收购、确定目标以及在对目标公司估值应采用的技术手段，我们强调如下问题：什么时间合并能够创造价值；我们怎样保证我们的收购能创造价值；应该如何选择支付方式；合并收购交易完成后，会产生什么结果。

第十一至十三章包括有关衍生市场的关键概念，有效使用衍生工具可以创造巨大的价值且可以有效地管理风险，在衍生品市场容易犯的几种错误等。这几章强调以下几个问题：何时、为什么我们应该运用衍生工具；期货和期指有什么不同；股票期权如何估值；衍生品市场是如何运作的，公司该如何有效运用；期货、调期和期权在市场上如何定价。

总之，本书已远超出会计的范畴而从更广的视角观察财务，主要是为高管们提供一个将公司战略与财务从内部联系起来的工具。本书不同章节融会贯通，帮助高管们将财务分析应用在管理上。

缩略词

- AEFIN，Asociación Española de Finanzas 西班牙财务金融协会
- FDIC，Federal Deposit Insurance Corporation 美国联邦存款保险公司
- MBA，Master of Business Administration 工商管理硕士
- EMBA，Executive Master of Business Administration 高管工商管理硕士
- CEO，Chief Executive Officer 首席执行官
- CFO，Chief Finance Officer 首席财务官
- CAPM，Capital Asset Pricing Model 资本资产定价模型
- IPO，Initial Public Offering 首次公开发行
- SEO，Seasoned Equity Offering 增发股份
- LIBOR，London Interbank Offered Rate 伦敦银行同业拆借利率
- Euribor，Euro Interbank Offered Rate 欧洲银行同业拆借利率
- WACC，Weighted Average Capital Cost 加权平均资本成本
- DCF，Discounted Cash Flow 现金流折现
- NPV，Net Present Value 净现值
- CAPEX，Capital Expenditure 资本支出
- NWC，Net Working Capital 净营运资本
- GDP，Gross Domestic Product 国内生产总值
- CDS，Credit Default Swap 信用违约互换
- EPS，Earnings Per Share 每股收益
- EV，Enterprise Value 企业价值
- PER，Price/Earnings Ratio 每股市价/每股收益比率（市盈率）
- ROA ,Return on Assets 总资产收益率
- ROE，Return on Equity 股权收益率

目 录 contents

第三章 价值创造型管理架构

第四章 选择正确的投资项目——资本预算工具

第六章 从银行和资本市场筹资

第九章 公司估值的主要原则

第十章 通过并购创造价值

第十一章 衍生品和风险管理

第一章

主要的会计指标和比率

这一章讲述了“损益表”和“资产负债表”的主要构成项目。这两张表的主要区别是在时间上：损益表是反映公司在某一期间（一年或一季度）的财务经营业绩，而资产负债表像一张静态图，它是反映某一时段结束时，公司不同项目的状况。

损益表	资产负债表
某一期间的财务业绩	某一期间终点时的静态图

1.1
损益表——主要项目

损益表列示了一家公司某一时间段的经营活动及其产生的利益。从损益表能看到公司的利润（或净利润），它是在某一期间收入与成本的差额。

收入：是指公司在此期间实现的净销售，“净”的意思是指不包括价格折让。

直接成本：直接成本是指公司为生产商品而花费的支出，这包括所有的生产用原材料支出和从事生产的人工支出。

毛利润：毛利润 = 收入 - 成本；是指收入与生产产品（或提供服务）的差额，是在扣减管理费用、资产折旧、税金以及利息支出前的金额。

销售和管理费用：管理费用是与公司生产和经营相关而发生的支出，一般性管理费用还包括水、电、租金和工资等。

折旧和摊销：一般是指一项资产跨几年使用，分摊到每一年的成本，也可以解释为这一资产由于使用、消磨、技术淘汰或其他因素，随着时间的过去而丧失的价值。它与资产的市场价值无关。有形资产（也称固定资产），像车辆、机器和建筑物等采用折旧；无形资产（没有物理形态的资产），像专利、商标、著作权和商誉等采用摊销。

EBITDA（利息、税金、折旧和摊销前收益）：EBITDA= 净利润 + 利息净支出（扣除利息收入）+ 折旧和摊销；EBITDA= 收入 - 成本 - 销售及管理费用。该指标是公司经营业绩的一个关键性指标，具有很好的可比性，因为它扣除了财务利息成本、税金以及折旧等会计主观判断因素的影响。它也是公司偿债能力高低的一项重要指标。它不能代表现金的流入或流出，因为它不能说明营运资金对现金的需求，也说明不了老旧设备更新情况。如果公司净营运资金没有重大变化，用它来表示公司经营性现金流，是一个不错的替代指标。

EBIT（息税前收益）：计算 EBIT 有三种方法，EBIT=EBITDA- 折旧，EBIT= 净利润 + 利息 + 税金，EBIT= 收入 - 成本 - 销售管理费 - 折旧。有时用作经营收入的参考，它也是在不含利息及所得税情况下衡量盈利能力的指标。

利息费用：也称财务成本，是公司每年支付的债务费用，是借贷成本，是公司使用借款人钱款的价格；不包括还债数额，只是利息部分，一般会表示扣掉利息收入。

EBT（税前利润）：EBT=EBIT- 利息，是扣除所有相关的经营费用、资产和财务费用后的收益，是公司在不考虑税的情况下的盈利能力的衡量指标。

少数权益：公司在合并非全资所属公司时，才会有少数股东权益，在损益表中放在少数权益项目下，表示应该属于少数非控股股东的利润。

权益收入：当一个公司部分拥有另一个公司，但又不足以将它视为子公司，就出现权益收入，持股公司在财务报告中就需要单独列示一行——联营公司的权益收入——它代表所投资公司应占的利润比例。在这种情况下，被投资公司的收入、成本、资产和负债都不会出现在持股公司的财务报表上（非合并）。

一般来讲，当一个公司持有另一个公司 20% 以下的投票权，通常表示为权益收入。

净利润：是指某一期间的净收益，常被称作“底线”。它用来衡量某一期间交易产生的所有者权益净差额。它可以重新投入公司里。如果重新投入，它在以后的会计报表中表现为留存收益。有三种计算净利润的方法。

（1）净利润 = 税前利润 – 税金

（2）净利润 = 息税前收益 – 利息支出 – 税金

（3）净利润 = 息税折旧前收益 – 折旧 – 利息 – 税金

1.2 资产负债表——主要项目

资产负债表是在某一期间末，用会计资产和负债来反映公司财富状况的。

1.2.1 资产

资产负债表的左侧是资产，我们简单将资产分类如下。

现金及现金等价物：资产负债表中流动性最强的资产，可以马上变成现金的资产，包括现钞、银行存款、货币市场债券、政府短期债券或票据、可出售证券和商业票据等。

存货：公司库存的已完工商品和原材料，以不同的方法价值得到转回。（1）后进先出法：近期生产的产品先被售出，这种情况下，公司存货的账面价值反映的是先生产出来的产品的成本；（2）先进先出法：先生产的产品先售出，存货价值反映的是最近生产的产品成本。这两种方法对存货价值的影响非常大，特别是对原材料成本的影响波动很大，如与石油相关的产品。

应收账款：客户对公司的欠款，是提前约好的付款条件。通常，公司开先发票，后收款。

流动资产：是现金、存货和应收账款的总和，是公司预期在 12 个月内就能变现的资产。

PPE（Property，Plant and Equipment，不动产、厂房和设备）： 也称固定资产，是公司购入的将来一定时期内使用的有形资产。每年末的固定资产净值，是固定资产的历史成本与累计折旧的差额。

无形资产： 看不见、摸不着，不能以实物计量，包括购入或自主开发的知识产权、商标、专利以及商誉等。商誉是一个公司收购另一个公司时，支付的对价超过被收购公司净资产的部分。

1.2.2 负债及所有者权益

资产负债表的右侧包括负债及所有者权益，我们下面描述其中的主要项目。

应付账款： 由于购买商品或服务而形成的欠款，在收到发票但还没有付款时，记录为应付账款，也称“应付款”，根据与供应商的付款条件而有所不同。

短期债和即将到期的长期债： 是公司欠银行或其他借款人并将在一年内到期的债务。

流动负债： 是指负债中（如应付款和短期负债），在一年内即将到期的部分。

长期负债： 是指资产负债表日之后，公司欠银行或其他债权人的一年期以上的负债。

股东权益： 是总资产与总负债之间的差额，是股东在一个公司所拥有权益的账面值，包括股本、优先股、少数股东权益、库存股票和未分配利润等。股本权益表示原始股东的资本注入，也包括之后的增发股份。优先股是一种特殊的权益证券，具有股权和债权双重属性，通常没有投票权但享有固定的分红，在公司倒闭时比普通股享有优先偿付权，公司在没有支付优先股分红前不能支付普通股分红。少数股东权益也是一种非控制性权益，表示母公司对子公司不具有控制权的那部分权益。其实少数股东权益就是归属于非控股股东的那部分权益。库存股票是公司回购的自己公司的股票，它以成本记账，公司可以注销它，也可以卖掉这些股票。未分配利润表示公司以前累积下来的收益。

1.3 主要的财务比率及其应用

财务比率是公司经营情况的指示器。以下所述的这些比率都可以从公司的财务报告中计算出来，这一节我们列示出主要的财务比率和解释。大多数的比率在不常用时显得没用，但是财务比率在以下方面还有很有用的。

- 分析同一公司在不同时期的变动趋势。通过比率的变化展示有用的信息，使我们分清预期的问题以及趋势为什么发生变化。
- 与同行业比较。财务比率能够使不同大小的公司具有可比性，它有助于发现潜在的问题以及解释为何不同公司的经营业绩不同。
- 对比同一公司各业务单元的不同。它常被用来分析公司某一板块的情况，也可以用来比较同一板块在不同地域的差别。

主要的财务比率可以汇总分为如下类别：(1) 增长率；(2) 盈利能力；(3) 经营效率；(4) 财务杠杆；(5) 流动性和偿付能力。

1.3.1 增长率

$$\text{利润增长：利润增长率}=\frac{\text{本期利润}}{\text{上期利润}}-1=\frac{\text{本期利润}-\text{上期利润}}{\text{上期利润}} \quad (1.1)$$

| 表示两个期间净收益（利润）增长（或下降）的百分比。

$$\text{销售增长：销售增长率}=\frac{\text{本期销售额}}{\text{上期销售额}}-1=\frac{\text{本期销售额}-\text{上期销售额}}{\text{上期销售额}} \quad (1.2)$$

| 表示两个期间销售收入增长（或下降）的百分比。

$$\text{息税及摊销前收益增长：增长率}=\frac{\text{本期息税及摊销前收益}}{\text{上期息税及摊销前收益}}-1 \quad (1.3)$$

| 表示息税及摊销售前收益从一个期间到下一个期间增长（或下降）的百分比。

所有的增长率都可以进行年度的或某一个区间的分析。如果分析期超过一年，通常会采用复合增长率。

$$\text{年复合增长率：CAGR}=\left\{\frac{\text{期末值}}{\text{期初值}}\right\}^{\left\{\frac{1}{\text{年数}}\right\}}-1 \quad (1.4)$$

| 它是指某一期间平均（稳定的）利润增长率。

例子：计算过去 5 年的利润复合增长率

2005 年末的利润 =1,000；2010 年末的利润 =1.500

$$\text{CAGR}=\left\{\frac{1,500}{1,000}\right\}^{\left\{\frac{1}{5}\right\}}-1=8.45\%$$

1.3.2 盈利能力的财务比率

盈利能力比率包括几种不同的方法，是衡量一个公司如何成功赚钱的能力，通过一定时间内盈利趋势（公司内和公司间）的分析来作出较优的决策。

$$\text{ROIC（投资回报率）}=\frac{\text{息税前收益}\times(1-\text{税率})}{\text{投入的资本}} \quad (1.5)$$

| 衡量一个公司投入资本金的回报。

| 投入的资本 = 长期债务 + 短期债务 + 权益资本，它表示企业所有来自不同资本提供者的资本（股权所有者和债权所有者），包括公司全部的有息负债，无论是长期的还是短期的。

$$\text{ROE（权益回报率）}=\frac{\text{净利润}}{\text{股东权益}} \tag{1.6}$$

| 衡量股东权益的回报，是指投入到公司的资本金每一元所带来的收益。

$$\text{ROA（资产回报率）}=\frac{\text{净利润}}{\text{总资产}} \tag{1.7}$$

| 衡量总资产的回报，是指资产如何有效利用而带来利润，是一个公司每一元资产带来的利润。

$$\text{销售利润率}=\frac{\text{净利润}}{\text{销售收入}} \tag{1.8}$$

| 也称净利润率或净收益率，是净利润对销售收入的百分比，展现了一个公司控制成本、增加收入的能力。如果公司的利润率低，可能意味其收入下降、利润下滑的风险较高，但在不同行业和不同产品上也不大相同。

$$\text{毛利率}=\frac{\text{销售收入}-\text{成本}}{\text{销售收入}} \tag{1.9}$$

| 衡量销售带来的毛利，是销售带来的收益在扣除商品或产品成本后，占销售收入的百分比。这里的商品或产品成本中，不包括一般管理费用、税费、利息和折旧。这一指标在不同行业和不同产品上也不相同。

$$\text{息税摊销前收益率}=\frac{\text{息税摊销前收益}}{\text{销售收入}}=\frac{\text{销售收入}-\text{成本}-\text{销售及管理费用}}{\text{销售收入}} \tag{1.10}$$

| 衡量一个公司经营中的盈利能力，它等于息税及摊销前的收益除以总的销售收入。由于息税及摊销前收益不包括折旧和摊销，因而能使投资者更清楚地看出一个公司在经营过程中的盈利能力。这一指标更有效，因为它忽略了会计政策和资本结构的不同而产生的影响，通常比净利率高，但波动比它小。

$$\text{销售成本率}=\frac{\text{销售成本}}{\text{销售收入}} \tag{1.11}$$

| 也是一个衡量公司利润率的指标，是与收入相对应的销售成本与销售收入的百分比。

$$\text{销售及管理费率}=\frac{\text{销售及管理费用}}{\text{销售收入}} \tag{1.12}$$

| 是衡量公司期间费用的指标，是销售过程中发生的期间费用所占的百分比。

$$\text{EPS（每股收益）}=\frac{\text{净利润}}{\text{股数}} \tag{1.13}$$

丨是衡量公司每一股收益的指标。分母中的股数可按以下方式计算：一是期末股票数量；二是报告期平均股数；三是包括可转换股的股票在内（涡轮、期权和未行使的可转股），这种情况下被称作稀释后每股。

1.3.3 运营能力的财务比率

运营比率是衡量一家公司管理及资本使用效果的，包括其营运资金。

$$\text{总资产周转率}=\frac{\text{销售收入}}{\text{总资产}} \tag{1.14}$$

丨是指一家公司的资产使用效率，周转率越高表明资产的使用效率越高或运营得越有效率，这一指标在不同行业间差异较大。

$$\text{DSO（Days Sales Outstanding，日均赊销占款）}=\frac{\text{应收账款}}{\text{年赊销额}}\times 365 \tag{1.15}$$

丨是指赊销金额平均收回的时间或赊销金额停留在应收账上收回之前的天数，也可以说是公司销售发生后到收回款项的时间。DSO 越高说明公司赊销金额越大、收回账款的时间越长。如果边际收益足以弥补延迟付款的成本，DSO 高并不一定是坏事。

$$\text{DSI（Days Sales Inventory，库存销售天数）}=\frac{\text{存货}}{\text{销售成本}}\times 365 \tag{1.16}$$

丨 DSI 也称库存时间、库存天数或库存持有期。DSI 越高说明库存的天数越长。如果边际收益足以弥补成本包括资金成本，DSI 高并不一定是坏事。

$$\text{DPO（Days Payables Outstanding，应付款偿付天数）}=\frac{\text{应付交易款}}{\text{商品销售成本}}\times 365 \tag{1.17}$$

丨 DPO 也称付款期，是指拖欠供应商款项的平均天数。DPO 高意味着公司享有供应商的信誉良好。

1.3.4 财务杠杆比率

财务杠杆比率是衡量一家公司资本使用情况的，用来分析公司的资本结构、长期偿付能力等，常被称为杠杆率，虽然这些条目在不同的公司可能表示的意义并不相同，以下是几种常用的比率。

$$\text{资产负债率}=\frac{\text{总负债}}{\text{总资产}} \tag{1.18}$$

丨是指短期和长期债务对总资产的比例，是公司通过借款可以获得资源的比例。资产负债率越高，相应的风险也就越大。如果资产负债率超过 0.5，意味着公司主要资产都是依靠债务融资解决的。

$$权益负债率=\frac{总负债}{所有者权益} \quad (1.19)$$

| 是指公司使用债务和权益融资的相对规模。如果权益负债率低于 1，意味着公司主要资产是用股东的钱购买的。权益负债率越高，公司的财务风险越高。

$$利息倍数=\frac{息税前收益}{财务成本} \quad (1.20)$$

| 是指公司缴纳税金和支付利息之前的收益，相当于多少倍的借款利息，表示公司支付利息的能力大小，是衡量收益与利息费用关系的，也是一家公司评级时的关键要素。

$$收益债务比=\frac{总债务}{息税及摊销前收益} \quad (1.21)$$

| 是指公司偿付债务的能力，也可以解释为息税及摊销前收益为总债务的倍数，也是公司评级的另一个重要因素。这一比率越低，表明公司越容易偿还全部债务。

1.3.5 流动性及偿付能力比率

财务流动比率是指一家公司资本对负债偿付的能力，说明公司是否有足够的资源持续经营、及时结账。偿付能力比率可以与公司破产的可能性相联系。

以下几种比率可以看出一家公司满足其短期偿还责任，判断一家公司向材料或服务供应商付款的能力。

$$流动比率=\frac{流动资产}{流动负债} \quad (1.22)$$

| 也称营运资本率，是流动资产对流动负债的比率。这个比率低说明公司偿付短期债务有困难，如果太高说明公司握有太多的现金、存货或应收未收回的款项。短期信贷的提供人喜欢高的流动比率。在大型循环生产工业企业中，一般要求较高的流动比率，以便下行时保持较好的偿付能力。

$$速动比率=\frac{流动资产-存货}{流动负债} \quad (1.23)$$

| 也称速动资产流动率，跟流动比率相似，只是不包含存货。有时候存货很大，去掉它更能反映流动性。

$$利息保障倍数=\frac{息税前收益}{财务成本} \quad (1.24)$$

| 表示公司偿付利息的能力，其缴税付息前的收益，是应付利息的多少倍，衡量与利息相关的收益。比率越低越难保证支付利息。该指标在公司评级时至关重要。

第二章

什么是公司的资本成本

资本成本是财务上最重要的概念之一，它是一项新的投资可接受的最低回报率，代表了公司使用资金的长期机会成本。如果管理层决定投资一个项目的预期收益大于资本成本，公司的价值将会得到提升。反过来，如果公司投资项目的预期回报低于资本成本（即使项目有会计账面利润），那么，公司的价值也会下降。同样，资本成本也是资本预算运用（见第四章）、公司估值（见第九章）、公司并购（见第十章）里，在分析现金流时的折现率。

资本成本从内部来讲不是固定的，而且投资人在给公司提供资金时，一定会从财务角度要求一个回报率。投资公司债券和股票的投资者要求的回报，一是要能补偿它们的风险，二是要求资金的时间价值。这样，从投资者的观点，资本成本可以解释为资金的机会成本，投资者对高风险的投资要求高回报（风险 – 回报原则）。

另外，公司的现时资本成本并不适合用于其他项目。如公司目前是从事电力供应的，现在计划投资媒体业务，过去的资本成本就不适合用于去估量媒体业务，因为两个业务的风险是不同的。

在公司这个层面，最为重要的概念就是加权资本成本（WACC）。加权资本成本在评估公司时，不仅反映了业务风险，而且也反映了财务风险。加权资本成本在计算时，一定要用同一货币种类进行，并且只适用于长期目标的资本结构。

◆ 学习重点

资本成本是公司满足资本提供者（权益和债务）要求的回报率。

加权资本成本的公式是权益和债务投资者加权平均的回报要求（它们的机会成本），如下：

$$WACC=\frac{debt}{debt+equity}(1-t)r_{debt}+\frac{equity}{debt+equity}r_{equity} \quad (2.1)$$

| r_{debt} 是债务成本，r_{equity} 是权益成本；*debt* 是短期债务和长期债务之和；*equity* 是全部权益的值。

加权平均资本成本是公司整体资金的税后成本，计算的时候是把权益成本和税后的债务成本加权平均，合在一起的综合成本。无论是债务成本还是权益成本，都反映出不同来源资本的成本要求（或者说投资者对于公司风险回报的要求）。

如何计算 WACC：

1. 估计一下资本结构中债务和权益的比例。有一点很重要，就是估计的时候是用权益和债务的市场价值。对于债务来讲，账面值和市值没有很大差别，除非公司发生财务危机[1]。但是对于权益来讲，账面值与市值的差别通常就很大了。

2. 对权益成本（r_{equity}）或债务成本（r_{debt}）作出估计，这些参数一定要反映出投资

1　当公司债务成本发生巨变（或是由于评级的变化，或是由于市场利率发生较大变化），债务的账面值与市值，跟初始发行时比，就出现差异。这时，贷款或债券的面值与市场价值会不同。

者对风险以及回报的预期。这些成本（权益或债务）也要反映出公司合理的资本结构。

3. 用一个合理的资本结构估计加权平均资本成本，这一结构代表着公司综合资本（债务和权益）情况。

◆ 学习重点

加权平均资本成本是公司管理层为了帮股东作出好的决策，需要知道的一个市场价值衡量指标。

让我们来看看如何估计各种资本所要求的回报：债务的成本、权益的成本。

2.1 债务成本及其风险

在计算加权平均资本成本时，债务成本一定要预估好，它既要反映债务投资者对回报的要求，也要反映对风险回报的要求，还要反映嵌入在 WACC 公式中的资本结构比例一致信用风险的长期固定利率[1]贷款（或债券）的要求回报。

公司可以从银行贷款，这时候，它的债务成本就是银行贷款利率[2]。公司也可以通过发行债券直接向投资人借钱，那么，它的债务成本就是债券当前市场利率或投资公司债券的投资者要求的到期收益率。

因为公司债券存在违约的可能性，投资人要求的债券利率相对无风险利率要高，债务成本的公式变成以下形式：

$$r_{debt}=r_f+spread \tag{2.2}$$

| r_{debt} 是公司的债务成本，r_f 是无风险利率（通常实践中可以看作是政府债券）。

一定记住所谓无风险利率是指同一币种下的现金流预测情况。

息差（*spead*）是市场预测的公司信用风险，高风险借款人的息差（也就是债务成

---

1 浮动利率的债券和贷款不应计算在这个债务成本中，这些利息支付时是参照基准利率的，如 LIBOR（伦敦银行同业拆借利率）、Euribor（一般采用银行内部利率）。这在对长期债务成本估计时会产生误导，即使公司有浮动利率的债务，当计算 WACC 时，我们应该只考虑长期固定利率的债务成本。

2 公司付给银行的利息属于税前债务成本，在计算加权平均资本成本公式中是在（1–t）相乘。也就是说，如果公司应支付 1,000 元利息、税率是 25% 的情况下，可以少付 250 元的税款（在税表中作为减项），税后债务成本只有 750 元。

本）比低风险借款人的成本自然要高。

无风险利率通常是指政府发行并持有到期的债券利率。理想情况下，债券持有到期应该刚好与它的现金流的折现一致。在实践中，一般用政府 10 年期债券作为无风险利率。表 2.1 列示了世界上一些国家 10 年期政府债券的利率。

表 2.1　10 年期政府债券利率

国家	利率
美国	2.76%
英国	2.77%
德国	1.69%
法国	2.16%
日本	0.61%
新西兰	2.04%
瑞士	0.88%

信用评级在帮助投资者是否借钱给公司时，扮演着重要的角色。因此，信用评级是对债券发行人信用度的评估。

◆ 学习重点

债务成本取决于借款人对公司风险的判断，信用评级是评估风险大小的一种工具。

全球主要的评估机构有穆迪和标普，表 2.2 列示了它们主要的评级类别。

表 2.2　穆迪和标普公司评级类别

	穆迪	标普
投资级类别	Aaa	AAA
	Aa	AA
	A	A
	Baa	BBB
投机级类别	Ba	BB
	B	B
	Caa	CCC
	Ca	CC
	C	C

在每个评级类别中，有子分类，也称等级。穆迪用数字表示：1 表示最安全，3 表示风险最高。标普用 + 和 – 号表示。如在 A 类中分为三个等级：穆迪有 A1、A2 和 A3；标普有 A+、A 和 A–。

债券的评级在 Baa3（穆迪）或 BBB–（标普）被认为属于**投资级别**。低于这一评级的被视为**投机级别**，也可称为垃圾债、次级债或高收益债。

根据评级来评估潜在的违约风险[1]，评级低的通常债务成本会较高。表 2.3 列示了投资者对投资级和投机级债券要求的平均息差（同样到期日超出无风险债券）的差别。

埃索美孚拥有 AAA 级评级，假定无风险利率等于 4%，我们预计埃索美孚的债务成本如下：

$$r_{debt}=r_f+Spread$$

表 2.3 中的息差显示 AAA 级[2]的借款人，比如埃索美孚，债务成本平均为 4.21%（无风险利率 4%+ 息差 0.21%）。

表 2.3 穆迪和标普公司评级类别

投资级类别		投机级类别	
AAA	0.21%	BB+	2.18%
AA	0.34%	BB	2.41%
A+	0.48%	BB–	2.64%
A	0.56%	B+	3.14%
A–	0.88%	B	3.41%
BBB+	0.94%	B–	4.08%
BBB	1.13%		
BBB–	1.70%		

来源：彭博资讯，2014 年 1 月

投资级与投机级债券的差别在世界范围内都存在。的确，投机级债券对投资者是很大的挑战，由于这些投机债券的额外风险，许多机构投资者明确被法律禁止参与，

1 作为债券评级的选择，我们可以用信用违约掉期（CDS）来估计公司的信用风险（也就是息差）。信用违约掉期是贷款违约时，保护借款人的一种特别保险，因此，每年要支付一定的保险费，通常称作信用违约掉期率，借款人其实是作为保险费用的交换。在 CDS 市场中，这个保险是相对发行人的，所以，CDS 费率可以解释成某一公司在市场中的信用风险的程度。

2 2013 年 12 月，全世界只有 5 家发债的公司拥有 AAA 评级：数据自动处理公司、埃克森美孚公司、帝国石油公司、强生公司和微软公司。

所以我们看到 BBB 和 BB 之间的息差很大。

2.1.1 信用利差随时间而变化

信用利差不是不变的，所以，即使同一发行人在评级没变的情况下，随融资的时间不同，费率也不同。图 2.1 列示了不同评级、发行时间不同的平均信用利差。同时，从投资者的观点，公司债券的价格随着信用利差的扩大或收窄而波动。一般来讲，息差收窄时，公司债券的价格会上升。

2008/2009 年金融危机时候，所有的息差都发生巨大的上升。无论怎样，图 2.1 也展示了不同的评级水平，息差的上升也是不同的。的确，对于大多数信用等级低的发行人来说，息差增长也较大。

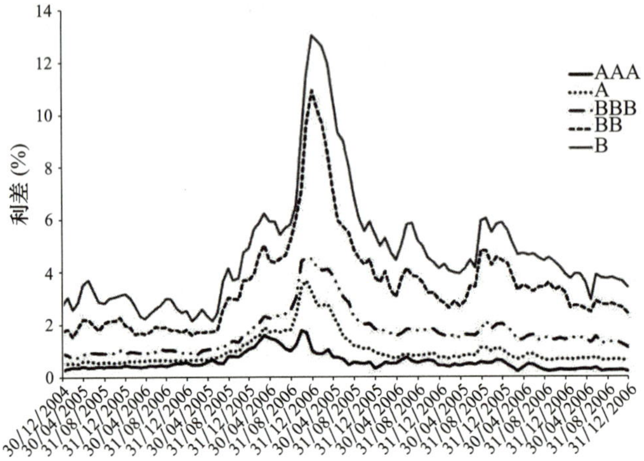

图 2.1 信用利差

来源：Bloomberg，2014 年 1 月

信用利差随时间而变化，这一因素对公司有重大的影响，即使公司的信用评级没变，公司的债务成本也可能有很大不同。对于一家信用等级为 BB 的公司来说，2007 年时的息差是 2%；同样是这家公司，在 2008/2009 年时的息差甚至超过了 10%。

◆ 学习重点

即使公司的评级没有发生变化，债务成本也可能会随时间而变化。

2.1.2 无风险息率随时间而变化

无风险利率不是稳定不变的。图 2.2 列示了一些国家长期政府债券的演变。

数据显示，过去 10 年间政府债券明显下降。的确，2012—2013 年，无风险利率降到了过去 30 年的最低点。

◆ 学习重点

债券成本会由于无风险利率的变化而变化。

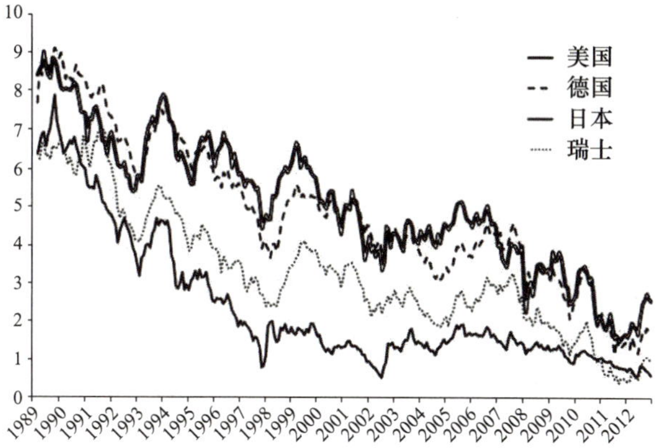

图 2.2 长期国债利率

来源：Datastream，2014 年 1 月

2.2 权益成本及其风险

权益成本要求的回报与它面临的风险是成比例的，取决于公司（或项目）估值的风险。资本资产定价模型（CAPM）是分析员、投行或世界级公司在进行权益成本估计时，一种传统上常用的方法。

CAPM 模型最早由威廉姆·莎普（1964 年）建立，用来为金融资产定价。1990 年，他因此获得了诺贝尔经济学奖。的确，他的这项成果对世界金融经济，无论是学术还是实践都产生了巨大的影响。研究发现，差不多有 75% 的跨国公司总会计师都用这个模型来确定公司权益成本[1]。

◆ 学习重点

CAPM 是计算权益成本的标准模型。

根据 CAPM 模型，权益成本的计算如下：

1　参见 Graham&Harvey（2001）。CAMP 是常用资产定价模型，还有一个是 Fama-French 三因素模型，参见 Fama&Frech（1993）。

$$r_{equity}=r_f+\beta\times（市场风险溢价）\tag{2.2}$$

r_f是无风险利率（要与现金流的币种一致），β代表公司普通股股本的系统性风险。有一点很重要，那就是β值既反映了一定的商业风险，同时，也反映了财务风险（资本结构）。

根据CAPM模型，风险计量主要是β值。β值既是公司股本系统风险的计量，也包括对商业和财务风险的补偿。

所有公司和项目都有它们自己的β值[1]。β的平均值是1。一个公司的β值是1，表示公司拥有与市场或经济情况平均的风险。

β值大于1表示高于平均风险，意味着一个公司的风险在目前的经济情况下，比平均水平要高。如果一个公司的β值大于1，也意味着它的利润对经济条件是敏感的，会随着商业周期、竞争压力和技术革新的变化而剧烈波动。如通常来讲的IT行业、电子和汽车制造行业的β值，均大于1。

β值小于1表示风险低于平均值。一般讲，这种公司的利润和现金流都是比较稳定的，它表示公司的利润与社会平均水平不会偏离太多。同样的，它对商业周期波动的敏感度也比高β值的公司小。如在公共服务行业以及食品饮料行业，β值普遍较低。参见图2.3中不同公司的β值。

◆ 学习重点

β是一个关键矢量。β值大于1表示高风险，β值小于1表示风险低。β平均值是1。

除了β值以外，还有两个参数在估计权益成本时要用到：一个是无风险利率，一个是市场风险溢价。请注意，这两个参数对所有公司都是一样的，只有β值不同的公司各不相同。

理论上讲，根据不同的CAPM，市场风险溢价就是超出无风险利率之上收益期望值，这包括所有市场中的股票组合。在学术和实践中，没有完全正确的市场风险溢价的统计数，这些估计都来自投行分析员和学术界的调查[2]。通过对总会计师们的调查以及过往世界不同市场长期的加权平均数，用不同的方法和数据测算出了市场风险溢价范围在4%~6%之间。

1　对上市公司，可以作为股票对指数的回归系数，一些免费网站也可以查到值，像雅虎财经、google财经和《金融时报》网站等。路透和彭博也提供上市公司的值。对非上市公司或个别项目，值可以参照可比公司——见4.6节。

2　参见Dimson、Marsh、Staunton（2002）和Welch&Goyal（2008）。

欧洲斯托克50β值估计

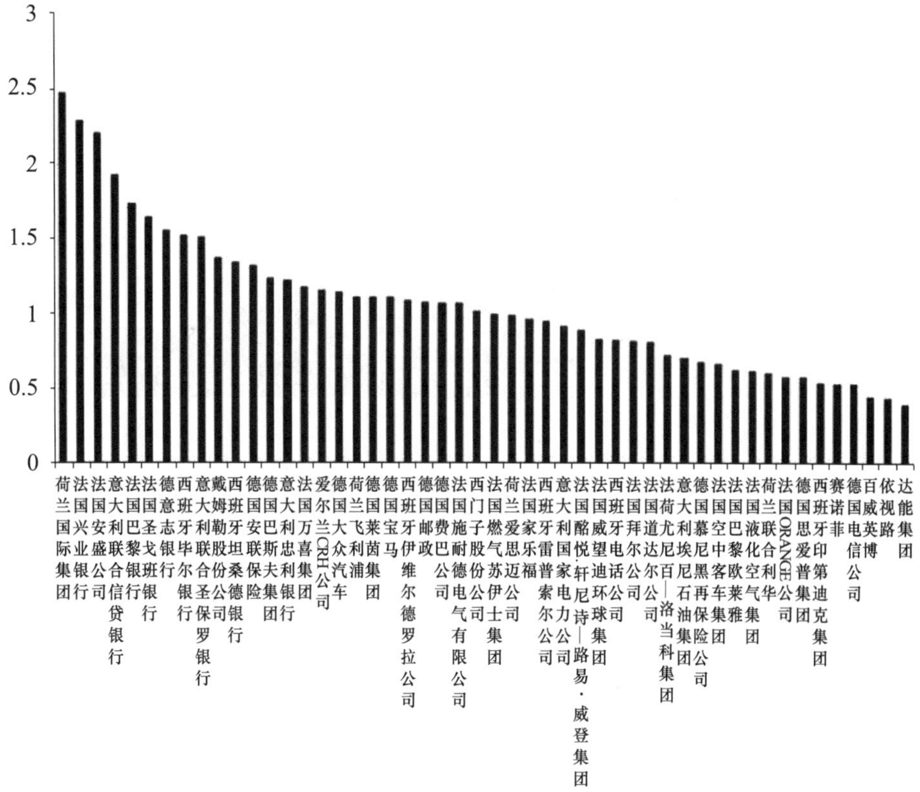

道琼斯30β值估计

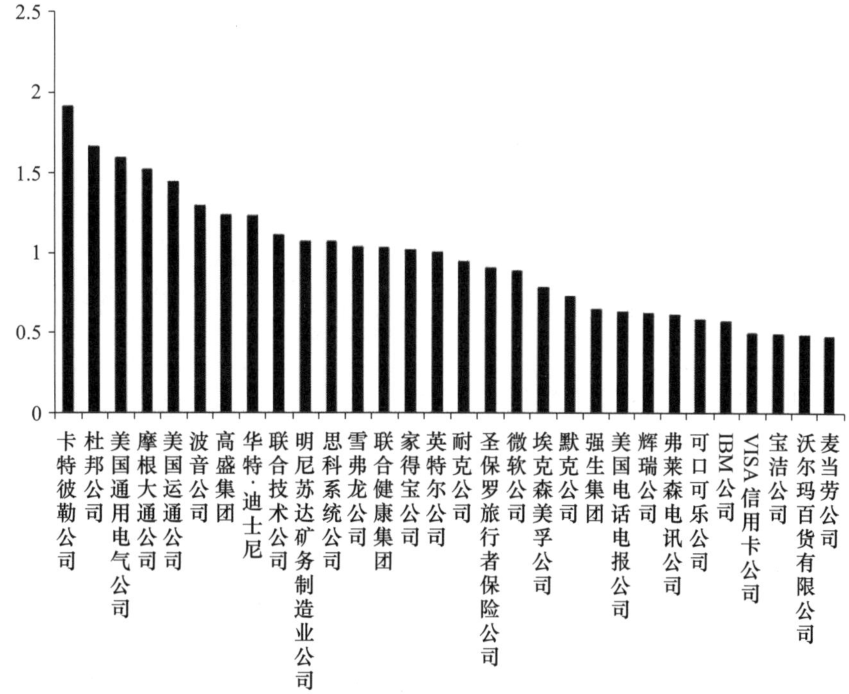

亚洲、日本、拉美部分上市公司 β 值

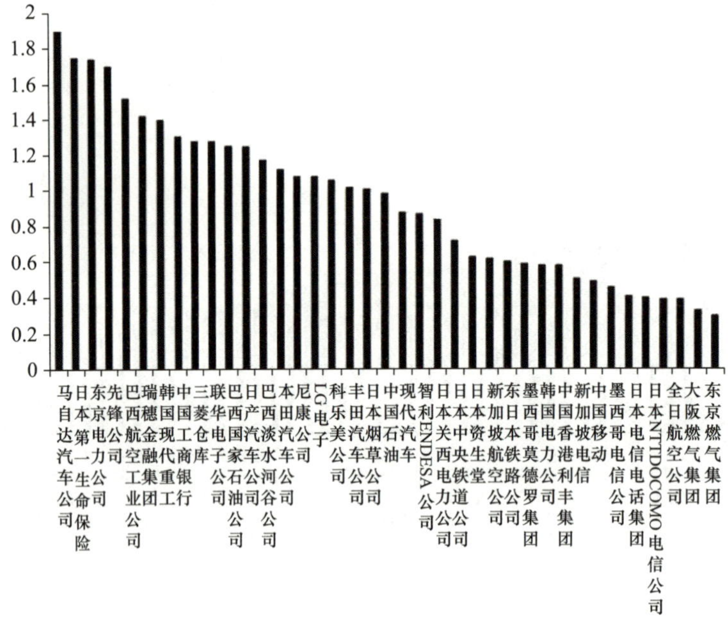

图 2.3　主要全球公司 β 值估计

来源：Datastream，2013 年 12 月

β 值估计使用 5 年内股票的价格月数据（即 60 个观测值）

◆ 学习重点

市场风险溢价的估计范围在 4%~6% 之间。

表 2.4　常见投行使用的风险溢价范围

Investment Bank（投行）	Market risk premium（市场风险溢价）
Credit Suisse（瑞信）	6.0%
Morgan Stanley（摩根士丹利）	5.0%
Santander（标普）	5.5%
JP Morgan（JP 摩根）	5.0%
Deutsche Bank（德意志银行）	5.3%
Cheuvreux（盛富证券）	4.0%

本章从现在起，我们都用 5% 的市场风险溢价率[1]，这也是自有数据以来，通过对许多国家的超过无风险利率之上的权益收益的长期加权平均得出来的。5% 的风险溢价率可以解释为：投资者要求一个投资组合，它超过无风险利率之上的收益为 5%（β 值等

1　实际中最好用不同的值，对不同的资本成本作一个敏感性分析。

于 1）。

看以下几个公司的 β 值。

Alcoa（美国铝业）	Disney（迪士尼）	Pfizer（辉瑞）
1.97	1.23	0.64

假设无风险利率为 4%、市场风险溢价为 5%，那么，我们估计它们的权益成本将会是：

$$r_{equity}=r_f+\beta\times（市场风险溢价）=4\%+\beta\times 5\%$$

Company（公司）	Beta（β 值）	Cost of equity（权益成本）
Alcoa（美国铝业）	1.97	4%+1.975%=13.9%
Disney（迪士尼）	1.23	4%+1.235%=10.1%
Pfizer（辉瑞）	0.64	4%+0.645%=7.2%

我们可以看到，β 值越高，公司的权益成本也就越高，像 Alcoa。反过来，β 值越低的公司，权益成本越低，像 Pfizer。

根据图 2.3 中欧洲股票市场、道琼斯以及全球其他公司的值，低风险公司的权益成本一般在 6%~8%，高风险公司的权益成本在 15%~17%。

2.3 将债务成本和权益成本加起来，就是公司全部资本成本

当估算出公司税后的债务成本和公司的权益成本后，我们就能计算出加权平均资本成本：

$$WACC=\frac{debt}{debt+equity}（1-t）r_{debt}+\frac{equity}{debt+equity}r_{equity} \tag{2.4}$$

| r_{debt} 是债务成本，r_{equity} 是权益成本，t 是税率。

为了估算公司的加权资本成本，我们需要用到债务和权益融资比例。这一步很重要，通常，资本结构权重在计算市场价值时，必须计算加权资本成本。

加权资本成本是以市场方法为计量基础的，这一点管理者必须知道。不懂得这个

知识点，他们就无法为公司的投资人，包括股东和债权投资人作出更好的决策。收益就是股东权益成本和债权人的资金成本，加权资本成本就是这两者之和。考虑权益市值和债务价值的相对比例，换句话说就是公司的资本结构。

由于支付的利息是可以在税前扣除的，所以税后的债务成本比税前要低。这也是为什么我们在计算加权资本成本时，公式中有一个 $1-t$（用 1 减去公司的税率）来表示一个不含税的利息支付。计算加权资本成本中的适用税率，就是将来可以用利息来抵扣的税金，这就是有效税率或称边际税率，要视情况而定。

权益的市场价值与账面价值通常差别较大，因此，在计算加权资本成本时，应采用市值（即每股市场价格乘以股数）[1]。

对于负债来讲，通常采用账面价值。除非公司陷入债务危机，一般情况下，公司债务的账面价值与市场价值[2]没有差异，其账面价值是资产负债表上全部有息债务之和（包括短期和长期）。

◆ 学习重点

加权平均资本的计算公式中，计算权益和债务的权重点，权益值用的是市场价值，债务值用的是账面价值。在公司出现债务危机时，它也要用市值。

21 世纪福克斯公司债务余额市值 160 亿美元，权益账面值 170 亿美元，公司流通股 2,281,804,390 股，每股价格 33 美元，企业税率 30%，β 值 1.5，信用评级为 BBB^+。假设这一评级的利差为 2%，假设无风险利率为 3%，那么，市场风险的溢价就是 5%。请问，该公司的加权资本成本是多少？

第一步，计算权益成本和债务成本：

$$r_{debt}=3\%+2\%=5\%$$

$$r_{equity}=3\%+1.5\%\times5\%=10.5\%$$

第二步，按市值计算适合公司资本结构的权重比。

把 21 世纪福克斯公司的债务和权益放进加权资本成本公式中，在计算权重时应该按照市值，因为资本成本是根据投资者拥有的当前的价值估计出来的，而不是按照历史的账面值。按照实质性原则，我们可以忽略权益的账面值。

权益市值 = 流通股份 × 当前的市场价格 =2,281,806,390 × \$33=750 亿美元

总债务 =160 亿美元

权益的比重是等于 750 /（160+750）=82%，债务的比重就等于 18%。

第三步，计算加权资本成本：

1 对非上市公司而言，显然市值是观察不到的，这在第九章论述单一经营公司时再讨论。

2 为计算债务的市值，我们需要将债权人持有公司不同债务（包括债券和银行贷款）按到期日的价值进行折现，这也只有当公司所有的债务是通过市场交易的情况下才可用。

$$WACC=\frac{debt}{debt+equity}\ (1-t)\ r_{debt}+\frac{equity}{debt+equity}\ r_{equity}$$

$$=160/(160+750)(1-t30\%)5\%+750/(160+750)10.5\%=9.27\%$$

表 2.5 列示了几家公司的加权资本成本的计算情况，可以看到它们的评级、β 值、债务和权益的比重以及有效税率。

表 2.5　不同公司的加权资本成本

	卡特彼勒	美国铝业	迪士尼	埃克森美孚	辉瑞	麦当劳
β 值	1.88	1.97	1.23	0.86	0.64	0.4
权益成本	13.4%	13.9%	10.1%	8.3%	7.2%	6.0%
信用评级	A	BBB–	A	AAA	AA	A
债务成本	2.9%	4.9%	2.9%	1.5%	2.5%	3.8%
权益比率	57%	51%	89%	94%	89%	88%
债务税率	43%	49%	11%	6%	11%	12%
有效税率	25%	25%	25%	42%	31%	32%
加权资本成本	8.6%	8.9%	9.3%	7.8%	6.6%	5.6%

来源：彭博资讯，数据流，2013 年 12 月

β 值（与权益相关联的风险）和评级（与债务相关联的风险）对不同公司的加权资本成本影响不同。风险较高的公司（通常是重复生产性公司，如 Caterpillar）拥有较高的资本成本。相反，业务稳定的公司（比如强生和麦当劳）加权资本成本较低。表 2.5 最终列示了相关债务和权益的比重以及如何影响加权资本成本（债 / 权混合的问题在第五章细述）。

本章小结

所有的投资者都在寻求能够补偿投资风险的回报，加权平均资本成本（WACC）就是一个管理者需要知道的市场价值衡量指标，它能够为公司所有者（或者说资本提供者）提供很好的决策。本章里，我们检验了怎样预测资本成本以及它的两个关键构成：债务成本和权益成本。

公司间的债务成本是不相同的，它反映了公司债权人面对的风险。信用评级可对

那些风险提供评估。各公司的权益成本也不相同，它反映了公司利润的可变性。CAPM是世界上广泛采用的权益成本估算模型。β 值高的公司，权益成本较高。

请注意，资本成本不是管理层指定的，而是出资到公司的投资人——无论是通过购买公司的债券（债券持有者）还是股票（权益持有者）——所要求的回报。

第三章

价值创造型管理架构

公司的最终目标是价值创造，持续带来充足的资本回报。公司从投资者手里（包括债权和股权）拿到钱，然后把它投到各种工程或开展商业活动，最基本的原则就是投出去的钱，在未来产生的净现金流入要大于投资成本。

3.1 价值创造的管理架构

图 3.1 是一个简易的价值创造流程图，通过分类、估计和比较，来衡量新的投资和现有资产所能创造的价值。

价值创造是把几个要素恰当地结合起来实现的：

- 投资策略
- 融资策略
- 支付策略：多少钱用来再投资，多少钱分配给投资者

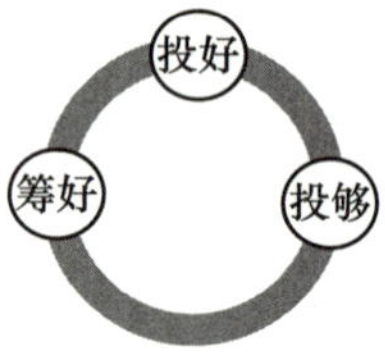

图 3.1　价值创造环形图

本书各章节都会或多或少涉及这几个题目，如第四章是关于项目投资决策的，第五至七章是关于融资策略的，第八章重点是分配和转再投资政策的。

本章，我们重点关注资本回报和资本成本之间的关系，也就是我们在评估一家公司的业绩时，是整体来看还是区分它不同的业务单元来看。

3.2 投资回报——价值何时创造？

评价一家公司一定时期创造的价值，最简单的就是下面这个公式：

$$资本回报 > 资本成本 \quad (3.1)$$

资本回报是衡量一家公司把资本成本考虑进去后的盈利能力。如果资本回收高于资本投入，就意味着资本回报大于资本成本，那么，公司创造了资本剩余价值，公司投入得越多越快，创造的价值也就越大。

在一定期间内，计算一家公司创造价值的多少，要掌握三个概念：

1. 税后净利润（Net Operating Profit After Tax，NOPAT）

2. 投入资本（Ivested Capital）

3. 投资回报（Return on investe capital，ROIC）

$$税后净利润 = 息税前利润 \times (1-税率\%) \tag{3.2}$$

- 是指公司税后可供所有投资者分配的利润，包括股东和债权人。
- 如果公司没有杠杆的话，它全部是公司股东的利润。
- 它是用来对比不同杠杆政策的公司之间经营业绩情况的指标。

$$投入资本 = 长期有息债务 + 短期有息债务 + 权益资本 \tag{3.3}$$

- 是指来自不同资本提供者的钱。
- 是股东和债权人总的现金投入。
- 包括公司全部有息债务（长、短期）。
- 这些资本用于营运资本、购买厂房和设备、无形资产及其他经营性资产。

$$投资回报 = \frac{净利润}{投资总额} = \frac{息税前利润 \times (1-税率\%)}{投资总额} \tag{3.4}$$

- 是衡量公司资本回报或公司资本利用好坏的指标。
- 它可以称为资本利用率（ROCE）。

◆ 学习重点

当公司的资本使用后，它所产生的收入大于它的成本，这就是价值创造。价值创造的基本原则就是：

资本回报 > 资本加权平均的成本

公司的资本投入大于加权平均资本成本（该概念在第二章定义过），公司就创造了价值。

以下部分强调了投资回报是如何实现的，公司的管理者如何使用它。

3.3 效率和效益——价值创造的主要因素

我们通常在理解某一投资回报的来源时，将其计算公式分解成两部分：

$$投资回报率 = \frac{息税前利润 \times (1-税率\%)}{销售收入} \times \frac{销售收入}{投资总额} = 销售利润率 \times 资本周转率 \quad (3.5)$$

从公式（3.5）可以看出，销售利润率上升，单位销售带来的现金就多，那么，投资回报率就高。同样，资本周转率上升，单位资本投入产生的销售就多，那么，投资回报率也就高。

◆ 学习重点

投资回报是盈利能力与资本使用效率结合的产物。

表 3.1　投资回报率相同的情况下，不同的利润率和资本周转率的组合情况

利润率	资本周转率	投资回报率
2%	600%	12%
10%	120%	12%
24%	50%	12%
60%	20%	12%

要达到 12% 的投资回报率，我们可以用不同利润率和资本周转率的组合来实现。如一家超市的利润率只有 2%，但它的资本周转率特别高，可以达到 600%。这种情况下，即使来自销售的贡献只有 2%，跟销售相关的资本周转率也可弥补它。另一个特别的例子是奢侈品销售，虽然销售利润率很高，但其销量不高，那么，其资本周转率就低。这样一来，即使在销售利润率为 60% 的情况下，其投资回报率也是 12%。

把投资回报率的公式分解为两部分后，就比较容易看出，不同的公司，其投资回报率随时间的不同而变化。通过两种方法可以改善投资回报率：（1）提高利润率，也就是边际收益占单位销售收入的百分比，即通过较优的产品组合、较好的价格、较低的成本或几个要素的组合。（2）提高资本使用效率，资本投入后，通过销售实现收回，这个周转过程的效率很重要，公司可以通过充分利用资产，包括净营运资本来提高投资回报率。也就是说，公司可以用较少量的资本投入而产生相同的营业收入和同样的收益给资本的提供者。

◆ 学习重点

提高投资回报率可以通过改善盈利和提升资本利用率结合来实现。

3.4 管理者如何影响投资收益

图 3.2 列示了一些经理们可能用到的影响公司投资收益的要素：

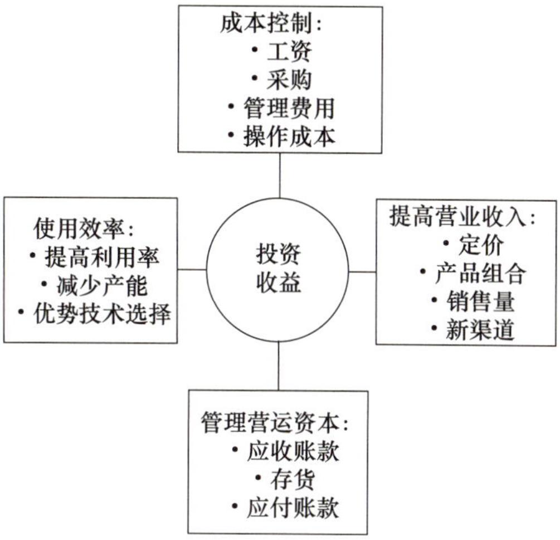

图 3.2 影响投资收益的要素

3.4.1 提高效率

即使边际利润很小的时候，公司仍然可以通过提高资本使用效率来实现预期的投资收益。就像表 3.1 里列示的那样，虽然公司的边际利润只有 2%，但投资收益率仍然可以达到 12%，因为它的资本周转次数为 6 次（也即公司的销售收入是投入资本的 6 倍）。

3.4.2 改善盈利能力

同样的，也可以通过改善盈利能力来满足投资收益率：

- 保证公司的收大于支；
- 寻求增值服务或产品的增值；
- 控制好成本，包括工资、采购成本和管理费等；
- 将产能利用好；
- 在确保质量的情况下，追求低成本；
- 通过产品的组合和定价来提高收入。

3.4.3 投资收益计算过程分解示例

我们以下为例计算公司的投资收益：

- 营业收入 =20,000 美元；
- 营业成本 =15,000 美元；
- 营业利润 =2,900 美元；
- 税率 =25%；
- 固定资产 =13,000 美元；
- 存货 =2,500 美元；
- 应收账款 =2,700 美元（大约挂账 49 天）；
- 应付账款 =3,000 美元（大约挂账 73 天）。

公司的投资主要用于增加固定资产和营运资本，投资总额 = 固定资产 +（应收账款 + 存货 – 应付账款）=13,000+（2,700+2,500–3,000）=15,200 美元

$$我们可以得出投资收益率\ \mathrm{ROIC}=\frac{2{,}900\times(1-25\%)}{15{,}200}=14.3\%$$

如果保持公司的税率和息税前收益不变，我们引入如下因素，再来看情况怎样？

- 将 1,000 美元的固定资产出售；
- 加快应收款的回收速度，将回收天数缩短 10 天至 39 天；
- 降低存货，将存货周转天数缩短 10 天至 51 天；
- 延长应付款的支付天数 10 天，至 83 天。

这时，投资回报率就等于 17%，比原来提高 3 个百分点。这种情况下，由于资本运用率提高了，资本使用的金额也减少了，由原来的 15,200 减少到 12,822，资本周转率也由 1.3 提高到 1.6。

3.5 实现文化价值——对公司各层级的合理激励

投资收益是衡量与投资资本相关的收益率问题，现在已在世界各大公司用来考核业绩，特别是对于资本密集型企业，像电信、化工、重工业、油气、食品和饮料以及烟草企业等。分析员常常用投资收益率来对相同行业的公司业绩进行对比，以识别公

司是否能够担负得起它的资本成本，所以，它与公司的股票价格高度相关。

对公司的高管来讲，他们会特别关注投资回报率，甚至将此与薪酬挂钩。但是对于基层雇员来说，投资回报率是“看不见的”，如果用它来考核全体雇员，这就不合适了。

◆ 学习重点

不是所有的员工都对投资回报率敏感或将其作为工作目标，公司的业绩目标应该因员工的不同层次而不同。

当公司致力于提升投资回报率，它可以运用像 3.4 节中讨论的各种不同的考核指标，那么，这些指标逐步形成了针对每个员工的关键绩效指标（KPI）。

比如，如果销售人员以销售量作为考核奖励的依据，他们就不会有动力去帮经理回收客户的欠款。所以，为降低运营资金的需求从而提升投资回报率，在考核奖励销售人员时，不仅要考核销售量，还要考核销售款是否及时回收了。同样，供应链经理不仅要把原材料采购成本作为目标，还要把存货水平作为目标。总的原则是，每个员工都有与自己工作职责相对应的分解考核指标。

实践中，常用的 KPI 指标和激励计划：

- 销售人员的考核既要考核销售量也要考核回收款情况；
- 考核生产经理要考核资产利用情况，目的是通过对工具和设备利用率的提升来提高效率；
- 考核发票开出的及时性，防止出现开票不及时或顾客退票情况，从而造成付款的延迟；
- 收款要及时，不能等到 12 月 31 日；
- 定期监察到期未付款情况；
- 加强销售和存货经理之间的沟通，以降低库存、及时发货，避免积压货品。

3.6 价值增长模型

表 3.2 展示了一个公司或者其不同业务或单元的价值增长模型。纵轴上是增长指标，横轴上是回报指标，纵横交叉形成以下几类结果。

杀手：当公司的业务单元出现高增长和低回报的情况时，如果他们的业绩持续落入这一方格中，它将毁掉公司，因为公司需要不断地注入资金而回报很少。

表 3.2 价值增长模型

高增长	杀手	珠宝
低增长	慢杀手	现金奶牛
	低回报	高回报

慢杀手：公司的业务单元增长比较慢而回报也比较低时，这可能是最为危险的。当公司的某一业务或某一部分落入慢杀手方格中时，它常常没有引起管理者的注意，因为它增长缓慢，也不需要额外的资金注入。但时间一长，其慢慢侵蚀公司的资产，更可怕。

珠宝：这是最佳的方格，财务健康，业务高增长，回报也好。它是企业价值增长的重要源泉。

现金奶牛：这种类型的公司业务增长较慢但回报很好，因为增长得慢，回报又好，这就意味该业务会不断为公司贡献现金。这些现金可以用来分红、回购股票，或者直接用于再投资（本书第八章讲述和分析了最佳分配策略）。

当公司享有高回报时，公司的价值在增长，无论业务增长得快还是慢。但当公司的业务高增长而低回报时，公司的价值就会被毁损。

历史上，许多公司注重快速发展但不关注资本的问题，最终毁于灾难。作为经理人，应时刻意识到增长可能是好也可能是坏：好的增长意味着回报高于其资本成本；如果资本获得的回报持续低于资本成本，公司最好停止这些看来还在增长的项目，把钱还给股东（见第八章）。

本章小结

许多经理人非常注重公司的增长。很多时候，公司会计利润的增长并不能转化为公司的价值，重要的是增长必须是盈利的，也就是说，投资的回报要高于投资成本，这是价值创造的关键所在——仅有正的会计利润是不够的。

本章重点：不要只看损益表上的利润，还要关注资产负债表或公司的资本情况。当公司在增长的同时，资本回报却很低，那么，它是在毁损公司的价值。

我们查看了一些经理人的价值创造要素，其中最重要的是运营的效率和盈利的能力。两个因素的有效结合，也能有合理的投资回报。

价值创造取决于不同的财务策略（融资、投资和分配），这些都要运用得当。在后面的章节里，我们将分别详细地分析它们。

第四章

选择正确的投资项目
——资本预算工具

本章主要讲述投资项目估值的主要方法，包括如下概念：

- 折现法（Discounted Cash Flow，DCF）
- 现金流估值
- 折现率和资本成本
- 对私营公司和不同行业的项目估值
- 净现值法（NPV）和额外的项目评估指标

4.1 用折现法对项目估值

一项投资是否有价值，取决于它所能带来的现金流，无论是对一项资本开支、一个新产品是否上马、进入一个新的市场，还是要更新一台设备，现金流的概念都适用。老话说："真金白银最现实，赚不赚钱是另一会事儿。"当我们分析一个项目时，要区分清楚利润和现金流是两会事儿。

利润不等同于现金流，如我们销售商品时，在账面上记录了收入，但顾客没付款，那么，就没有现金流入；只有当顾客付款后，我们才真正形成利润。两者之间另一个差别，是对固定资产的处理方式。在一个会计期间，一辆车（或其他固定资产）分期进行折旧。但当我们购入车辆时，现金一次性付出去了，从那时起，现金流就与购车无关了。这就意味着要计算现金流的话，我们需要还原几个会计期间，回到购车时发生的现金流出。

估值最常用的方法就是 DCF，它是用流入公司的自由现金进行折现的方法。在这种方法下，我们把项目整个生命期能够带来的现金进行折现[1]，来对项目进行估值。这不包括现金流中融资带来的现金[2]。

用 DCF 评估一个项目所得出的结果就是 NPV，计算的过程如下：

1. 预测所投项目产生的自由现金流，预测时按项目整个生命期每一年产生的现金流计算；

2. 计算加权平均资本成本（WACC），WACC 就能够反映出项目现金流的风险情况；

3. 通过现金流折现得出项目的净现值。

$$NPV = -Investment_0 + \sum_{t=1}^{T} \frac{FCFF}{(1+WACC)^t} \tag{4.1}$$

1 折现和现值可以互换使用。

2 我们也可以选择用自由现金流对权益（FCFE）的方法，这是自由现金流法的变形。本章后面，我们还将简述 FCFE 法，强调它与 FCFF 法的不同。

- NPV 是项目的净现值。
- $\sum_{t=1}^{T}\frac{FCFF}{(1+WACC)^t}$ 表示项目全部自由现金流按照平均资本成本折现后的现值。
- $Investment_0$ 是项目的初始投资。

净现值是项目未来能够带来现金流的今天的价值，所有的现金流按照货币的时间价值和现金流的风险进行折现。时间越长，折现越大。

◆ 学习重点

净现值是把现金流、它的时间价值还有风险结合在一起的一个工具。

当公司能够算出一个项目的净现金流并认真进行安全测试检查，它就可以对项目的决策作出判断。算出的**净现值为正**，项目就可以投。净现值大于零时，表示项目在整个生命期产生的回报，是高于全部的投资成本支出的。

当净现值小于零时，表示一个项目从当前时间来看，在考虑相关风险后，它所产生的现金流不足以弥补初始投资[1]。的确，许多项目看起来存在会计利润，但以净现值来看，它们却不具投资价值（在 4.3 节还将论述）。

4.1.1 公司自由现金流的定义

自由现金流（FCFF）表示一个项目在支付相关税金后，还可以用来分红、偿债、并购其他公司、支付员工超额奖金以及投资新项目等。

自由现金流也称无杠杆现金流，因为它是指所有资本提供者提供的资本总和，包括债权人在内，也可以理解为无息资本（就是全部的权益和不用支付利息部分的负债）[2]。

◆ 学习重点

自由现金流是项目能够带来的不含需偿还债务的那部分现金。

如果按年定义自由现金流的话，公式如下：

$$FCFF=EBITDA-\Delta NWC-Taxes-CAPEX \tag{4.2}$$

或

$$FCFF=Unlevered\ Net\ Income+Depreciation-\Delta NWC-CAPEX \tag{4.3}$$

1 一个项目的净现值刚好等于 0 是好还是坏，长期以来是一个哲学话题。事实上，我们一般不会得到净值刚好等于 0，即使我们得到了，也只意味该项目满足它的资本回报。回报刚好满足股东期望是好还是坏，是另一个哲学话题。但是大多数情况下，答案是正确——净现值为 0 还是不错的。

2 利息可以税前抵扣，有效降低了债务成本（税盾），通过债务实现的税收优惠不能包括在自由现金流的计算中，这样我们就避免了双重扣税，因为我们已经把它算在加权平均资本成本里了。

- *EBITDA* 是项目能够带来的，在扣除利息、税金、折旧和摊销之前的收益。
- ΔNWC 是本年营运资本减上年营运资本之差。
- *Taxes* 企业实际支付的税金，不包括挂账应付或预提的部分。
- *CAPEX* 是企业每年的资本性支出。
- *Unlevered Net Income* 等于税前收益 ×（1- 税率），也称税后经营性净收入（NOPAT）。
- *Depreciation* 是所有的非现金的运营费用，包括折旧、折耗和摊销。

用自由现金流的方法，我们在计算项目所带来的现金流时，不包括需要偿付的债务，与避税有关的债务成本考虑在资本成本里了，所以，偿债以及由于避税产生的债务会通过折现率影响到项目的估值（或资本成本）。

有两种途径可以算出自由现金流。用公式（4.2），我们用息税及折旧前的收入，减去营运资金的本年与上年后的差额，得出经营现金流，然后再减去税金和资本性支出得出自由现金流。用公式（4.3）的话，我们由无杠杆的净收入[1]，加回折旧费用，因为折旧完全是计算税金而采取的会计方法，与现金流无关，之后像公式（4.2）一样，减去资本支出和营运资金的增量部分，结果与公式（4.2）是一样的。

4.1.2 资本预算制定过程中对未来现金流的预测

为了对未来自由现金流进行估计，我们需要用会计报表的格式列出未来几年的表格。根据自由现金流的定义，我们需要分别把损益表和资产负债表中用来计算自由现金流的科目列好。

通常从销售开始，结合对市场竞争的分析，预测未来各年的销售收入情况，项目经理需要获得对产品 / 服务的数量以及价格的情况或预测，计算出各年的收入；然后，我们预测各年的商品销售成本及管理费用。有时就按收入的一定比例来预测成本数。当然，我们要将过去已有的数据作为参考依据，比如：

- 生产能力；
- 单位成本；
- 原材料成本；
- 市场竞争情况——本地及国外——以及它对边际收益的影响。

有了这些关于销售和各种成本的假定，我们就可以预测出每年的 EBITDA 值。

净营运资金数也需要预测，它也可以按销售收入的一个比例来估计，如每一客户的一个固定数额。注意观察每年营运资金的变动很重要。

虽然折旧不是一个现金科目，但也要考虑进来，因为折旧影响到税金，它反映了

1 无杠杆的净收益表示一个项目没有任何债务相关的支出（或债务相关税盾），它等于息税前收益 ×（1- 税率 %）

企业过去以资本支出的形式购入的资产和装备等，一直要使用到其报废。

还有一个自由现金流科目是资本支出，一般我们假定一项投资有一个初始投资，然后就有连续的正现金流入。但是大多数情况下，只有初始投资是不够的，项目会需要分几年时间不断地连续投资，这些都要包含在自由现金流的计算中。

总之，我们在用自由现金流的公式时，要对每一年、每一科目作预测，要以行业领先企业数据为基础，综合考虑行业趋势、市场研究数据、竞争压力以及公司的发展战略等。很显然，采用数据的质量，决定了自由现金流预测的准确性以及计算出的净现值的可靠程度。

L.H 公司是一家饮料生产厂，计划投资一条新的饮料生产线，购买新的机器的成本是 10,000 美元，商业发展团队针对该项目作出如下测算：

- 首先收入 10,500 美元，之后两年增长分别为 4% 和 3%；
- 产品各项成本大约占收入的 50%，包括原材料（水果、塑料瓶等），这样我们计算出商品成本（Cost of Goods）等于销售收入的 50%；
- 销售相关费用、能耗、人工成本以及管理费用加起来占销售收入的 15%；
- 适用税率 30%；
- 营运资金需求差不多为销售收入的 5%；
- 在整个项目周期内，除机器之外的资本支出如下：

	XXX1	XXX2	XXX3
CAPEX	$1,500	$1,470	$1,420

- 折旧率为 10%，假设初始的资本投入及以后的资本投入折旧率是一样的。

根据以上资本投入数据以及 10% 的折旧率，可得出项目的固定资产情况如下：

	XXX0	XXX1	XXX2	XXX3
固定资产余额	10,000	10,500	10,920	11,248
资本支出	10,000	1,500	1,470	1,420
折旧		1,000	1,050	1,092
折旧率	10%	10%	10%	10%

项目的初始投资是 10,000 美元，但每年还要继续投入。在第一年，项目需要追加投 1,500 美元，初始投入的 10,000 美元开始要折旧 10%，那么第一年末的时候，固定资产值等于 10,000–10,000 × 10%+1,500=10,500 美元。第二年的折旧比第一年要高，因为第一年末折旧后的固定资产值比第一年初大，是 10,500 美元[1]；

1 实际上，它是假定资产自取得当年开始折旧，如第一年折旧后的总资产是 10,500 美元，即新的资本支出，这样一来，从第二年开始，每年的折旧就是 10%：1,050 美元。

用净现值法对项目进行估值的第一步就是估计项目带来的现金流，无论用哪种方法计算出来的自由现金流，我们都要先准备一个损益预算表，以方便计算税金以及其他科目的数字。

这时，按照我们之前的假设，就是收入在之后的两年，每年增长 4% 和 3%，损益预算表如下：

	XXX1	XXX2	XXX3
收入	10,500	10,920	11,248
成本	5,250	5,460	5,624
销售管理费	1,575	1,638	1,687
息税折旧前收益	3,675	3,822	3,937
折旧	1,000	1,050	1,092
息税前收益	2,675	2,772	2,845
税金	803	832	853
净收益	1,873	1,940	1,991

如果公司的营运资金为销售收入的 5%，那么，每年营运资金的需求如下：

	XXX1	XXX2	XXX3
营运资金	525	546	562
营运资金变动	–525	–21	–16

作为项目估值，只有营运资金的变动是有关系的，如第一年的营运资金是 525 美元的话，第二年是 546 美元，那么，只要补充 21 美元就可以了；第三年与第二年相比，只要再补 16 美元就可以了。

	XXX1	XXX2	XXX3
息税折旧前收益	3,675	3,822	3,937
营运资金变动	–525	–21	–16
税金	–803	–832	–853
资本支出	–1,500	–1,470	–1,420
自由现金流	848	1,499	1,647

我们从息税折旧前的收益开始预测分析，要得出自由现金流值，就要再减去初始投资之后的资本支出，还有税金和营运资金的变动数。

如果用 4.3 公式来计算的话，结果如下：

	XXX1	XXX2	XXX3
净收益	1,873	1,940	1,991
+ 折旧	1,000	1,050	1,092
– 资本支出	–1,500	–1,470	–1,420
营运资金变动	–525	–21	–16
自由现金流	848	1,499	1,647

用两种方法计算出来的三年的自由现金流数是完全一样的。有重要的一点需要注意，就是我们没有减利息支出的数，因为我们的目标是计算自由现金流，自由现金流就是用来支付资本提供者（包括借钱给公司的人）的现金数，所有利息以及与债务有关的成本在计算折现率——即 WACC 时都包括在里面了，所以，自由现金流在公司的资本结构中独立于债务，资本结构的变动以及由于避税形成的债务，在计算 WACC 时都考虑在内了。

4.1.3 什么样的现金流值得我们考虑?

有一点很重要，就是我们为什么做项目的估值：我们是要决策，决策某一项目的投资是否能够为公司的股东带来利润。

我们经常在公司的会议上讨论来讨论去，研究什么样的现金流折现是正确的。要解决这一问题，有两种情况必须要考虑：（1）做这个项目能够带来多少现金流；（2）不做这个项目能够省下多少现金流。

所以，当我们看一个项目时，与现金流和资本支出相关的因素，都应该对其进行分析。在分析现金流的增量时，应该是以扣除税之后为基础的，能够带来现金流的净增加是我们作出决策的关键。

例如，我们不应该考虑沉没成本，沉没成本是指过去已经发生但不可能再收回的支出，比如：

- 过去已安装使用的软件费用，即使软件由于升级或被替换掉了，它也不可能再回收了；
- 过去已发生的广告费用；
- 购买的专用设备，即使自己公司不用了，市场上也没有其他的公司会使用它。

这些沉没成本与项目有关也可能与项目无关，在这种情况下，项目估值时，其不应该被包括在内。

有些项目会在最后一年或几年项目结束时，发生处置或清理的费用或收入。如有的设备在项目结束时还可以卖掉，会有残值收入，这种情况下，现金流入还增加了，我们在分析时，要予以考虑。当然，这种处置也要考虑税的问题。

另一种典型的项目决策，是对公司已有的资产或设施进行分析。通常，我们要考虑是卖掉它还要把它租出去。这时，也是采用现金流的方法来计算和作出决策。如公司拿了一块地，准备建一座新的酒店，但是如果不建酒店，这块土地也可以卖 10 亿。我们是把地卖了去干别的呢，还是按原计划在这块地上建一座新的酒店，哪一个会带来较多的利润?

有一点很重要，折现法下，项目估值只包括现金流的差别，其他因素也要考虑，但不是一种定量决策。

◆ 学习要点

在进行项目分析时，只考虑现金流的差异。

4.1.4 不知道结束期的项目——终值

自由现金流法计算项目的价值，是依据某项目在其生命周期内的现金流折现得出的。但对一些生命期长的项目，有时我们假设它生命期是无限的[1]。这种情况下，在估值时就要分成两个部分：预测期和终值。

对预测期，我们预测期间内每年的现金流，预测的年限各不相同，没有统一的标准。根据成长的情况，也就是项目在一个时期以较快的速度增长，但之后达到一个成熟期，这时的终值就可以算出来了。

终值就是现金流预测期的最后一年估计的，代表项目未来稳定带来的全部现金流。

◆ 学习要点

终值只用于长生命周期的项目，没有明确的到期时间。

终值的标准公式如下：

$$TV_t = \frac{FCFF_{(t+1)}}{WACC - g} = \frac{FCFF_t(1+g)}{WACC - g} \tag{4.4}$$

- TV_t 表示时点 t 项目的终值，请记住它是要被折成现值的。
- $FCFF_t$ 表示时点 t 公司的自由现金流。
- $WACC$ 是加权资本成本。
- g 是预测的未来经济连续增长率。

终值等于未来预测期内全部每期可产生的现金流的现值。如果没有预测期，以永续来看，我们加进增长率，增长率也可以是负（假定流入企业的现金流持续为负）。

4.2 项目估值——一个应用实例

对一个项目进行估值的第一步是预计每一年的现金流，然后，我们要搞清资本成

1 如果我们知道项目的生命期，这个无限生命期的假定就不要用了。我们很难预测项目准确到期期间的现金流。某些情况下，会涉及一定的特许年限，这时，无限生命期当然也就不要用了。

本。的确，自由现金流是对不同期间进行预计的，而且要折算为现值。

有一点很重要，就是要记住折现的现金流是自由现金，这才是可用的资本，包括权益的和负债的。接下来，我们减掉全部的投资支出（无论它们是如何筹集的），得出项目的净现值（NPV）。

L.H 公司是一家饮料生产厂，正在考虑投资一条新的生产线以进入新的商业领域。新设备购买价格为 10,000 美元，公司计划部测算了以下项目数据：

- 第一年的收入 10,500 美元；
- 随后四年每年按以下增长率变化：4%、3%、2%、2%；
- 成本等于收入的 50%，其中包括全部原材料（水果、塑料瓶等）；
- 销售及管理费等于销售收入的 15%，其中包括市场推广费用、人工成本、燃料及其他管理费用；
- 有效税率 30%；
- 净运营资金需求为销售收入的 5%；
- 除初始购买设备的投资支出外，未来 5 年资本支出如下：

（in US$）	XXX1	XXX2	XXX3	XXX4	XXX5
CAPEX	1,500	1,470	1,420	1,350	1,377

- 折旧率 10%，假定折旧率一直不变；
- 5 年之后的自由现金流，按照每年 2% 增长；
- 这个项目的资本成本按 10% 计算。

对项目进行估值的第一步就是预测现金流。我们根据以上设定条件对 5 个的现金流进行预测：

（in US$）	XXX1	XXX2	XXX3	XXX4	XXX5
EBITA	3,675	3,822	3,937	4,015	4,096
△ NWC	–525	–21	–16	–11	–11
税金	–803	–832	–853	–867	–885
资本支出	–1,500	–1,470	–1,420	–1,350	–1,377
自由现金流	848	1,499	1,647	1,787	1,823

这个项目假定无限存续[1]，我们计算 5 年的终值，之后按照每年 2% 持续增长，资本成本是 10%：

1 如果我们知道项目的存续期，我们这里也就不用算终值了，我们只要简单地把每年的现金流进行折现就可以计算出来了。事实上，没有一个项目是永续存在的，但对于存续期很长的项目，我们无法预计到最后的一年，所以用终值计算。请记着检验最后一年的现值的敏感性，也就是检查终值计算时基于不同假设产生的变动。

$$TV_5=\frac{FCFF_{(5+1)}}{WACC-g}=\frac{FCFF_5(1+g)}{WACC-g}=\frac{1,823\times(1+2\%)}{10\%-2\%}=23,243\text{美元}$$

这个终值是第五年末的价值，它是投资后每年产生的现金流资本化[1]。有一点很重要，就是无论 5 年里怎么计算，都要折算为现值，这个例子终值的折现值是 14,432[2] 美元。

终值计算出来了，我们可以以 10% 的折现率，按年计算出每一年的自由现金流的现值，再减掉初始投资。

（in US$）	XXX0	XXX1	XXX2	XXX3	XXX4	XXX5
FCFF	-10,000	848	1,499	1,647	1,787	1,823
Terminalvalue						23,243
PV+TV	-10,000	770	1,239	1,237	1,220	15,564

根据上表中逐年的现金流，该项目合计的净现值计算如下[3]：

$$\begin{aligned}NPV&=-10,000+\frac{848}{(1+10\%)^1}+\frac{1,499}{(1+10\%)^2}+\frac{1,647}{(1+10\%)^3}+\frac{1,787}{(1+10\%)^4}+\frac{1,823+23,243}{(1+10\%)^5}\\&=-10,000+770+1,239+1,237+1,220+15,564=10,032\text{美元}\end{aligned}$$

将全部的现金流及终值一起折现并把初始投资扣减掉，项目的净现值等于 10,032 美元。这就意味该项目创造了价值，因为它涵盖项目 10% 的资本成本且带来了增值，其现值为 10,032 美元。

净现值为正，意味着一个项目的投资可以涵盖它的全部资本成本有价值贡献，贡献的价值就是高出资本成本的部分。所以，在进行严格的敏感性测试后，公司可以决策投资现金流为正的项目[4]。

4.2.1 什么是永续增长？

终值公式中用的自由现金流，是假定它在预测期之后每年都是平稳且在一个增长率上持续增长的。

当我们计算终值时，假定所有现金流在将来按照一个稳定的期望率增长，如资本

---

1 如果用 excel 表格工具来计算，不要在栏公式下一直向下拉，拉出 1,000 年的值来。其实能看到，后来的折算值基本没什么变化了。

2 5 年终值 23,243 的现值 $=\frac{23,243}{(1+10\%)^5}=14,432$美元。

3 当我们用 excel 计算净现值时，我们用 NPV（折现率，现金流）公式，但一定要注意时间的定义。公式中，第一年现金流折现，第二年折现，以此类推。这就意味着要计算净现金流，项目的初始投资在时间点 0 上，要从 NPV 公司中减掉，不能包括在内（否则，我们把初始投资也按 1 年进行折现了）。

4 请参见第四章工作表关于项目现金流折现敏感性分析、资本成本、增长率、生产成本、税收和运营资本要求。

支出逐年保持一定的稳定增长。首先是因为固定资产的每年折旧需要更新，其次我们假定销售逐年增加，那么，固定资产的投入也需要相应的补充。通常，我们假定一个资产 / 销售增长比，这也意味着资产的使用效率是稳定不变的。另外，我们还需要假定整个资本开支对销售的规模维持在一个合理的比例。如果在计算现金流时，收入的增长并不需要增加资本开支，我们可以假定资产的替换保持不变。净营运资本 NWC 也一样，如果全公司都增长了，净营运资本也应该随着时间而增加。通常，我们在净营运资本和销售收入之间设定一个关联，如净营运资本表示为销售收入的一定比例并保持不变。

每一项投资在逐步达到成熟期后，它的长期增长率 g 就可能接近通胀率，再根据其他因素作一点微调。

◆ 学习重点

计算终值时，长期增长率应该是比较低的，因为很难证明长期增长率在通胀率之上。

请注意增长率的一点小变化，可能对终值产生较大的影响，表 4.1 列示了上例中不同增长率下的现值。

表 4.1 不同增长率下终值的现值

（in US$）	1%	1.5%	2%	2.5%	3%
终值的现值	12,703	13,517	14,432	15,470	16,656

在此例中，如果长期增长率设在 2%，那么，企业终值的现值就是 14,432。可是如果设为 1.5%，那么，终值就下降到 13,517。同样，如果增长率设为 2.5%，终值就增加到 15,470。

◆ 学习重点

终值是决定项目价值的关键因素。

这里我们可以看出，在计算稳定增长率时，时间的重要性。从永续角度讲，没有项目可以一直以超越所有人的速度增长，这也就意味着增长率长期看，不可能超越名义 GDP 的增长率。多数情况下，我们假设长期的增长率为 1%~2%，也就是接近通胀率。但在某些领域，如固定电话已明显被移动电话替代而逐渐萎缩，这时，假定它的增长为负是比较合理的。

4.2.2 通胀与项目估值

通胀影响不同产品和服务的价格和成本，较好解决通胀的方法就是在现金流测算时，将其作为考虑因素，也就是在测算现金流时各要素（收入、成本和工资等），我们必须考虑到不同时点上通胀的因素。如通胀对销售商品价格的影响，不一定呈一种线性规律，确实，有时候我们都知道通胀在发生，但我们产品或服务的价格并不能随之及时调整。名义现金流是将潜在的通胀影响计算在内的现金流，它应该像第二章中讲的那样，按名义加权资本成本进行折算。

另一种解决通胀影响的方法，就是按照实际对整个项目估值。这种情况下，我们知道实际的现金流和实际的折现率。实际的现金流计算，需要我们假定产品的售价和成本在整个项目周期内是固定不变的（只随销售量变化）。这时，我们必须知道真实的资本成本（即投资者也明白没有考虑通胀），我们预计实际的加权资本成本时，包括了对通胀的补偿（通常称作名义折现率）。如果我们想得到实际折现率，就必须在预计加权平均资本成本之前去除通胀。实际折现率公式为：

$$实际折现率 = \frac{1+名义折现率}{1+通胀率} - 1 \tag{4.5}$$

关键是连续处理通胀的问题。如果计算现金流时忽略通胀，那么，它就应该从折现率中去掉；如果计算现金流时包括了通胀，那么，它也应该在折现率中体现，即名义现金流对名义折现率。

我们通常评估项目都是基于名义折现率和现金流，只有当发生严重通胀时，才会考虑用实际现金流的折现率。

4.3
边际收益与估值

有些项目从会计角度看起来很不错，但最终有损于公司价值，这就是为什么采用本章的方法来分析项目很重要，我们称为净现值衡量法。

Stealth 公司是一家家具生产和零售商，正在研究分析是否进入亚洲市场，这需要投资建立一座新的工厂、销售门店和购买相应的机器设备，总共约 8,000 万美元。按照 10 年计算折旧，根据当地团队的调研，新市场每年产生 3,000 万美元的收入。根据成本预测情况，每年将有 700 万美元的边际收益，是销售收益的 23.3%。另外，当地政府豁免企业的所得税，公司的资本成本为 15% 且没有税。项目的财务情况如下：

（单位：千美元）	XXX1	XXX2	XXX3	XXX4…XXX10
收入	30,000	30,000	30,000	30,000
成本及管理费	–15,000	–15,000	–15,000	–15,000
折旧	–8,000	–8,000	–8,000	–8,000
净收入	7,000	7,000	7,000	7,000
销售利润率	23.3%	23.3%	23.3%	23.3%

从会计角度看，这笔生意可以做，因为有足够的边际收益，它的息税前收益为 700 万美元，销售利润率 23.3%。

但是，当我们从价值创造的角度来分析这个项目，把资金的时间价值考虑进风险，情况就不同了。为了计算净现值 NPV，我们首先要计算每年的现金流。项目初始有一个负的现金流 –8,000 万美元，这是初始投资。之后，每年有正的 1,500 万美元的现金流[1]。我们计算的净现值如下：

$$NPV = -80,000,000 + \frac{15,000,000}{(1+0.15)^1} + \frac{15,000,000}{(1+0.15)^2} + \cdots + \frac{15,000,000}{(1+0.15)^{10}} = -4,718,470\text{美元}$$

把资本成本考虑进去，时间的价值风险就看出来了，净现值为 –471 万美元，这就意味着项目是有损企业价值的。

上面的例子展示了用会计方法衡量一个项目的盈利能力。忽略了利润和现金流之间的差别，现金流动的时间长短不同，项目的风险、资本回报和要求也就不同。只有用净现值来分析项目，我们才能说某项目是否创造了价值。

◆ 学习重点

一个项目的会计收益不一定提升项目价值。有时会计边际收益高，但净现值仍然可能为负。

4.4 决策的作出与净现值的使用

现值的概念一般用来作项目的比选分析，还有一个重要应用是对可供分配利润，把它折算为现值。也就是说，未来某一时期的现金流，与目前现有的现金流相比，具

1 因为没有税，这里计算时，就是收入减去成本或净收益加回折旧。

有不确定性。所以在加权平均资本成本 WACC 中，嵌入了一个假设的风险率。关键的评判条件是净现值是否大于零。此工具除了用来决定做 / 不做外，其他许多地方也用到它。

4.4.1 项目的延期

净现值法**很适合**对项目扩大的价值评估，决策的制定依据其带来的净现值或潜在的价值，这其中主考虑现金流、风险和资金的时间价值等。

里奥 · 铁托在考虑一项投资，即是否要将其在澳大利亚的铁矿展期经营 5 年。项目需要在更新和添置设备上投资 5 亿美元，设备在 5 年期内采用直线法折旧，5 年末售出设备可收回 1 亿美元。

如果该项目获得批准，里奥 · 铁托预计每年的收入为 2 亿美元，成本及运营费用为 0.4 亿美元，里奥 · 铁托没打算再为项目投资布局网络，公司所得税率为 30%。

根据以上信息，里奥 · 铁托该项目预计每年税后的经营现金流为 1.42 亿元（EBITDA=2–0.4=1.6 亿美元），折旧每年 1 亿美元（20% 折旧率，5 年期）。这样，税前利润为 0.6 亿美元，30% 税率计算的税金为 0.18 亿美元，那么，税后净利润 =2–0.4–1–0.18=0.42 亿美元，净现金流 =2–0.4–0.18=1.42 亿美元。

在最后一年，设备被卖出 1 亿元。由于我们已按 5 年将设备全部折旧了，账面上的价值为零。将低于账面值的设备再次出售，会产生资本利得税。这时，产生的税金是 0.3 亿美元，这样出售二手设备产生现金净流入 0.7 亿美元：

（亿美元）

	1 年	2 年	3 年	4 年	5 年
税后现金流	1.42	1.42	1.42	1.42	1.42
税后净残值					0.7
自由现金流	1.42	1.42	1.42	1.42	2.12

根据这些信息，假定采矿行业延期所面临的市场风险是一样的，那么，里奥 · 铁托的加权平权资本成本 WACC 直接用行业值 8% 来计算本项目的净现金：

$$NPV = -5 + \frac{1.42}{(1+0.08)^1} + \frac{1.42}{(1+0.08)^2} + \frac{1.42}{(1+0.08)^3} + \frac{1.42}{(1+0.08)^4} + \frac{1.42+0.7}{(1+0.08)^5} = +1.15$$

根据采矿业延期成本预测，它所能带来的现金流以及净残值的情况，这个项目可行，它能为里奥 · 铁托带来 1.15 亿美元的净现值 [1]。

4.4.2 新产品上马

Danone 正考虑引入一种新的卡路里只有 10 的超清淡酸奶，称为 Danone 天使，公

1 参见本书所附 excel 文档中有关本节例子的详情。

司相信新酸奶面对的是关注卡路里热量的消费者。新酸奶上马的投资成本为 8 亿欧元，Danone 预计天使产品第一年能为公司带来 1.5 亿欧元的现金增长，之后每年增长 2%。那么，Danone 是否应该上马项目呢？

我们用公式（4.1）的净现值计算方法对天使进行估值，预计 Danone 的加权平均资本成本为 10%，现金流是永续增长的[1]，我们有以下计算：

$$NPV = -I + \frac{CF_1}{WACC - g} = -8 + \frac{1.5}{10\% - 2\%} = +10.75$$

天使项目的净现值为正，并且增加公司价值，10.75 亿欧元的正现金流相对 8 亿欧元的投资，已远超越 10% 的加权平均资本成本。

4.4.3 项目优选

有时候需要从两个项目中选择其一，净现值 NPV 高的优先，如选机器的例子。一个特殊化工品生产商，现需要为新的工厂从两种可选的技术中决定一种。一种技术前期投资很大，但后期的维护成本较低；另一种技术初始投资较低，但运行起来成本较高。净现值的工具可以很容易解决此类问题，我们只要先预估出两种技术产生的现金流（这个例子中就只有初始投资数据和成本数），看哪个产生的净现值高就可以了。

4.4.4 降低成本的项目

本章的这个工具也可以用来分析潜在的降低成本的投资是否值得去投。如买还是租，哪个更划算的例子。一家公司需要决定是购买一个新的压缩机还是租赁更划算，这也可以通过分析它们的净现值来决策。租的话，肯定是年年都要支付租金；买的话，需要一笔前期投入。我们同样可以通过预计它的现金流（包括租赁时产生的税），看哪个方案带来的净现金流高。

4.4.5 对品牌和特许权的估值

项目估值的原理也适用于品牌的估值以及一系列的特许权估值。

对于品牌估值，典型的方法（如贴牌）就是现金流增长法。品牌之所以拥有价值，是因为产品的价格有了溢价或销售量有额外的增长。在实践中，品牌的价值可以通过现金流增长值的现值来计算，也就通过与同类非品牌产品的对比来体现。

名牌 Levi's

Levi's 是著名的牛仔裤生产商，它想对自己的品牌做一个估值。Levi's 通过对销售情况的分析得出结论，自己品牌的产品比其他品牌价格高 30% 且销量也高出 80%。这样一来，Levi's 品牌对现金流的影响表现在售价和销量的溢出效应上。当然，**品牌也需要每年不断投入来保持它的影响，如果它不是名牌也就不需要这些投入，**整体成本也

1　永续年金的现值是第一期之后的现金流除以折扣率与增长率之差，它用数学公式表示为现金流现值之和。

会低一些。根据这些要素，Levi's 团队做了一张表格，对使用 Levi's 品牌和不使用进行了比较：

	XXX1	XXX2	XXX3
使用 Levi's 品牌	800	830	850
不使用 Levi's 品牌	450	460	475
对现金流的影响	350	370	375

品牌的价值就是使用品牌和不使用品牌对现金流影响差额的现值。假设资本成本为 10%，3 年后，每年增长 1%[1]，则品牌价值的计算如下：

$$品牌值 = \frac{350}{(1+0.1)^1} + \frac{370}{(1+0.1)^2} + \frac{375+4,208}{(1+0.1)^3} = 4,607$$

4.4.6 特许权收益

特许权益是指对未来的特许收入收取一定份额的权利，常常发生娱乐行业以及油气行业。在油气行业是指对地下资源的一种收益分配权，比较典型的是资源国政府对某一地域的资源开发权。特许权收益越低，开采资源所负担的操作成本也越低。特许权收益的估值也可以通过所收到现金流的现值计算得出。

CCP 是一家药品研发机构，前期投入资金研发一种新药，新药进入量产后，CCP 与生产商将按 10% 收取 10 年的特许权费用。每年预计收入 1,000 万美元，第二年 2,000 万美元，第三年到第十年每年 3,500 万美元。特许权收益是 CCP 按照 12% 的折现率，计算出来的净值。

$$NPV = \frac{1}{(1+0.12)^1} + \frac{2}{(1+0.12)^2} + \frac{3.5}{(1+0.12)^3} + \frac{3.5}{(1+0.12)^4} \cdots + \frac{3.5}{(1+0.12)^{10}} = 16$$

4.5 敏感性分析

在一个项目的估值模型做好后，很重要的就是去做敏感性分析。敏感性分析的目的是洞察各个假设条件的可靠程度。

1 根据公式（4.4）所计算出的终值为 4,208。

在本章的 4.4.1 节，里奥 · 铁托项目估值分析中，是根据一系列的经济要素分析的，像销售价格、销售数量、预计的运营成本、项目的生命周期和增长率等，算出的净现值是 1.15 亿美元。做敏感分析就是研究这些不同的要素所产生的影响，图 4.1 展示了结果，如运营成本增加 10%，净现值下降 1.03 亿美元。同样的，如果销售下降 10%，净现值减少 5,900 万美元，这个分析通过手工的变动模型中的要素来进行。

另一个可行性分析的重点是盈亏平衡点，因此，当资源有限的时候，我们可能感兴趣的是，什么是推动项目继续的要素底线，也就是要保证净现值大于零。在里奥 · 铁托的例子中，我们可能需要知道保证净现值为正的最大的运营成本上限。Excel 表格中的 Goal Seek 工具可使我们作这个分析。

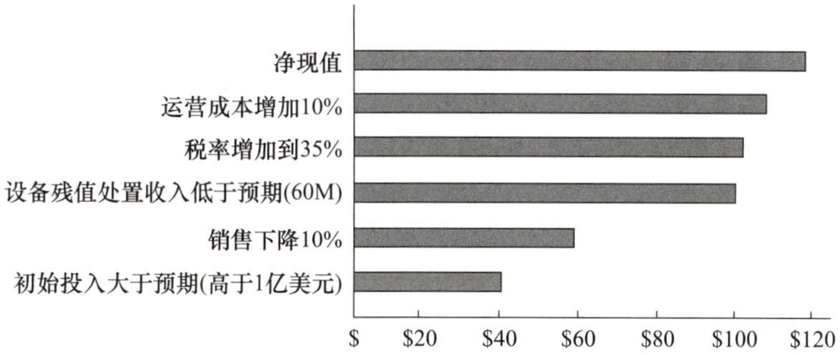

图 4.1 里奥 · 铁托项目影响净现值的关键变量

把零放进 NPV 单元格里，变动运营成本单元格到 7,800 万美元，运营成本上升了 4,000 万美元。敏感性分析告诉我们，当运营成本上升到 7,800 万美元之上时，该项目没有投资价值 [1]。

敏感性分析可以使我们的经理们认识到以下几点：

- 理解关键变量与项目净现值之间的关系；
- 认识到重大变量对项目的影响；
- 要知道采用的变量值的范围对结果产影响（本例是指正的净现值）；
- 如果想使决策更正式，将这些要素进行场景模拟。

敏感性分析除了帮助决策者开展分析外，对决策后的执行分析也很重要。严格的测试可以帮助我们知道项目的经济性，区分影响项目成功的关键变量，因此，经理们可以集中精力关注对项目潜在价值影响较大的方面。

1 敏感性分析可以通过一次改变一个变量或同时改变变量组合来进行，可以用 excel 表同时改变两个变量来模拟对 NPV 的影响。如果同时改变更多的变量，也可以用蒙特 · 卡罗模型，几个 excel 加载宏也可以作这样的分析。

4.6
如果项目处于不同的行业怎么办？——单一业务法

至此，我们的假设都是基于一家公司作为一个整体来匹配它的风险和杠杆，也就是说，评判一个项目的资本成本是否到达公司所要求的资本成本（在第二章讲述了如何计算资本成本）。但是经常有这种情况，某一项目的投资会偏离公司的要求。如西门子公司有许许多多不同的产业，它的健康产业分部与自动化分部以及金融管理分部所面临的风险有很大的不同。我们展示了一个项目的风险与公司整体的风险出现不同时，如何计算项目的资本成本。特别的，我们在这里介绍单一业务法。

单一业务法是指一家公司在股票市场上市且从事单一品种业务或行业，其可以用于一个新的合资或生产线投资的测算。在计算资本成本时，它可以看作一个比较标准。

4.6.1 私营公司

我们知道 β 值的测算只适用于上市公司，那么，对于私营公司，我们就用单一业务法。如你怎么计算一家既卖咖啡又在海边卖冰激凌的咖啡店的权益成本？

重要的是，要估计我们感兴趣的这个行业的风险，然后，用单一业务法参考这个行业的风险 β 值水平来获取。这为我们测算权益成本时建立了一个参照。在海边酒吧这个例子里，可以用餐饮或冰激凌公司作为参照。我们也可以模拟一个场景，使海边酒吧店的风险与航空或酒店业联系起来。这样，就得到了我们公司或项目的值。

◆ 学习重点

β 值可以通过分析我们感兴趣的近似行业的例子得到。

公司在融资中，平衡权益资本和债务资本的比例，也会影响到权益成本和它的 β 值，特别是债权融资会加大风险，这对债务投资人是显而易见的。对于权益投资人来讲，高负债也会造成债务成本的上升。这里有一点请注意，权益投资人只对公司剩余现金流拥有索偿权。公司的杠杆较高时，收益的波动也会增加，所以，公司杠杆高也意味着权益成本的上升。反过来，没有负债的公司，对股东来讲比高杠杆的公司风险要低了。

因此，当采用单一业务法时，我们一定要意识到不同公司的负债率各不相同。我们用其他公司作为参照取 β 值，来为特定的项目估值时，一定记住 β 值会增加公司的风险预估（见第五章）。这也从另一个角度解释了即使在同一行业，不同公司之间的 β 值也不一定相同。

下面的公式展示了杠杆和权益成本之间的关系：

$$r^{L}_{\text{equity}} = r^{U}_{\text{equity}} + \frac{D}{E} \times (r^{U}_{\text{equity}} - r_{debt}) \tag{4.6}$$

| r^{L}_{equity} 是指有杠杆的公司的权益成本，r^{U}_{equity} 是指无杠杆公司的权益成本，r_{debt} 是公司的债务成本，D/E 是按照市值计算的负债率。

实践中，公式（4.6）是计算了一个有杠杆的公司的权益成本，其中包括正常商业风险的补偿（也就是相对于无杠杆公司），再加上由杠杆带给股东的风险额外补偿。

这种关系在计算 CAPM 的 β 值时也一样[1]：

$$\beta^{L}_{\text{equity}} = \beta^{U}_{\text{equity}} \times \left(1 + \frac{D}{E}\right) \tag{4.7}$$

也可以转换为：

$$\beta^{U}_{\text{equity}} = \frac{\beta^{L}_{\text{equity}}}{1 + \frac{D}{E}} \tag{4.8}$$

| $\beta^{L}_{\text{equity}}$ 是指有杠杆的公司的 β 值，$\beta^{U}_{\text{equity}}$ 是指无杠杆公司的值，D/E 是按照市值计算的负债率。

按照公式（4.7），负债率高的公司权益成本较高，这个公式[2]换算一下就是公式（4.8），它可用来估算无杠杆的 β 值。如果公司的值已知[3]，那么，也就可以知道它们的未到期债务情况[4]。

当对一家未上市公司的项目估值时，我们必须用单一业务法，找出可参照的标准，来确定可用的折现率：

1. 找出我们感兴趣的同行业上市公司作为参照来进行估值；

2. 获得它们的权益成本（或 β 值）；

3. 参照无杠杆 β 值（来自单一行业公司）来消除它们特别的资本结构的影响，通过对这些无杠杆可比公司的值平均，得出我们项目所属行业的预估 β 值；

4. 用我们设想的目标资本结构，重新杠杆化行业 β 值（用上面第 3 种方法），来得

---

1 完整的公式应该包括与负债 β 值部分。实践中，假设负债 β 值为零，这样我们还可以得出公式 4.9。

2 另有一个公式，就是用（1–t）计算有杠杆和无杠杆的 β 值。这么做的理论意义大于实际，不同于这里推荐的公式是基于利用债务避税风险的假设前提，也就是负债的价值。实践中，这个差别是不相关的。其实无论是否用（1–t），如果我们一直用同样的公式计算有杠杆和无杠杆 β 值，最终的结果很相似。

3 股票的 β 值可以通过某些财务分析机构找到，这些 β 值是无杠杆的，它既反映了商业风险，也反映了基于公司债务的财务风险。一些免费网站如雅虎财经、谷歌财经、《金融时报》等都可以查到 β 值，路透和彭博也提供全球公司的 β 值。

4 实践中，我们从不观察无杠杆 β 值，因为几乎所有的公司都有一定的负债。

出这个新项目的权益成本——使用我们自己的融资组合——及其风险含义（即如果使用这个资本结构，股权和债务成本将是什么样子）。

总之，公司的资本结构一定要反映股权成本以及在加权资本成本中的权重（债务和股权）。

4.6.2 不同行业的项目

估值中，重点要考虑业务风险。的确，折现的基本原理是折现率在现金流预测时，应该补偿投资者涉及的风险。对许多项目来讲，公司的股权成本最适合采用折现率。是，有时也不一定——如果项目现金流风险与公司的风险很不相同，这可能发生在公司主业之外的许多扩展项目。如公司现在的业务是电力配送，它想评估一个媒体业务的机会，那么，它现在的股权成本就不适合，因为业务风险不一样。

这种情况下，我们一定要用到 4.6.1 部分讲到的单一业务法。我们首先把可比公司的值去杠杆，然后，再杠杆化预计行业的 β 值来得出我们项目相关的股权成本。

华为是一家中国电信公司，想要评估销售云计算服务给其他公司的可能性。华为的加权平均资本成本为 9%，对它来讲，云计算是一个新业务，那么，投入新业务资产的资本成本是不同的。为了找出云计算业务的资本成本，我们需要找到华为目标业务的运营公司——单一行业从业者，然后按照上面的 5 步法，计算适合于华为的股权成本，来分析这个新的项目。

◆ 学习重点

如果是公司主业之外的项目，其适用的折现率可能不同于公司现行业务的折现率。

即使有的项目在同一行业，有些公司也会针对不同类型的项目采用不同的门槛收益率。如一个加权资本成本 10% 的公司可能采用：

- 在为改善成本对现有生产线更换的分析中，折现率采用 7%；
- 对现有生产线扩展，采用 10% 的折现率；
- 新产品开发可行性建议，采用 14% 的折现率。

这些情况下，一般建议不同的可行报告采用不同于公司现行 10% 的折现率。同一行业、同一公司内的项目，采用不同的最低收益率也是合理的。如成本改善项目通常比上马新产品项目的风险要低，但在相同行业采用不同的最低收益率应该小心。的确，上面列出的方法（折现率 7%~14%）算出来的结果，会使成本改善项目比新产品上马项目更容易满足 NPV 大于零的目标。这可能是公司的战略目标——降低成本。重要的是这不是想要的结果：它可能扼杀创新，结果是公司管理层（把 NPV 工具用到他们的投资建议书）主要聚焦到现有产品的降低成本而不是成长性（新产品上马）。

◆ 学习重点

在同一行业内采用不同的最低收益率，可能产生不想要的结果。

总之，当公司在看主业之外的项目时，应该采用不同的折现率。我们必须去参照那个行业的折现率标准。但对于同一行业的项目，公司要采用一般最合适的加权资本成本（折现率）。

4.7
可选项目估值技术——权益自由现金流法

直到现在，我们都聚焦在自由现金流法，用现金产生的全部现金流，没考虑融资。那么，我们就没包含与债务相关的现金流，因为债及其税后成本（反映债产生的税盾）包含在加权资本成本里了。

还有一种选择是用权益自由现金流法（Free Cash Flow to Equity）。这种方法下，我们要聚焦在所有与债有关的现金流（利息和摊销）扣除后，流到权益持有者的现金。

每年的权益自由现金流定义如下：

$$\text{权益自由现金流} = \text{净利润} + \text{折旧} - \text{资本开支} - \text{营运资本差额} + \text{新增债务} - \text{已偿还债务} \tag{4.9}$$

- 净利润等于息税前利润 – 利息支出 – 税。
- 折旧包括所有用以税务目的的非现金营运费用，有折旧、折耗和摊销等。
- 资本开支是资本性的支出。
- 营运资本差额是营运资金净变动额。

自由现金流（FCFF）和权益现金流（FCFE) 的主要区别是债务（包括偿还债务或新发行债务）以及每年的利息支出（与税盾相关），这在计算净收入现金流时要考虑清楚。关键是使用股本金的投资，并不是项目的总投资（项目总投资里还有债务资本）。当使用 FCFE 时，所有的现金流，包括早期的投资，必须是股本金带来的现金流。

权益自由现金流就是股东资本的折现[1]，权益成本的重点是反映适当的业务和财务

1 为了保持一致性，现金流必须始终反映其风险的贴现比率。在使用自由现金流方法时，我们必须关注公司层面的风险以及它的适当补偿，这就要用加权资本成本。当我们使用权益现金流折现时，我们只关注股权持有人的风险，即股权成本。

风险。也应该记住，无论何时，一个项目都有部分的债务存在，折现率必须反映出这个因素（见 4.6 节）。我们要知道，杠杆越高，对股东来说风险越大。

那么，用权益自由现金流法的公式如下：

$$\text{NPV} = -\text{Investment}_0^{\text{equity}} + \sum_{t+1}^{T} \frac{FCFE_t}{(1 + r_{\text{equity}}^L)} \tag{4.10}$$

- NPV 是项目的现值。
- $\sum_{t+1}^{T} \frac{FCFE_t}{(1 + r_{\text{equity}}^L)^t}$ 表示项目全部权益自由现金流的现值，再以（$1+r_{\text{equity}}^L$）^{t} 折现——一个有杠杆的公司的权益成本。
- $\text{Investment}_0^{\text{equity}}$ 是股东在项目的初始投资。

计算正确的话，项目的 NPV 不取决于用什么算法；用权益自由现金流法，应该刚好等于用自由现金流法的结果。

4.8 其他的项目估值指标

正如本章所述，公司投资一个项目，它的净现金流应该为正。不过，在对一个项目估值时，一般也会用与净现值一样的另外一种投资指标。

下面，我们给出一些常用的比选指标，这些通常用于潜在投资项目。下面给出了每年现金流：

	XXX0	XXX1	XXX2	XXX3	XXX4
现金流	\$-10,000	\$3,500	\$5,000	\$4,000	\$4,000

4.8.1 内含报酬率（IRR）

内含报酬率是净现值等于零的折现率。我们已知项目的现金流，那么，我们就能够从以下等式得出 IRR：

$$0 = -10,000 + \frac{3,500}{1 + IRR} + \frac{5,000}{(1 + IRR)^2} + \frac{4,000}{(1 + IRR)^3} + \frac{4,000}{(1 + IRR)}$$

最终，我们得出 IRR 为 23%（用 excel 中的 IRR 公式）

当我们用 IRR 作为判断标准时，我们关注的是项目的内含报酬率是否大于资本成本。

4.8.2 投资回收期

投资回收期是指总的现金流于等于现金流出所需要的年限，也可以用全部现金流的现值来计算（即贴现的时间为零），也称调整后的回收。

4.8.3 回报指数（RI）

回报指数也称盈利能力指数，用现值对投资成本的比率表示，公式如下：

$$RI = \frac{PV(+CF)}{\text{Investment}} \tag{4.11}$$

- PV（+CF）表示项目现金流在减去初始投资成本后的现值。
- Investment 是项目的初始资本支出。

假设上面例子的资本成本为 10%，我们得出回报指数如下：

$$RI = \frac{\frac{3,500}{1+10\%} + \frac{5,000}{(1+10\%)^2} + \frac{4,000}{(1+10\%)^3} + \frac{4,000}{(1+10\%)^4}}{10,000} = 1.3051$$

当采用回报指数为评判标准时，我们应该关注那些回报指数大于 1 的项目。因为它表明在折现期内，项目的现金净流入大于它们的初始投资额。

4.8.4 我们为什么要关注净现值（NPV）

必须强调，净现值是反映一个项目是否为公司带来价值的最终衡量标准。首先，它提供了一个分析项目整个生命周期内的时间价值。其次，它考虑了风险因素，明确将折现率纳入公式中。高风险项目的折现率（WACC）相比低风险项目的折现率要高，结果是，高风险项目的现金流比低风险项目的现金流折现多（也就是说，对最终的净现值，它们的贡献低）。总之，净现值是一种绝对数值的计量，而不是一种比率（像 IRR 或 RI）。股东们最终最关心的，是他们的投资产生了多少回报。

◆ 学习重点

净现值（NPV）是以货币形式分析某一项目能够产生多少价值的最终指标。

本章小结

本章提供的工具是关于公司应当何时作出分配资源的决策，什么样的决策是值得的。

证明一个项目在未来产生多少期望的会计利润是不够的。确实，即使一个项目看起来能够产生边际收益，但它依然可能损毁价值。用会计利润指标忽略了现金和利润的差异、现金流的时间性、项目的风险以及项目资本投资的合理收益等。

本章，我们重点关注现金流折现的方法，这是一种较好的项目估值方法。我们引入的净现值方法，与之前的方法相比更具优越性。它不仅关注现金流，而且把时间价值同样确认为一种风险。

在计算出净现值和进行完严格的敏感性测试后，公司只要认为项目的回收高于投资成本，即净现值大于零，就可以投资了。

净现值是通过把折现率 / 资本成本 / 加权平均资本成本作为风险因素考虑的。加权平均资本成本（WACC）是公司整体税后融资的成本，它是当前情况下的资本结构和商业风险，后一点常被忘掉。加权平均资本成本与商业风险和现金流分析是一致的，不同行业具有不同的加权平均资本成本（或风险）。另外，不同的资本结构也意味着不同的加权平均资本成本。因此，我们需要用可比公司作为标杆，以得到某一项目合理的折现率。

没有绝对情况下的绝对正确的估值，经常有差错发生，任何估值都需要许多的假设。在作出管理决策时，更重要的是通过敏感性分析知道那些假设的影响以及对项目投资的影响值。现金流折现法（DCF）有助于理解一个项目投资的经济性。如果需要，我们嵌入不同的商业模型、效益以及其他特别的观察来进行估值，最终考虑各种管理措施和方法形成项目完整的评估指标。

第五章

资本来源决策——资本结构

资本结构策略体现在资产负债表的右侧，与公司的融资活动关联在一起。公司可以在许多不同的资本结构中选择。它可以发行大量的债券，也可以少发债，它可以发行固息债也可以发行浮息债，它还可以有表外债[1]如金融租赁，也可以有常规资产负债表债如银行贷款或票据。

任何一种财务决策，最重要的一步就是要决定需要多少外部资本。一旦外部资本需求额确定了，下一步就是选择和设计要用的金融工具，即贷款、发债（第六章）或发行股份（第七章）。

本章，我们将研究资本结构的最新思考，聚焦它涉及的以及与公司战略关联的权衡。我们从介绍举债的优点开始，同时也考虑它的缺点。最终，我们将证明资本结构是紧密相关的，对公司的风险、价值以及运营影响巨大；展示金融市场是如何看待资本结构决策的；还根据对 CFO 的访问和调查的结果，展示许多不同公司和行业真实的资本结构情况。

1 表外是指公司资产负债表外的资产或负债，如果是负债，其中最重要的表外负债来源就是经营租赁。对于经营租赁，资产体现在出租方的资产负债表上，租借方只要按合同支付租金，以费用形式反映在损益表上。但是，根据合同履行，这些租金费用被视作表外负债（无论是按美国的会计准则还是国际准则）。其他表外负债包括养老金计划、不合并报表下属公司的财务担保等。

5.1 举债的好处——税赋优惠

莫顿·米勒和弗兰克·莫迪格里安尼的研究成果使他们获得了诺贝尔经济学奖。他们的论文中，最重要的是“资本成本、公司财务及投资原理”，发表在《美国经济评论》，他们的结论是“任何公司的市值取决于其资本结构”[1]。

莫迪格里安尼和米勒证明了，当公司经营现金是持续流动且没有税的情况下，公司的价值不受其承债多少的影响。如果公司的负债－权益是自主选择的，莫迪格里安尼和米勒的结论是资本结构不相关，但是他们得出这个结论是基于世界上没有税、没有财务危机成本、没有信息不对称以及其他交易成本。更重要的是，他们的假设是投资和筹资策略是独立决定的，也就是说，公司筹资的方式对投资策略没有影响。他们的理由是：公司的资产是价值创造的来源，因为它们能产生现金流，只要资产产生现金流的预期不变，公司的价值就保持不变。

所以，莫迪格里安尼和米勒最重要的贡献之一，是筹资方式的选择影响现金流，进而影响股东的价值，这也将影响公司的价值。他们的研究成果，激励研究人员研究为什么现实中我们观察到有不同资本结构的选择，并探索是否有更优化的资本结构可使公司价值最大化。

莫迪格里安尼和米勒学说的关键（公司价值独立于资本结构），是在没有税收的世界提出的概念。在现实中，当一个公司有负债，它产生的利息费用是可以抵税的[2]，结果是它可以少向政府缴税。

在有税的世界里，公司可以看作股东和政府之间的一个合伙人（公司通过税的方式支付税前利润）。图 5.1 的左边列示了一个全权益公司的价值，它的税率是 33.3%，意味着公司税前利润 33.3% 的收益属于政府，也可以看作它持有这个饼图的 1/3。图 5.1 的右边展示了一个有杠杆的公司，这里，对公司利润有申索权的有三方，股东（股票）、债权人（如债券）以及政府税收。

1 莫迪格里安尼和米勒（1958）。

2 这是因为税法对待利息不视同于股东的收益，那么，利息就是税的抵扣项，而股东分红不是。

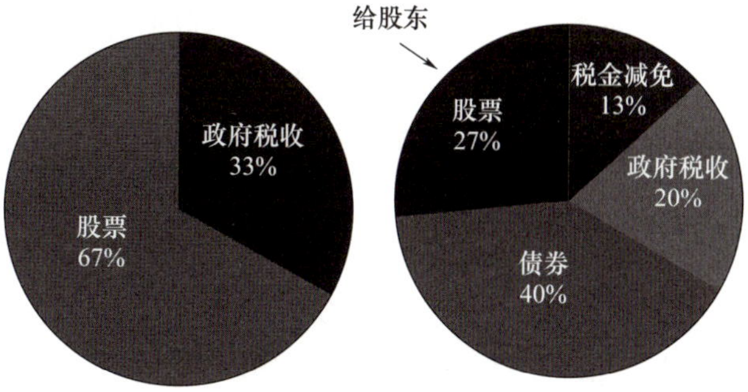

图 5.1 税收减免

图 5.1 的右边列示了当一个公司在资产负债表引入负债时，它将少缴税，从而增加了公司的价值。债务的税收优势与现金流相关，当债务上升时，税收下降（因为利息可以税前抵扣）。这样一来，可供所有者和债权人分配的现金就增加了。

因为公司的价值由股权和债权组成，税负降低，公司的价值上升，税盾（少付政府的税）实际上成了属于股东的钱[1]。

◆ 学习重点

杠杆可以提升公司的价值，因为负债的利息是可以抵扣税赋的（也称为税盾）。

5.1.1 评估从债务中节省的税赋

一个公司税率 30%，预计息税前的收益为每年 1,000 万美元。它的税后收益全部用于分红，公司有两种融资方案：A——资本结构中无负债；B——400 万美元负债，每年 10% 的利息。

按照方案 B，对资本提供者（股东和债权人）会有更多的现金流。两种情况下的差别是方案 B 下所得税较低（债务融资）。

	A	B
息税前收益	$10,000,000	$10,000,000
利息	$0	$400,000
税前收益	$10,000,000	$9,600,000
所得税	$3,000,000	$2,880,000
净利润	$7,000,000	$6,720,000
红利	$7,000,000	$6,720,000
红利 + 利息	$7,000,000	$7,120,000

那么，由于债务（B 方案）而使利润少了 40 万美元，这就意味着公司少缴了 12 万美元的税（$400,000 × 30%）。

1 记住这一点很重要，当公司负债多时，股东自己需要投入公司的钱就少。

如果债务是连续不断的，每年只要支付利息，全部的债务无需偿还。这时，每年支付（$4,000,000×10%）40 万美元的利息，就意味着每年省 12 万美元的税。

税盾的现值是所有这些现金流的现值，因为这是永久节省的现金，它可以用下面的公式来表示[1]：

$$税盾现值 = 税率 \times 债务总额 = 30\% \times \$4,000,000 = \$1,200,000 \qquad (5.1)$$

所以，400 万美元的永久债（也就是说，资产负债表上的这笔债将一直滚动下去）对公司贡献 120 万美元的价值，因为支付了政府较低的税[2]。

我们现在来计算债务的价值，也就是说，节约的税。当债务水平随着时间改变，假设公司发行了 400 万美元的债，在未来的 4 年，每年还 100 万美元，跟之前一样，债务成本为 10%，税率为 30%。

这时，债务随时间到期，因为 4 年里要把这 400 万美元还了，由于公司按年摊销所负债务，那么，利息费用和税盾都将逐年下降，如下。

	年初负债余额	年息	每年摊销	每年节约税额
1 年	$4,000,000	$400,000	$1,000,000	$120,000
2 年	$3,000,000	$300,000	$1,000,000	$90,000
3 年	$2,000,000	$200,000	$1,000,000	$60,000
4 年	$1,000,000	$100,000	$1,000,000	$30,000
5 年	$0	$0		$0

这时，税盾的价值按每年节省的税，折现值如下：

$$PVTS = \frac{\$120,000}{(1+0.10)^1} + \frac{\$90,000}{(1+0.10)^2} + \frac{\$60,000}{(1+0.10)^3} + \frac{\$30,000}{(1+0.10)^4} = \$249,040$$

正如预期，税盾的价值这时降低了，因为债务总额（与税盾有关的）逐年在下降。这个原理一直有效，公司资产负债表上的债务即使在某一时段不停变动，但还是提升了公司价值，因为交给政府的税少了。

5.2 公司如何迅速改变资本结构？

当不断有新的资本进入或出现并购机会时，公司也就不断在改变它们的资本结构。

1 这是通过把所有年度节省的税折算为现值计算出的，折现这些现金的折现率就是债务的成本。

2 从每年节省的税（$120,000）的现值得出的结果，如果是永续发生的，用债务成本折算的话，就是 $120,000/0.10=$1,200,000。

它们必须就这些投资的筹资需求作出决策或经常重新思考它们的资本结构的策略。公司影响资本结构变化的最常见的方法之一，就是以债券融资回购股份（也称杠杆资本调整），这意味着债务的提升和权益的下降。债务上升的结果——税盾高了，公司价值也就上升了。

假设公司的税率为 25%，已发行 200 股，每股 25 美元，公司的总市值就是 5,000 美元。刚开始公司没有负债，那么，公司的价值也就是 5,000 美元。接下来，公司宣布发行 2,000 美元的债券用以回购股份。公告一发出，公司所有者（包括债主）明白，公司将可以少缴税了，那么，形成了税盾[1]。假定这 2,000 美元的债是永久的，利息税盾的现值就是 500 美元（$2,000 × 25%），那么，公司的市场价值就等于 5,500 美元。

股份回购计划宣布之后，股价由于每股税盾的现值超过了原始价，因此，股价上升到 27.5 美元。以这个价格，2,000 美元的债券对应可回购的股票为 72.72 股[2]。

	公司初始 100% 权益	宣布回购计划但还没有回购	完成回购
股数	200	200	127.28
每股价格	$25	$27.5	$27.5
权益值	$5,000	$5,500	$3,500
债务	$0	$0	$2,000
公司价值	$5,000	$5,500	$5,500
负债率	0	0	57%

最终，公司的股数剩下了 127.28 股（初始 200 股减去回购的 72.72 股），权益值等于 3,500 美元，债务值等于 2,000 美元，公司总价值 5,500 美元。再次强调，公司价值创造的来源是利息产生和税盾。

5.3 债务的优点——监督和执行

债务的另一个优点是给公司和管理层增加责任。大多数情况下，管理层不是公司

1 这里假设没有其他回购计划的影响，即生产、销售、成本和资本支出等都不变，纯粹是融资交易，就是发债来回购股份。

2 2,000 美元的债务资金可以 27.5 美元 / 股购回的股票。

的所有者，这种所有权和管理权的分离，增加了一种可能性，就是管理层可能使他们自己的财富最大化而不是股东[1]。

债务可以使管理层更自律，因为他们必须保证按期还债（无论是利息，还是利息加本金）。还有，发债对公司未来的战略也是一个积极的信号，因为表示管理层对公司有信心——公司避免走向破产，就必须按时还债。

这都是基于迈克·金森[2]最早引入的“自由现金流假设”，即经理们拥有太多现金时（他们所有的项目净现金都大于零，NPV>0），他们就会想着采用负现金流的项目。事实上，这种“太多可用现金”的负面影响解释了为什么多元化计划可能会破坏价值，支付现金后的竞标人在收购公告后往往会经历异常糟糕的业绩（见第十章）。

因此，债务的另外一个好处就是它能降低自由现金流的代理成本，因为它促使管理层进一步优化公司的资源，使运营更有效（否则会面临破产）。事实上，债务的这个好处也概括了在私有权益方面杠杆收购的重点——公司通过利用杠杆，股东可得到两方面的益处：

- 他们投入的资本金少了；
- 有强烈的动机促使管理层表现良好，按时偿还债务。

5.4 应该借多少——杠杆与风险

上面的例子建议公司举债以提升价值，它证明了在资产负债表的右侧债务产生时，价值是怎么创造的，前提是其他因素都是不变的，作为利息支出带来的税盾提高而增加了股东的财富。但是现实世界是非常复杂的，有许多成本与债务有关，我们将在后面的部分探讨。

5.4.1 债务成本随杠杆而上升

莫迪格里安尼和米勒假设债务成本是不变的。实际上，因为公司债有违约的可能性，投资人将会要求公司支付高于无风险利率的利率，则债务成本变为：

$$r_{debt}=r_f+Spread \tag{5.2}$$

1 也称委托代理问题。

2 金森（1986）。

- r_{debt} 是公司的债务成本，r_f 是无风险利率（参照相似政府债券到期收益率）。
- S_{pread} 是市场估计的公司信用风险。

息差（这里是债务成本）对风险较高的借款人来说,要比风险低的借款人高[1]。信用评级在帮助投资人作出更好决策以及判断借款给目标公司的风险上，扮演着重要的角色。信用评级是对发行人（或特定债券）信用值的评估，评级等于或高于 Baa（穆迪）或 BBB（标普）的债券被认为属于可投资级别，低评级的债券被称作投机级，也称垃圾债、次级债或高收益债[2]。

评级机构确定公司信用评级时采用许多因素，如产生的现金流、销售周期、产品的差异化、地域多元化以及资产形态。表 5.1 给出不同评级类别公司的一些指标：

表 5.1 全球公司的主要比率

	边际收益率 %	息税前收益 / 利息支出	债务 / 息税摊销前收益	债务 / 权益 %
Aaa	20.3	21.6	1.0	24.7
Aa	13.1	9.6	1.7	35.4
A	11.2	6.9	2.2	43.5
Baa	10.9	4.2	2.9	47
Ba	11.1	3.0	3.3	51.1
B	8.0	1.4	5.1	72.3
C	2.7	0.4	7.6	98.1

来源：穆迪，2010 年 12 月，全球非金融公司主要财务比率指标

从表 5.1 第三栏和第四栏可清楚看出，随着公司债务的上升、评级下降，公司的付息能力在下降（息税前收益 / 利息支出），它的评级也趋于下降，因为债权人认为不偿还的风险更高。

根据评级来评估潜在的违约风险，评级越低，债务成本就越高[3]。表 5.2 列示了投资者对不同投资级别以及投机级别债券的平均息差的要求（高于相似期限的无风险债券）。

1 债券息差也反映流动性，见第六章 6.4.6 节。

2 AAA 评级对投资人来说，就是发行人绝对有能力满足财务负担；BBB 评级对投资人来说，就是发行人有足够的资源履行它的承诺；但是，评级也会对经济环境出现翻转时，履约能力变弱给出建议。一家评级为 BB 的公司正在解决一些重大的问题，这些问题可能妨碍其履行财务承诺的能力。

3 作为债券评级的替代方案，我们可以用信用违约掉期（CDS）来估计一家公司的信用风险（这里就是息差）。CDS 是一种特别的保险，用以保护购入者贷款违约。CDS 购入时，年费就先付了，这通常称作信用违约掉期利差，购入者换来的是保险。在一些特定的 CDS 市场，保险是针对发行人违约的，因此，信用违约掉期利差也可以解释为对某一公司信用风险的市场化衡量。

表 5.2　不同评级的信用息差

投资级别债		垃圾债	
AAA	0.21%	BB+	2.18%
AA	0.34%	BB	2.41%
A+	0.48%	BB–	2.64%
A	0.56%	B+	3.14%
A–	0.88%	B	3.41%
BBB+	0.94%	B–	4.08%
BBB	1.13%		
BBB–	1.70%		

◆ 学习重点

债务成本不是恒定的，随着债务的上升，债务成本也会上升。

5.4.2　权益成本随杠杆上升

债务水平也与权益成本相关。正常情况下，有杠杆公司的权益持有者比没有杠杆公司的权益持有者期望回报率要高，但是，他们也招致更大的风险。

一家公司总资产 10,000 美元，没有债务，公司已发行 400 股，每股价值 25 美元。考虑未来三种可能的情景：正常情况、经济衰退情况和扩张情况。正常情况下的公司回报率为 15%，衰退情况下为 5%，扩张情况下 25%。现列示每种情况下的利润和每股收益如下：

	衰退	正常	扩张
资产	\$10,000	\$10,000	\$10,000
债务	\$0	\$0	\$0
权益	\$10,000	\$10,000	\$10,000
资产回报率（ROA）	5%	15%	25%
利润	\$500	\$1,500	\$2,500
权益回报率（ROE）	5%	15%	25%
每股收益	\$1.25	\$3.75	\$6.25

因为公司没有债务，所有情况下 ROA 等于 ROE，上面列示出每种情景下每股收

益的差异：衰退情况下每股收益 1.25 美元，正常情况下 3.75 美元，扩张情况下 6.25 美元。

假设现在改变它的资本结构，50% 为债务融资、50% 为权益融资，公司如何做到呢？如果没有额外的投资机会，公司只要从银行借 5,000 美元放在账上，显示在资产负债表上，这将是一个无效的资本，因为公司只会用它来支付贷款利息。另一种替代方案是借 5,000 美元并用它回购股东的股份。如果忽略税的因素，假设公司的股价回购后也保持不变，仍然是 25 美元，这就意味着公司可能回购 200 股（$25 × 200=$5,000）。

执行完回购计划后，公司的股份还有 200 股，同时，将有 5,000 美元的债务。如果债务利息成本为 10%，现列示公司在以上三种情况下的利润和每股收益如下：

	衰退	正常	扩张
资产	$10,000	$10,000	$10,000
债务	$5,000	$5,000	$5,000
权益	$5,000	$5,000	$5,000
资产回报率（ROA）	5%	15%	25%
付息前利润	$500	$1,500	$2,500
利息支出	$500	$500	$500
付息后利润（净利润）	$0	$1,000	$2,000
权益回报率（ROE）	0%	20%	40%
每股收益	$0	$5	$10

上面清楚展示出债务对股东的风险。正常情况下，资产回报率是 15%，公司支付利息之前的利润是 1,500 美元，扣除利息成本之后（在此例中忽略所得税），净利润将只有 1,000 美元。因为公司目前的股份只有 200 股，每股收益是 5 美元，每股收益会是 20%，高于 15% 的资产回报率，差异的原因是杠杆，权益投资人投到公司的钱少了，但他们投的钱回报高了。

但是，在经济衰退的情况下，情况大不相同，净利润及每股收益都将变为零。反过来，在经济形势好时，公司的每股收益和权益回报率都高于正常情况。总之，我们看到了，ROE 是如何在 0、20%、40%（高风险），以及每股收益在 0、5、10 美元之间变化的。

以上的例子展示了股东在公司加杠杆后，在经营好时回报更高、经营差时回报更差。这也清晰地展示了公司加杠杆对权益持有者风险更大。所以，加杠杆的公司权益成本肯定比不加杠杆的公司要高。

$$r_{equity}^{L} = r_{equity}^{U} + \frac{D}{E} \times (r_{equity}^{U} - r_{debt}) \qquad (5.3)$$

r_{equity}^{L} 是加杠杆公司的权益成本，r_{equity}^{U} 是不加杠杆公司的权益成本，r_{debt} 是公司的债务成本，$\frac{D}{E}$ 是债务对权益的市值比率。

公式 5.3 证明了当公司采用较高债务水平时，股东对回报的要求也将较高。

这种关系在资本定价 β 模型上也能看到[1]：

$$\beta_{equity}^{L} = \beta_{equity}^{U} \times \left(1 + \frac{D}{E}\right) \qquad (5.4)$$

β_{equity}^{L} 是加杠杆公司的值，β_{equity}^{U} 是不加杠杆公司的值，$\frac{D}{E}$ 是债务对权益的市值比率。

公式 5.4 展示了加杠杆公司的值高于不加杠杆公司。

◆ 学习重点

一家公司的权益成本不仅取决于公司的经营风险，同时取决于杠杆给股东带来的财务风险。

5.4.3 综合——债务和权益成本

较高的债务加大了权益所有者以及借款人的风险，他们自然会把这些风险加到他们期望的回报里（或称资本成本）。换句话，公司提升债务水平，债务和权益成本都上升了，这进一步说明为什么公司杠杆不宜过大。

◆ 学习重点

高杠杆增加了风险，带来债务和权益成本的增加。

5.5 借多少钱——财务危机成本

财务危机成本是理解资本结构决策时最重要的一项因素，它包括两部分：直接成本和间接成本。

1 完整的公式包括一个与债务的贝塔相关的部分。实际中，通常假设债务的贝塔是零而得出公式（5.4）。

财务危机的直接成本是破产或清算的法律行政费用，这些成本在公司价值中的比例很小，估计在 1%~5%[1] 之间。关键是，这些费用是付给法庭、律师和会计师等用来做破产或清算的。

更重要的是财务危机的间接成本。的确，公司陷入危机很难再开展业务。间接成本来自公司内部，如没有业务了，管理层就需要减少投资、研发以及市场拓展来节约现金。它也可能是外部成本，产品滞销、来自供应商的不良商业条件都将加大运营成本，公司也可能丢失市场份额，被迫出售部分无效资产（以甩卖价）来筹措资金而满足偿债义务。

在谈到资本结构决策时，最容易犯的一个错误是假设财务危机的唯一成本就是破产或清算的法律成本。实践中，除法律成本之外还有许多因素起作用。当公司陷入财务危机时，各位股东可能会改变他们对公司的关系。这些改变将转化成对公司运营的影响，从而严重影响公司未来的现金流[2]。

5.5.1 客户与财务危机成本

公司财务危机在客户决策中扮演很重要的角色，特别是当他们期盼与公司有着长期的关系时，所以，公司陷入财务危机的现实，可能意味着它将开始失去长期稳定的客户关系。如果公司被清算了，客户通常面临转变合作方的成本。这种关系是一种较强的双边关系[3]的话，如涉及唯一的产品或资产，这种成本会特别高[4]。

你想从一家负债过高而可能陷入财务危机的公司购买一项具有重大服务和担保的长期资产吗？还有，你想从一家陷入财务危机而不大可能提供包含预付服务费（如保险、其他服务）的公司购买所需服务吗？

5.5.2 供应商与财务危机成本

供应商是重要的利益相关者，在作决定时也会考虑财务危机。假如你是一家即将陷入财务危机的公司的供应商（或者你担心它陷入财务危机，因为它的高负债水平），你可能会三思是否继续与这家公司做业务。还有，即使你仍然想跟它做生意，你也可能会要求改变付款条件，更有甚者，见钱才发货。当公司陷入财务危机，供应商改变做法时，会带来巨大的成本。

当客户与供应商关系紧密，几项特殊关系投资决策需要作出时，这一点特别重要。

---

1 中介费用按破产前资产的一定比例计算。来源：Altman（1984）；Warner（1977）；Weiss（1990）；Bris，WelchandZhu（2006）。

2 如客户不再从公司采购，供应商不再向公司供货或改变他们的交易信用安排；更有甚者，员工在工作中感受危机时开始离开。

3 这种影响在莫迪格里安尼·米勒的世界中是完全不存在的，因为他们的关键假设是投资、公司的经营业绩是独立于筹资决策之外的。

4 Opler 和 Titman（1994）研究发现，陷入财务困境的公司会丧失大量市场份额给竞争对手。

如你是一家汽车工厂的供应商，需要投入巨资为汽车厂或某车型配套生产线，你得知客户（也就是汽车工厂）陷入财务危机，你肯定要三思是否为此增加投资。

同样的道理，当一家公司只为少数几个大客户供应产品时，如果一个供应商严重依赖一个客户（假设它占 80% 的销售），那么，该客户的流动性（或可能的财务危机）会对供应商影响巨大。最终，对许多耐用品行业，只有财务良好的公司才能说服它们的供应商去投资这些专用的资产。

5.5.3 综合——财务危机综述

财务危机成本比法律破产成本的损害还要大。当公司陷入（或即将陷入）财务危机时，它的供应商、员工会选择离开，这对公司的运营和财务价值损害更大。员工的行为和反应会使公司出现另外的财务危机成本，的确，对于陷入财务危机的公司来说，留住员工是困难的，员工可能开始另寻工作，管理层也变得非常关注短期财务问题，而不是业务上的事情。

所有这些财务危机成本很难计算，有人估计超过公司价值的 20%[1]，但不同行业间差异巨大。

◆ 学习重点

财务危机可能由于丢失客户、员工离开或供应商断供而导致公司价值的重大下挫。

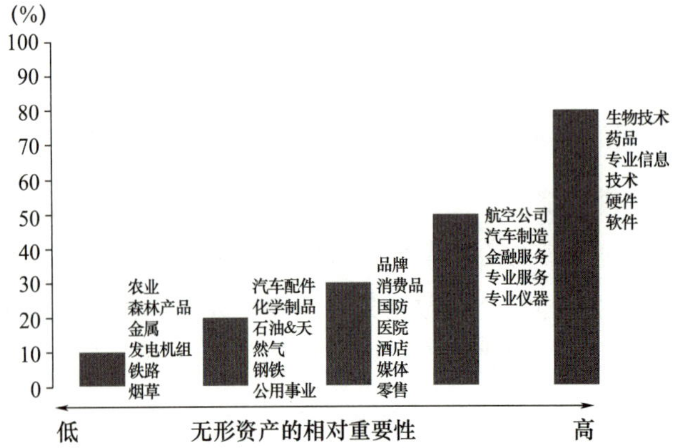

图 5.2　财务困境造成的公司价值损失的百分比

来源：Passov（2003）

图 5.2 清楚地展示了不同行业财务危机的不同，高财务危机成本通常发生在无形资产占比高的行业，如制药业。在这些行业，财务危机出现时，公司价值损失可以达到 80%。但在公共服务或食品相关行业，财务危机成本相关性较低，因为供应商不大关

1　财务危机成本指财务危机带来的将来损失现金流的现值。

心这些公司可能的财务危机。设想一下你是麦当劳的顾客，你看到新闻说麦当劳公司明年债券到期融不到资而存在债务危机了，你会因为它而不吃麦当劳的汉堡了吗？大多数麦当劳的客户不会！

无论什么行业，客户关系都很重要，如汽车行业，财务危机成本很高。假设你考虑购买一辆新宝马，你看到新闻说宝马明年很可能还不了到期债务，你很可能选择另外品牌的车。大多数消费者很重视与他们车厂的关系（因为涉及保修），这就意味着如果他们知道公司陷入财务危机，他们在购买宝马时会出现犹豫[1]。

◆ 学习重点

财务危机平均来讲，能毁掉公司 20% 的价值，但不同行业差别很大。

本章的后面部分我们还讲到，财务危机成本是理解资本结构选择的关键。与财务危机成本相关较高的公司，要比其他公司的杠杆低。

5.6 借多少钱合适——管理上的弹性

债务较低的公司有一定的弹性从资本市场筹集更多资本，进入资本市场的途径很大程度上取决于公司的评级，如获得 AAA 或 AA 评级的公司很容易进入货币市场或短期公司借贷市场。随着公司评级的下降，公司进入这些市场的途径越来越少。如果公司的评级从 BBB（投资级）变成 BB（垃圾级），它在债务资本市场发行适合债券的能力将大大下降[2]。

财务上的灵活性对公司来说价值巨大，是公司债务选择另一个重要决定因素，特别是这一因素会使公司限制举债，在他们财务灵活性上包括了过多的债务，会导致丧失投资机会并引起公司价值下跌[3]。反过来，拥有一个合理的债务规模以及较高的公司评级，可使公司战略上的灵活性作出重要调整，这就意味着如果出现成长性好的项目或有希望的并购机会，他们可以举债融资捕捉良机。正如我们所预见的，灵活性对不同

1 注意本例宝马公司不是破产，只是技术性的解决方案。但是新闻媒体会使事情变得更糟，因为想买宝马的顾客将转去买其他牌子的汽车。

2 由于垃圾债额外的风险，许多机构投资人规定：禁止投资垃圾债（或者说他们的能力受到严重限制）。

3 如 Campello、Graham 和 Harvey（2010）研究报告，受到约束的公司退出或推迟了诱人的投资机会，就是因为 2008 年信贷危机，他们对外借不到钱。

公司是不同的。这里重申，这对理解不同行业资本结构也不同是一个重要因素。

◆ 学习重点

过度杠杆可能毁掉公司财务的灵活性。

5.7 综上所述——融资组合背后的权衡

5.7.1 债务和股本的平衡点

我们看到，债务一个关键的好处是它产生的利息税盾，但是债务也给公司带来各种各样的成本。首先，债务和股票的成本都随着杠杆的增加而上升。其次，财务危机成本也是防止公司杠杆过高的一个重要因素。最后，财务灵活性在决定公司资本结构中也是重要因素。过度举债会降低公司战略调整的自由度。

遗憾的是，没有一个单独的公式可以算出来新优的资本结构，要把上述因素都考虑进来就意味着，财务危机成本高的公司要降低杠杆。同样的，财务的灵活性也很重要，如高成长性的公司也应该降低杠杆。最后，如果公司的税太高的话，就应该把杠杆提高，因为税盾对这些公司影响较大。随着债务上升，税盾提升了公司的价值，这个关系可以由图 5.3 看出来。

但是，随着债务的上升，公司财务危机的成本也跟着上升，财务的灵活性又下降，这两个因素影响公司价值下降的关系，可以对比图 5.4 看出来。

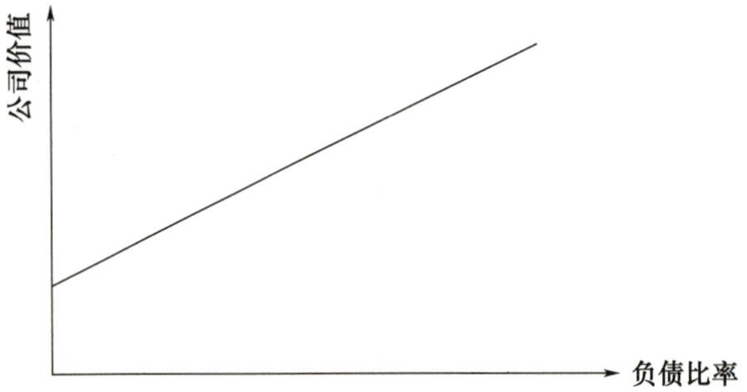

图 5.3 负债的积极影响——税盾

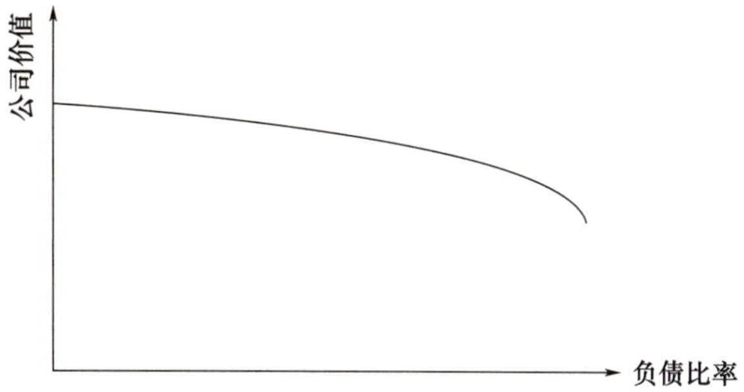

图 5.4　负债消极影响——金融困境和推动弹性

图 5.3 和 5.4 给出一个使公司价值最大的最优负债率，这个最优负债率刚好处在税盾最大化与财务危机成本和失去灵活性的关联点上。图 5.5 展示了这两方面因素合并抵消后，公司价值与负债比率的关系。

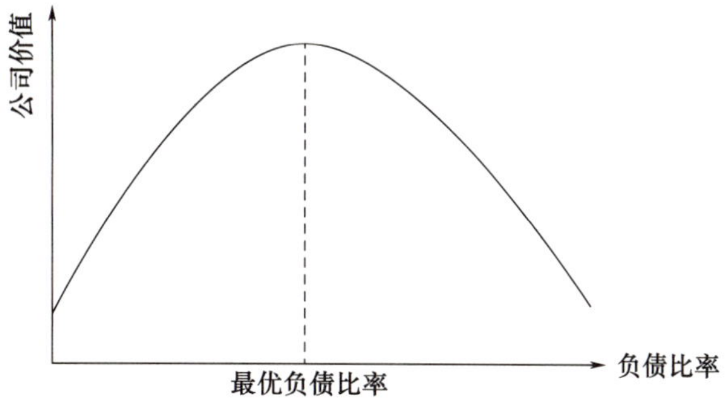

图 5.5　组合所有影响——最优资本结构

从图 5.5 可以看出，债务水平低时，财务危机成本小，财务灵活性也还存在。然后，公司的价值随着债务水平上升而增加（由于税盾的原因）。但是达到某个点时，继续加大债务，财务危机成本加大、灵活性减小；在此点时，公司价值达到最大化，那么，这就是“最优”的资本结构。

这个图在不同行业是不同的，这也意味着没有一个标准的最优债资比。债务和股本之间合适的平衡点因行业不同而不同，见图 5.6。

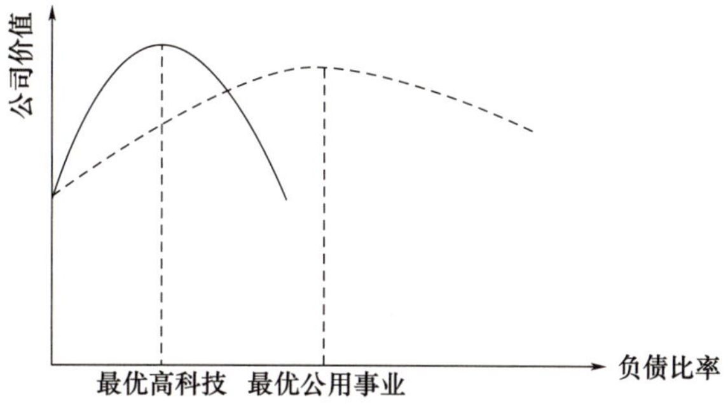

图 5.6　组合所有影响——不同行业最优资本结构

如在公用事业领域，财务危机成本一般较低。在本例中，最优资本结构包括了较高的债务，而在其他领域，如制药业，最优债务比率是很低的。本例中，财务危机成本高就体现了财务灵活性的价值。

◆ 学习重点

最优资本结构根据不同税收筹划、财务危机成本和灵活性价值的不同，对各公司来讲也不同。

5.7.2 最优资本结构和资本成本

正如上面指出的，公司的最优资本结构是使公司价值最大化的负债率。当我们使用加权平均资本成本（WACC）公式时，能看到类似的关系。在有公司所得税的情况下，我们可以把加权平均资本成本定义成如下：

$$\text{WACC} = \frac{debt}{debt + equity}(1 - t)\, r_{debt} + \frac{equity}{debt + equity} r_{equity} \tag{5.5}$$

| r_{debt}是债务成本，r_{equity}是股本成本，t是税率。

总之，债务比股本的风险要低，因此，债务的成本一定比权益成本低，这也是为何股东对公司现金流要求剩余索取权。公司要先还银行贷款和清偿债券，之后如有剩余，再把钱分给股东（或分红或回购股份）。

WACC 是公司整体的税后资金成本[1]，是由权益成本和税后债务成本加权平均计算得出的。账上，债务和权益是混在一起的，权益成本和债务成本都应该是前瞻性的，反映公司不同资本来源所要求的成本（或是投资人根据公司风险情况所要求的回报）。

图 5.7 展示了如何只在一定程度上依靠债务来降低加权平均资本成本。在到达那个点之前，公司通过增加杠杆降低它的资本成本[2]，因为债务的税收优势与权益相关，利息可扣除（税盾）。

但是，随着债务的上升，权益成本和债务成本都开始上升。债务成本上升是因为债权人风险高了，他们在借钱给公司时，会要求更高的利率。权益成本上升是因为财务杠杆之外增大的股东的风险。

过了这个最优点后，债务和权益成本上升，这时，公司不能再通过更多借债来降低资本成本了。WACC 最小化的杠杆率（同时也是公司价值最大化）就是最优资本结构。

1 因为利息支出可以抵税，债务的税后成本低于税前成本，那么，在 WACC 公式中，我们包含此项 1–t（税率）来表示通过利息支出获取的税盾。WACC 正确的税率是未来通过利息扣除来减少税收的税率，这可能是有效税率或边际税率，根据情况而定。

2 公司的价值是用加权平均资本成本对未来的现金流折现得出的，所以，加权平均资本成本下降，公司的价值相应上升。

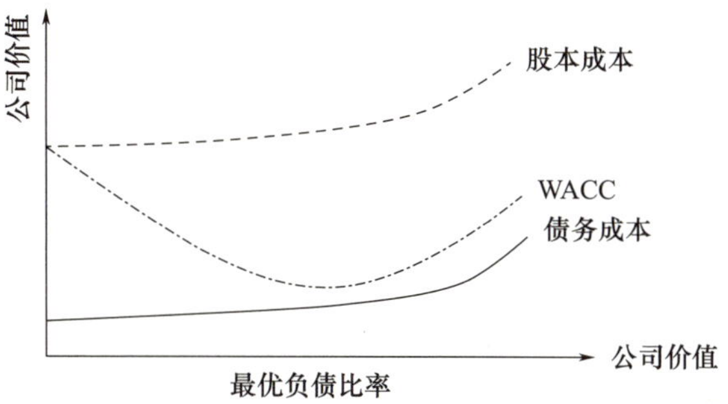

图 5.7　最优资本结构和资本成本

5.8 来自世界各地的实证经验

实证文献调查了从业人员，分析他们如何在实际应用中作出财务决策。调查结果[1]（见图 5.8）展示了 CFO 们选择资本结构时依赖的几个因素，最重要的是财务灵活性和良好的信用评级。公司非常关心它们的信用评级，这也可以解释为他们对财务危机的关注。稳定的现金流也很重要，正如预期，公司拥有稳定的现金流，就能获得较高的评级，因为这时它也不容易陷入财务危机。年景不好时，公司降低杠杆从而减少现金

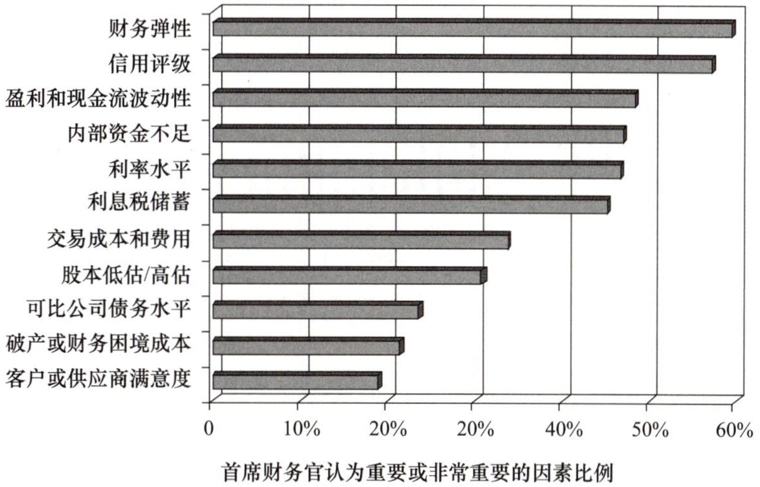

图 5.8　决定公司债务水平的不同因素的重要性

1　见 Graham 和 Harvey（2001）的研究报告。

流波动，以避免陷入财务危机的风险。正如预期的那样，公司债务的税收优势也是资本结构决策的一个重要因素。当 CFO 们被问到他们的公司是否拥有一个最佳债资比目标或范围时，只有 19% 的人回答说没有，超过 80% 的人说他们有一个目标，这个目标可能是一个固定数字，也可能是一个范围值（见图 5.9）。

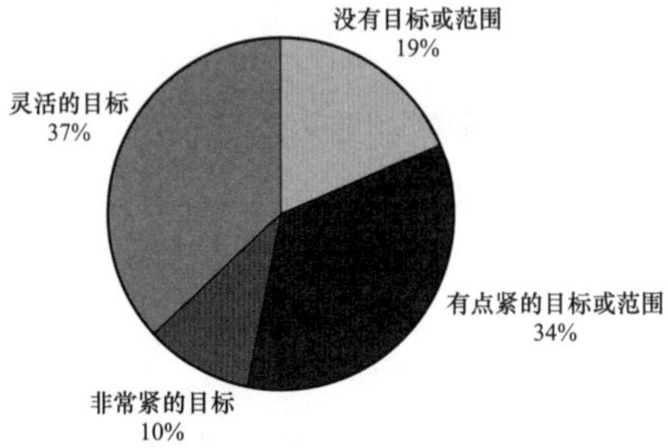

图 5.9　公司的债务 – 股权目标

总之，这些数字支持这样一个观点：公司在权衡债务的成本负担和优势后，得出一个最佳的债务比率。

不同行业的公司有着非常不同的资本结构模式。图 5.10 展示了主要的跨国公司的债务比率；这里，债务比率被定义为总债务对总资本的百分比（总资本是债务与权益的和）[1]。从图上的数据可以看出，不同行业的资本结构存在巨大差异，金融类公司的杠杆总是很高，但也有其他几个行业（如保险、公共事业和基础设施类）也有着较高的杠杆率。正如本章所论述的，在图表的右侧，我们通常看到高科技公司、医药公司等，这些行业里，财务灵活性的价值连同财务危机成本，超过任何可能的债务税收优惠。结果是，公司要保持较低的债务杠杆。

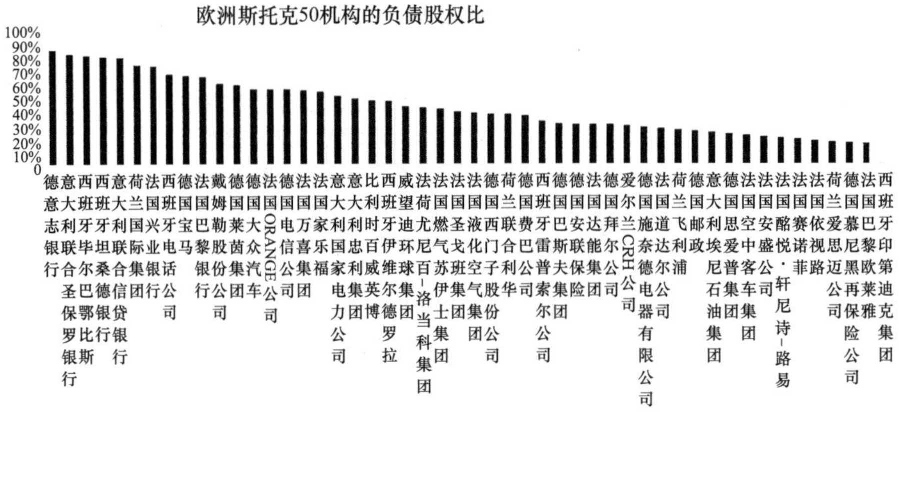

1　通常用净债务（总负债减现金）占总资本之比来表示。

（续）

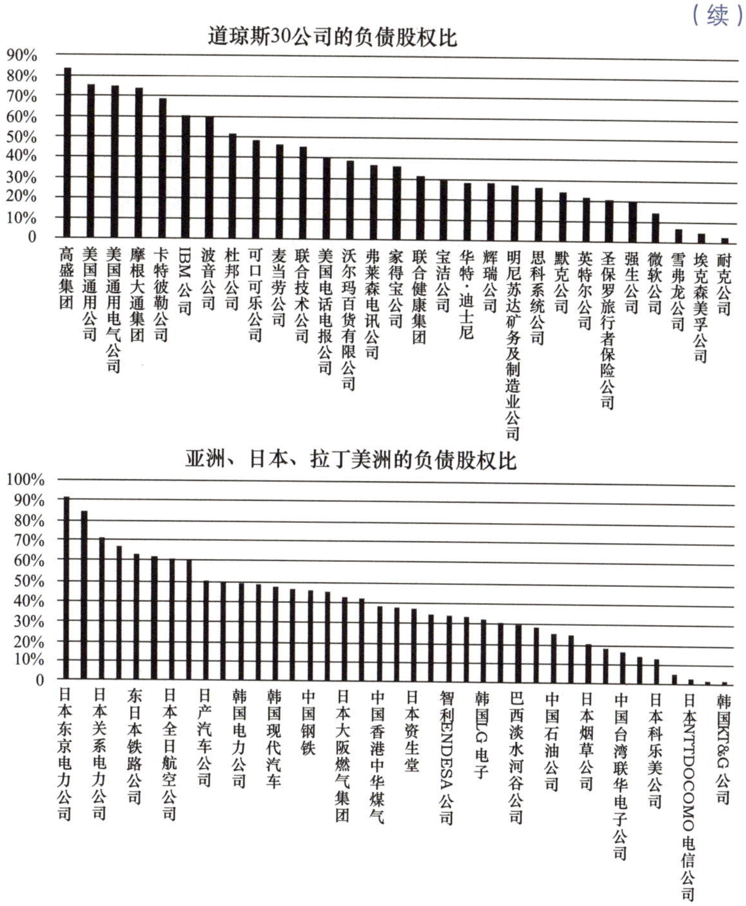

图 5.10 全球主要公司的负债股权比

来源：Datastream，2013 年 2 月数据

研究人员也用回归技术分析了大量跨国公司，来理解资本结构的决定因素。根据超过 3 万多家非金融类公司，横跨发达国家和新兴市场国家的公司的数据，确定了几个因素，回归结果汇总，见表 5.3。

表 5.3 新兴和发达市场中的资本结构决定因素

	新兴市场	发达市场
有形资产	**0.1300**	**0.2408**
规模	**0.0281**	**0.0203**
资产回报率	**–0.0058**	**–0.0009**
潜在增长	**–0.0691**	**–0.0092**
年龄	0.0002	**0.0003**
风险（收益波动）	0.0381	**-0.0107**
观察值	63,171	209,213
调整 R2	0.35	0.22

来源：Fernandes（2011）[1]

1 表 5.3 报告了年度时间序列横断面企业水平杠杆比率回归系数的估计。样本区间从 1990 至 2007 年，所有的规范使用标准异方差并以国家类分组。黑体字表示系数在 5% 水平重要。

总之，纵观发达和新兴市场，影响债资比选择的因素似乎差不多[1]，特别是从表 5.3 中的标黑字部分来看，某些因素有利于提高杠杆率。

- 多有形资产：有形资产多的公司在倒闭或清盘的情况下，通常更有价值。相应的，那些重投在无形资产和人力资本的公司，清盘时更困难，它们在陷入财务困境时面临更高的成本。结果显示，拥有较多有形资产的公司和行业趋于拥有较高的负债率。
- 低增长：成长性较好的公司更倾向于低杠杆，这与过度杠杆可能迫使公司放弃有利可图的投资机会的观点是一致的。这更强调了财务灵活性在实践中非常重要。
- 公司更大：公司越大，杠杆越高。众所周知，大公司抗风险能力更强，它们的收入更多元化，这可以降低它们陷入财务危机的可能性，不大可能破产；大公司违约成本（用比例表示）也低。结果是，大公司与小公司相比，可以负债的金额也大。
- 收益波动小：负系数表示公司高波动，正如预期，负债水平就低。那么，波动越大的公司，陷入财务危机的可能性就越高，因此，会选择低杠杆。相比之下，现金流稳定的公司通常可多举债，所以，非周期性行业的公司可以适当举债，这通常指公共事业类公司（图 5.10 上也确实看出来，大多数公共事业类公司债务较高）。

表 5.3 的回归计算结果，与图 5.10 有关公司实践数据一起，展示了杠杆更多地依据一些公司关键的特征。确实，杠杆受公司商业模式影响，同时受资产和收入类型的影响。

最终，资本结构的选择也受公司股东构成和他们主观偏好的影响，特别是一些公司短期投资人更倾向于高杠杆。如一般上市公司会根据股东，如共同基金的建议增加杠杆，同时通过股份回购把钱还给股东（见第八章）。反过来，公司的长期投资人（如社保基金、家族所有人和主权财富基金等）通常喜欢低杠杆，他们更愿意公司拥有一个稳定的资产负债表（这是基于公司长久生存着想），而不是短期资本成本最优和短期股东回报。

1 Rajan、Zingales（1995），Booth、Aivazian、Demirguc-Kunt、Maksimovic（2001），Frank、Goyal（2009）也发现，有形资产、潜在增长率和规模是资本结构重要的决定因素。Claessens、Djankov、Xu（2000），Allayannis、Brown、Klapper（2003），Bris、Koskinen、Pons（2004）也提出 1997—1998 年左右时间资本结构问题。其他还有一些关于国际上资本结构的研究，包括 Rajian、Zingales（1995），Giannetti（2003），Harvey、Lins、Roper（2004），Mahajan、Tartaroglu（2008），Fan、Titman、Twite（2012）等。

本章小结

资本结构及其选择是公司很重大的决策，如果公司的所有者提升债务，他们就可少投点自己的钱到公司。但这也将加大公司的财务风险，因为公司收益的波动性加大了。

本章重点关注了无杠杆和过度杠杆下的成本，公司应该在财务灵活性允许的情况下，达到一种最优资本结构，从而使公司价值最大化。这时候，资本结构一定是要与公司的投资和战略方向一致的。

本章架构介绍指出，公司必须平衡债务的优缺点。高债务意味着低税费（正面效应），但它同时意味着高风险、更大财务危机的可能性，从而引起客户、供应商、员工以及其他利益相关方的流失。还有，管理层会把精力集中在克服财务危机上，从而偏离重要的商业决策。反过来，负债过低意味着公司必须用更昂贵的股东资本（如股权）。

当债务带来的好处被拥有杠杆的不同成本抵消时，就达到了最优资本结构。在这个点上，公司的价值最大、资本成本最小。我们分析了不同因素在不同行业和公司是如何影响最佳资本结构选择的。实验证据证明了公司税费较高、财务危机成本较低且不需要太多财务灵活性时，会倾向于多举债。

第六章

从银行和资本市场筹资

从银行借钱与发行债券有何不同？通过债券市场融资对公司会产生什么影响？无风险利率是如何实现的？财务成本是怎么确定的？投资者如何评估不同特点的债券？

本章我们将阐释以上及其他问题，讨论债务融资的主要原理。我们从债券和无风险利率的定义开始，然后分析债券投资的风险。我们将展示，即使信用风险是零的情况，投资债券仍是有风险的，这取决于债券的到期时间。

最后，我们将阐释公司如何利用债券市场为经营融资[1]。我们将涵盖公司债及其角色以及列举不同公司融资成本。我们还将讨论银行贷款与债券的区别，并讲述近期在零售债和混合金融工具方面的最新情况。

1　关于举多少债或公司的债和股的适合金额，这里不讨论，完整的内容在第五章里。

6.1 债券价值及到期收益

债券是一种证券，它在债券的购买人和发行人之间建立了一种信用关系。购买人预先支付一定数额的钱给发行人，以期债券到期时收回本金，并在债券存续期内得到票息。所有的付款（本金和票息）都在债券合约上注明了，所以债券也被称为固定收益证券。

本金是债券的票面金额，也称为名义值、面值或票面值，这些术语可以互用，代表债券到期投资者将收回的价值。

债券的票息率是债券标明的将会支付的利息率，这个合约利率之后会反映在债券的面值上，从而决定息票额（如息票利率是 5%，面值是 100 欧元，那么这个票息就是 5 欧元），息票这个术语，在市场上早就开始用了。实物债券都附有息票，债券持有人会在指定的日期撕下息票，拿着它换钱。

这一章节，我们重点关注无风险的政府债。首先，我们展示零息债是如何定价的；其次，我们再讨论息票债；最后，我们引入收益曲线的概念。

6.1.1 零息债

没有票息需要支付的债券称作零息债，债券发行人只要到期把钱还给购买者就可以了。一张面值 1,000 欧元、5 年期的零息债，如果是无风险的政府债，5 年后，偿还本金是有保证的。图 6.1 描述了债券持有人的现金流概况。

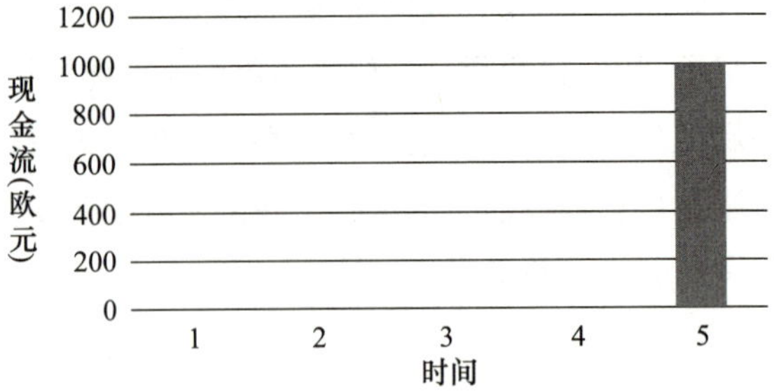

图 6.1　5 年期无息债券现金流

◆ 学习重点

零息债是一种金融工具，它只在到期时给一个固定收益。

对债券持有人或投资者，它的价格是根据债券现金流的现值来计算的，现金流折现采用的折扣率称作到期收益率（YTM），也称当期市场利率或市场收益率。它代表投资者根据市场上可选择的产品，选择投资某一特定债券所要求的回报率。

我们可以根据到期收益率确定一个债券的价格。如果投资者要求 6% 的收益或说回报率，借钱 5 年给发行人，那么，债券的价格（面值 1,000 欧元）就是：

$$P = \frac{1,000}{(1+6\%)^5} = 747.26$$

如果投资者现在以 747.26 欧元购买 5 年期的零息债券，最终收回 1,000 欧元，则年化收益刚好是 6%。

◆ 学习重点

到期收益率（YTM）是指某一债券在市场上交易的利率，它表示投资人投资那个债券要求的回报率。

类似的，我们可以根据债券的价格确定它的收益率。假设一个 5 年期的零息债券当前的价格是 750 欧元，那么，这个债券的到期收益率是多少？我们可以用下面这个定价公式算出它的收益率：

$$750 = \frac{1,000}{(1+\text{YTM})^5}$$

则 YTM=5.92%。所以对一个债券，知道它的到期收益率或它的价格都是一样的。如果我们知道其中一个，就可以计算出另一个。

债券的价格和到期收益率呈负相关。当得知到期收益率变了，而债券为投资者提供的现金流没有相应改变，那么，债券的价格就要相应作出调整。如果投资者要求更高的到期收益率，债券当日的价格一定更低，才能达到要求的到期收益率。

如果到期收益率是 7%，则债券的价格就是：

$$P = \frac{1,000}{(1+0.07)^5} = 712.99$$

这也就意味着如果投资者现在以 712.99 欧元的价格购买这个 5 年期零息债券并持有 5 年，那最后收回的金额就是 1,000 欧元，它的年化收益将是 7%。同样，如果到期收益率是 5%，则债券的价格就是：

$$P = \frac{1,000}{(1+0.05)^5} = 783.53$$

图 6.2 展示了到期收益率与债券价格的负相关关系：

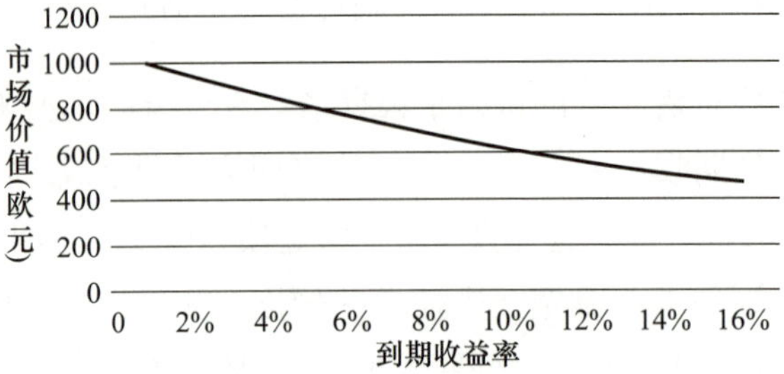

图 6.2　不同到期收益率的面值 1,000 欧元的 5 年期无息债券的价格

假设投资者对借出的钱没有任何回报的要求，则到期收益率是零。这种情况下，债券的价格是 1,000 欧元，与它的面值相同。随着到期收益率上升，固息债现金流的现值是下降的（本例中，5 年内只有一次现金流 1,000 欧元），那么，我们可以得知，债券价格与当前利率是负相关的。

◆ 学习重点

债券的价格与到期收益率存在负相关关系。

6.1.2　息票债券

对于息票债券，除了到期归还本金外，期间还要定期支付票息。

图 6.3 展示了一个 5 年期的面值 1,000 欧元和 8% 息票债券，贡献给持有者现金流的概况：

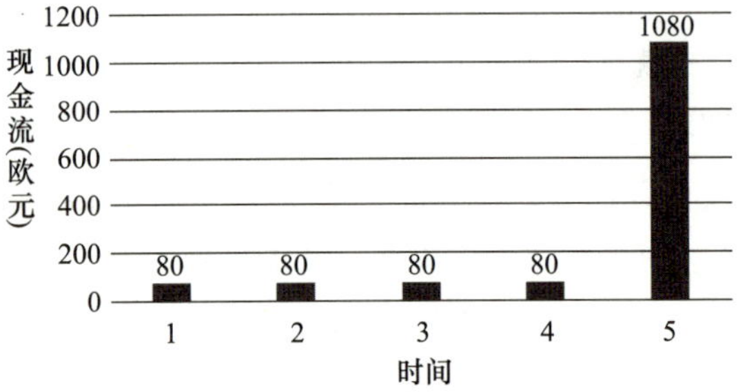

图 6.3　5 年期 8% 利率债券现金流

我们看到债券持有人每年收到一个 8% 的票息（以面值 1,000 欧元等于 80 欧元），最后一年退还债券面值（1,000 欧元）。

照例，债券的价格按照它贡献给持有者现金流的现值计算。如果投资者需要到期收益率 6%，则它的价格就是：

$$P=\frac{80}{(1+0.06)^{1}}+\frac{80}{(1+0.06)^{2}}+\frac{80}{(1+0.06)^{3}}+\frac{80}{(1+0.06)^{4}}+\frac{1,080}{(1+0.06)^{5}}=1,084.25$$

由于到期收益率为 6%，5 年期 8% 息票债券的价格应该是 1,084.25 欧元。债券按照面值[1]交易，这就意味着投资者愿意以高于 1,000 欧元的价格买入，因为后面的 5 年里，票息率 8%（也就是每年 80 欧元），而他们只有 6% 的回报需求。确实，现在投出 1,084.25 欧元，然后，5 年里每年收到 80 欧元的票息，再加上第五年按名义值收回 1,000 欧元，投资者有着每年 6% 的回报（这也是他们要求的回报）。

◆ 学习重点

债券一般按面值交易，无论当时票息率比到期收益率高还是低。

息票债以及零息债，债券价格与到期收益率之间负相关。确实，如果投资者要求的利率高（比如 7%），这并不能转化成现金流的改变，发行人仍然在 5 年后付给债券持有人 1,000 欧元，加上每年 80 欧元，只不过如果收益率为 7% 的话，债券的价格等于 1,041 欧元：

$$P=\frac{80}{(1+0.07)^{1}}+\frac{80}{(1+0.07)^{2}}+\frac{80}{(1+0.07)^{3}}+\frac{80}{(1+0.07)^{4}}+\frac{1,080}{(1+0.07)^{5}}=1,041.00$$

债券当日的价格会低一些，以达到投资者要求的 7% 的回报。

另外，如果到期收益率是 5%，则债券价格会高一些（1,129 欧元）：

$$P=\frac{80}{(1+0.05)^{1}}+\frac{80}{(1+0.05)^{2}}+\frac{80}{(1+0.05)^{3}}+\frac{80}{(1+0.05)^{4}}+\frac{1,080}{(1+0.05)^{5}}=1,129.88$$

如果收益率是 10%，则债券价格等于 924.18 欧元（此债券带来的现金流合计，以 10% 折现）。此时，债券的价值低于面值（924 < 1,000），这将造成票息率不足以满足投资者要求的收益。这种情况下，债券当日价格低于面值。

如果到期收益率为 8%，债券价格刚好等于 1,000 欧元。这时，债券价值就是面值，因为它的市场价格（1,000 欧元）与债券的名义价值相等。今天投出 1,000 欧元，5 年里每年 80 欧元的票息，加上第五年收回的名义值 1,000 欧元，投资者确保了 8% 的回报或到期收益率。

总之，在以下情况时，债券将以高于 / 等于 / 低于面值交易：

低于面值	票息率 < 到期收益率
高于面值	票息率 > 到期收益率
等于面值	票息率 = 到期收益率

1 债券的面值就是它的名义价值 1,000 欧元。

6.2 投资债券的风险——到期日和价格风险

债券价格与到期收益率之间负相关，这对期限较长的债券更加显著。我们假设几只债券（面值都是 1,000 欧元），到期日分别为 1 年、5 年、10 年和 20 年，票息率都是 6%，如果它们的现金流都以 4% 折现，我们得出表 6.1 第一行的价格。几只债券都会以高于面值的价格成交，因为票息率（6%）都比到期收益率高（4%）。

表 6.1 6% 票息率不同到期日的债券价格

	1 年期	5 年期	10 年期	20 年期
价格（YTM=4%）	€1,019.23	€1,089.04	€1,162.22	€1,271.81
价格（YTM=5%）	€1,009.52	€1,043.29	€1,077.22	€1,124.62
价格变化	–€9.71	–€45.74	–€85	–€147.18
价格变化（%）	–0.95%	–4.2%	–7.31%	–11.57%

如果利率上升了，到期收益率升到 5%，债券价格将下降（见表 6.1 的第二行）。但是，价格下降的幅度都不相同，1 年期的债券从 1,019.23 欧元降到 1,009.52 欧元，降了 9.71 欧元，它表示有 0.95% 的下降。随着债券到期日的延长，价格变化加大。如 20 年期的价格从 1,271.81 欧元下降到 1,124.62 欧元，下降了 11.57%。

反过来，当利率下降时，如果到期收益率从 4% 降到 3%，债券的价格将上升（见表 6.2）。

表 6.2 6% 票息率相比到期收益率下降时的债券价格

	1 年期	5 年期	10 年期	20 年期
价格（YTM=4%）	€1,019.23	€1,089.04	€1,162.22	€1,271.81
价格（YTM=3%）	€1,029.13	€1,137.39	€1,255.91	€1,446.32
价格变化	€9.90	€48.35	€93.69	€174.52
价格变化（%）	0.97%	4.44%	8.06%	13.72%

随着到期收益率的下降，债券的价格上升；期限越长，上升越明显。如 10 年期债券从 1,162.22 欧元升到 1,255.91 欧元，升了 8.06%；20 年期债券价格升了 13.72%。

我们可以看到，期限越长的债券对票息率和市场收益越敏感，它们的价格波动也比短期债券更显著。所以，从一名投资者的角度看，其他也都是一样的，持有长期债券比短期的风险更大，即使忽略信用风险的考虑也是如此。

◆ 学习重点

长期债券对市场利率变化更敏感。

6.2.1 价格根据票息变化

一只债券在存续期的票息率不变，那么，其在存续期就贡献给投资者固定的现金流。但是，在市场不同时期，债券的价格会随着其他利率的吸引力而波动，这使投资者面临风险。

我们看到，利率下降、债券价格上升，价格变化的幅度取决于债券到期日，长期债券比短期债券对价格更敏感。无论如何，价格变化的幅度取决于债券的票息。当到期收益率分别为 4% 和 5% 时，息票债券和零息债券价格演化的对比，见表 6.3。

表 6.3 面值同为 1,000 欧元的 6% 息票和零息票价格对比

	1 年期	5 年期	10 年期	20 年期
6% 息票				
YTM=4%	€1,019.23	€1,089.04	€1,162.22	€1,271.81
YTM=5%	€1,009.52	€1,043.29	€1,077.22	€1,124.62
价格变化（%）	–0.95%	–4.2%	–7.31%	–11.57%
零息票				
YTM=4%	€961.54	€821.93	€675.56	€456.39
YTM=5%	€952.38	€783.53	€613.91	€376.89
价格变化（%）	–0.95%	–4.67%	–9.13%	–17.42%

从比较结果看，我们注意到，零息票价格的变动更大，特别是期限长的；息票价值取决于全部现金流，但零息票只有在债券到期后，发行人按名义值还给投资者时才流入。20 年期零息票债券的价值，仅仅基于 1,000 欧元最终的现金流，它在 20 年后才会产生，那时息票债券的价值基于它存续期产生的所有现金流折现的总和，即前 19 年每年 60 欧元和第 20 年 1,060 欧元。

因此，当收益上升，20 年期的零息债券受到的冲击更大，它的价格下跌得更厉害，这也反映了期限越长的比期限短的，现金流受到的折现率影响越大。结果，长期债比短期债价格波动更大。还有，如果利率变了，高息债的价格比低息的变动要小。

6.2.2 债券持有者的收益——债券价格随着时间变化

即使无风险政府债的本金是保证的，也不意味着投资者没有风险发生。投资者总的收益取决于初始购买价、息票以及最终出售的价格。一个持有期一年的收益计算如下：

$$return = \frac{(P_1 - P_0) + \text{Coupon}_1}{P_0} \tag{6.1}$$

| P_1 是持有债券一年后的售出价格，P_0 是初始买入价，$Coupon_1$ 是一年后收到的票息。

| 投资者收到的总收益是收益的票息和价差（买入价 – 卖出价）。

假设一个 10 年期票息 4%、面值 1,000 欧元的债券，投资者当天以面值 1,000 欧元买入（意味着到期收益率 4%）并持有它一年。一年后，如果投资者把债券在市场上出售（第一期票息 40 已经拿到欧元），债券就变成一个 9 年期的了。但是投资者当天并不知道出售的价格，不过我们知道债券可贡献的现金流：8 年，每年 40 欧元的票息；最后一年（第九年）的本息 1,040 欧元。

如果一年后，投资者卖出时收益率仍是 4%，债券的价格（还剩 9 年的现金流）将是 1,000 欧元。这种情况下，债券的价格没变（买和卖都是 1,000 欧元）。投资者一年到期收到 40 欧元票息，所以，投资者刚好得到买入时预期的收益率 4%。

但是，市场上一年后的到期收益率并不保证，或者说提前并不知道。表 6.4 展示了从现在看一年后债券的价格（债券已变成 9 年期 4% 票息），在到期收益率可能介于 2%~6% 的不同价格。

表 6.4　9 年期 4% 利率 1,000 欧元面值债券的价格

到期收益率（YTM）(%)	面值 1,000 欧元，年期 4% 收益率债券的价格（欧元）
2	1,163.24
3	1,077.86
4	1,000.00
5	928.92
6	863.97

这就是说，投资者购买期限为一年的 10 年期债券，可在一年后以不同的价格出售，具体价格取决于出售时的到期时间。

投资回报可能与初始定的 4% 收益率有很大不同。如果这期间利率上升且市场上到期收益率（从 4%）变成 6%，那么，当投资者卖出债券时，出售价格将变成 863.97 欧元。这么一来，投资者在一年期内将获得负回报，即使是无风险的政府债券也一样。的确，这个例子中，投资者要是以 863.97 欧元出售，将面临本金损失 136.03 欧元（因为当初是 1,000 欧元买入的），收到的只是减掉亏损后的那部分；持有该债券，一年总的回报是负的：–9.6%[1]。

反过来，如果年内利率下行且投资者出售债券时，市场收益率变为 3%，则出售价将

1　这个回报计算如下：(963.97–1,000+40) /1,000=–9.6%。

变为 1,077.86 欧元。这时，投资者收到的回报将是 11.78%[1]，这比初始投资的收益率高很多。

对一年后不同的收益率，一年持有期间的回报如表 6.5。

表 6.5　一年后不同收益率债券的投资回报

债券出售时的收益率（%）	售价（€）	收到的票息（€）	售价 + 票息（€）	初始投资（€）	回报率（%）
2	1,163.24	40	1,203.24	1,000	20.32
3	1,077.86	40	1,117.86	1,000	11.79
4	1,000.00	40	1,040.00	1,000	4.00
5	928.92	40	968.92	1,000	–3.11
6	863.97	40	903.97	1,000	–9.60

如果债券持有超过两年，道理是一样的，投资者的期间回报取决于收到的现金流（票息）以及最终的售价（售价与到期收益间一直是负相关的）。

本节的阐述说明，即使是政府发的无风险债券，如果投资者买入债券的时限距债券到期日不同，仍然可能发生较大风险。

6.3 收益曲线与无风险利率

利率在某些国家不是由某一机构来确定的，通常是参考央行（欧洲央行）或联邦（联储体系）的利率，仅仅是隔夜利率，也就是说，投资者把钱放在一家机构一个晚上能收到的利息。实际上，公司和投资者之间的利率通常是长期限的，不会只是一个晚上，长期限的利率是通过长期政府债券的价格来确定的。

每一只政府债券都有不同的明确到期收益率，收益曲线用不同期限债券所需收益率的图形表示。假设下面的债券由英国政府发行（也称 Gilts）。

到期年份	1	2	3	4	5	7	10
票息率	2.75%	4.5%	2%	1.75%	5%	3.75%	2.25%
价格	1,021.5	1,070.4	1,018.1	1,002.8	1,145.5	1,093.7	945.4

因为知道以上债券的价格（从 2013 年 12 月起），我们可以用单个债券价格等式计算出每一个到期收益率。如一年期债券，票息率 2.75%，一年期满（意味着一年里投

1　这个回报计算如下：（1,077.86–1,000+40）/1,000=+11.78%。

资者将收回 1,000 欧元的面值，加上票息 27.5 欧元），则到期收益率（YTM）如下：

$$1,021.5 = \frac{1,027.5}{(1+Y_1)}$$

Y_1 是这只一年期债券的到期收益。本例中，Y_1=0.59%。

对于 10 年期的那只债券，价格 945.4 欧元，我们得出：

$$945.4 = \frac{22.5}{(1+Y_{10})^1} + \frac{22.5}{(1+Y_{10})^2} + \frac{22.5}{(1+Y_{10})^3} + \cdots + \frac{1,022.5}{(1+Y_{10})^{10}}$$

Y_{10} 是 10 年期债券的到期收益。本例中，Y_{10}=2.59%[1]。

重复上面的计算过程，我们得出图 6.4 中所有债券的收益率曲线。这个曲线描绘了债券息率与到期日之间在交易所各时点的关系。因为我们假设的是英国政府债券，最终的结果是一连串的不同到期日的无风险利率。每一个到期收益率点，反映了投资者把钱借给政府所要求的回报率。

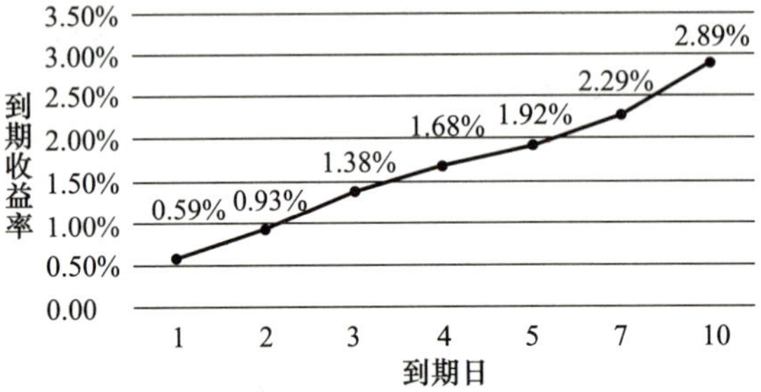

图 6.4　1 到 10 年期英国债券收益曲线（2013 年 12 月）

◆ 学习重点

收益率曲线是以图形表示的政府债券不同到期日收益率走势。

历史来看，收益率曲线的斜度是经济活动的主要指向标。斜度向上（长期利率高于短期利率）通常表示经济上行，这可以看作“正常”，因为市场希望更大的风险获得更多的回报。

一个较平的收益率曲线一般是经济下行的信号，而反过来向下的收益曲线表示衰退了。当短期收益率高于长期收益率，投资者期望未来的利率能下降，这也是对经济下行和通胀的一个回应。2000 年 7 月收益率曲线如下图 6.5，倒过来的收益率曲线恰恰预测出了衰退，这在后来发生了（2001 年 6 月开始出现）。一般来讲，收益曲线在衰退前的 12 至 18 个月会出现反转。

1　这等于内部收益率（IRR）。我们知道债券的净现金流是它的当前价格，我们还知道它随时间的现金流——到期日还本付息。这样，我们就可以计算出 IRR，本例，我们也称作到期收益率。在 excel 表里，可以通过”Goal Seek”或 IRR 公式得出。

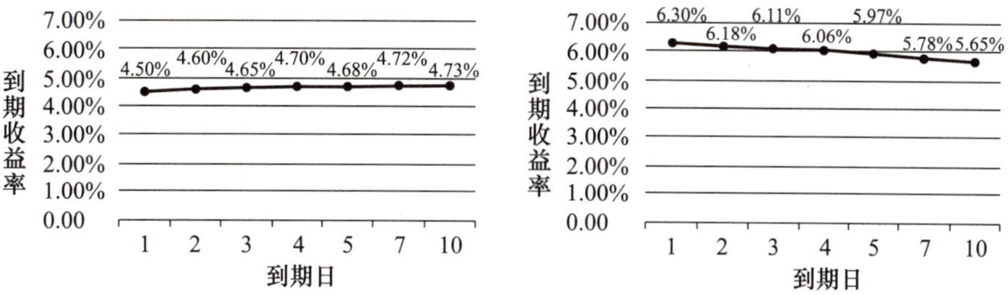

图 6.5 2007 年 5 月（左侧，平的）和 2000 年 7 月（右侧，向下倾斜）美国国债收益曲线

◆ 学习重点

收益率曲线反转通常预示未来 12 至 18 个月会出现经济衰退。

6.4 公司债券筹资

到现在，我们一直讲述政府债券，其票息和本金都是有保证的，因此也称无风险债。现在让我们来看看公司债或更普遍的有潜在风险的债券，这些债券有以下特点：

- 其估值原则与无风险的政府债券相同。
- 债券的价格是债券现金流的现值。
- 债券的价格和到期收益率成反比关系。
- 到期收益率低于规定票息率时，债券以高于面值价格交易；到期收益率高于规定票息率时，债券以低于面值价格交易。
- 长期债券的价格比短期债券对到期收益率更敏感。

两类债券主要的差异在到期收益率上，投资者对公司债的回报要求（对同样到期日）比无风险债更高。

$$r_{corporate}=r_f+Spread \tag{6.2}$$

$r_{corporate}$ 是公司债到期收益率（也称发债成本），r_f 是无风险收益率，*Spread* 是公司的信用息差。

息差（*Spread*），风险高的借款人会高于风险低的借款人。

息差（*Spread*），流动性不好的债券高于流动性好的。

6.4.1 信用评级和信用息差

信用评级对投资者取得更好的决策信息，判断借钱给某一公司的风险起着重要的作用。全球主要的评级机构有**穆迪**和**标普**，表 6.6 列出了它们主要评级分类。在评级分类中，还有细分类，也称等级。穆迪用数字（1 代表最安全，3 代表最危险），而标普用 + 或 – 号。如 A 类中有三类：穆迪有 A1、A2、A3；标普有 A+、A、A–。

表 6.6 穆迪和标普的评级分类

	穆迪	标普
投资级别	Aaa	AAA
	Aa	AA
	A	A
	Baa	BBB
投机级别	Ba	BB
	B	B
	Caa	CCC
	Ca	CC
	C	C

评级大于等于 Baa3（穆迪）或 BBB–（标普）的债券为投资级，低于这个评级的为投机级，也称垃圾债、次级债或高收益债[1]。

◆ 学习重点

垃圾债或高收益债是信用评级低于 BBB–（穆迪）或 Baa3（标普）。

评级机构采用一系列要素来分析一个公司的风险，重点要记住的是评级机构针对债券持有人的风险。他们主要关注两类风险：

- 期间票息支付不了的风险
- 最后本金支付不了的风险

有几个用来评估这两种风险的要素，表 6.7 列示了不同评级类别公司的指标。

表 6.7 不同评级跨国公司关键财务比率

	边际收益率（%）	利息倍数	负债 /EBITDA	负债 / 权益（%）
Aaa	20.3	21.6	1.0	24.7
Aa	13.1	9.6	1.7	35.4

1 AAA 评级表明发行人拥有极强的还款能力，BBB 评级表明发行人拥有足够的资源来履行承诺。但是，在经济环境逆转时，这些评级可能会削弱发行人履行其义务的能力。一家拥有 BB 评级的公司存在一些重大的不确定性，这可能削弱其满足财务承诺的能力。

续表

	边际收益率（%）	利息倍数	负债 /EBITDA	负债 / 权益（%）
A	11.2	6.9	2.2	43.5
Baa	10.9	4.2	2.9	47.0
Ba	11.1	3.0	3.3	51.1
B	8.0	1.4	5.1	72.3
C	2.7	0.4	7.6	98.1

第三栏（负债 /EBITDA）和第四栏（负债 / 权益[1]）清楚地表明，随着债务的升高，评级下降。如负债 /EBITDA=2.9（Baa）意味着如果 EBITDA 保持不变，它就要还债，平均要 2.9 年还清所有债务。较高的负债 /EBITDA 意味着公司很难偿还所欠债务。还有，随着公司支付利息能力的下降（EBITDA/ 利息费用），评级也会下调，债权人认为他们收到票息的风险加大。

评级机构会用到许多非财务要素去评判公司的信用级别，如销售周期、产品差异性、区域多样性以及实物资产。这些商业轮廓和区域多样要素涵盖在内，因为这也能表明公司的偿债能力——包括未来偿还本金和支付票息，这些因素考虑了公司经营模式差异如何影响其在经济周期中维持信用地位的能力。表 6.8 列示了不同领域里的一些重要因素的例子。

不同的行业采用不同的要素。任何情况下，评级机构定义要素并把它们全部用于某一行业的全部公司。如证明储量、接替储量、开发成本对石油行业公司的评级是重要的因素，航空业机队的机龄对运行效率和未来投资需求是一个重要的指标。

表 6.8　评级机构跨行业评级用到的非财务要素

石油	软件	航空	零售	含酒精饮料
探明储量	产品线多样性	机队机龄	商品范围	品牌多元化
勘探开发成本[8]	区域多元化	区域多元化	市场集中度	创新与有机增长
原油蒸馏产能	终端市场多样性	业务概况	地域分布	市场定位
替代储量	市场份额	融资政策	完成质量	地域多元化

◆ 学习重点

信用评级取决于公司一系列的特定要素，其中包括财务和非财务的指标。

根据评级评估潜在的风险，低评级与债务高成本是关联的。表 6.9 列示了投资者在投资级和投机级不同评级下，对回报要求的平均息差情况（指在相似到期日高于无风险债的利率）。

1　公司账面值的所有者权益。

2　该行业公司的作业成本。

表 6.9　不同评级的息差

投资级		投机级	
AAA	0.21%	BB+	2.18%
AA	0.34%	BB	2.41%
A	0.48%	BB−	2.64%
A+	0.56%	B+	3.14%
A−	0.88%	B	3.41%
BBB+	0.94%	B−	4.08%
BBB	1.13%		
BBB−	1.70%		

* 来源:《金融时报》，2014 年 1 月

公司债券的到期收益率在这里就代表公司的债务成本。假如无风险率等于 4%，高出来就是针对一个 AAA 评级借款人平均要付 4.21%（无风险 4%+0.21% 信用利差）。对评级为 BBB 的借款人，如果想在 2014 年 1 月发债的话，按照上表的数据，它的借款成本（或到期收益率）平均将达到 5.13%（4%+1.13%）。

6.4.2　信用利差随时间而变化

信用利差不是一直不变的，从投资者的角度，公司债的价格随着信用利差的增减而波动。一般来讲，当信用利差收窄，价格会上升。图 6.6 展示了发行人 2005—2013 年在不同评级的情况下，平均信用利差的演变情况。

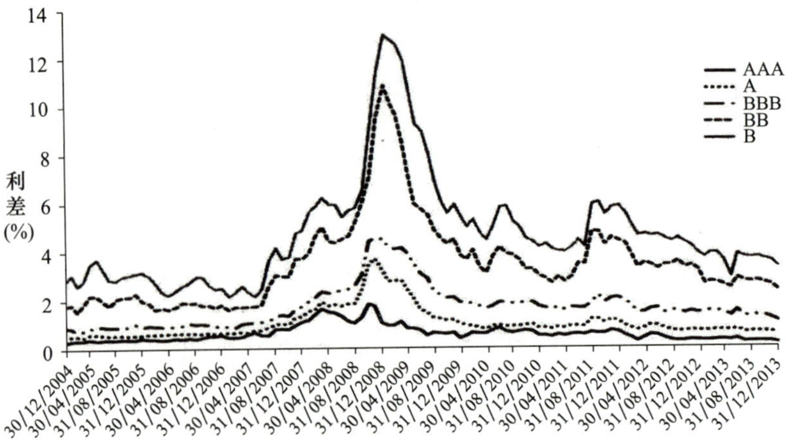

图 6.6　公司债券利差

来源：lBloomberg，2014 年 1 月

我们看到，在 2008/2009 年金融危机期间，信用利差急升，但是图 6.6 也显示出不

同的评级类别间，利差的增长不是恒定的。事实上，信用评级低的发行人利差大多是增长的。

公司（以及它的管理层）一定程度上能掌控自己的评级，但市场整体的利差它是掌控不住的，图 6.6 的数据显示了某些发行人的债务成本随着时间的推移发生了很大的变化，即使它的评级没变。这就意味着如果遇到重大的再融资需求，公司很难准确知道某一时段债务的成本（或利差）会是怎样。第二章里也列出了过去 20 年，不同国家无风险利率的数据。

◆ 学习重点

融资成本可能会发生重大变化——即使公司的基本面保持不变——因为信贷市场在变。

6.4.3 谁会买公司债?

公司债券的购买者主要是大型机构投资者，如养老基金、保险公司、共同基金以及主权财富基金[1]。债券市场一般也不是为个人投资者设计的，这主要是因为小量的债券交易成本会很高。的确，跟交易所里开展的股票交易相比，这种交易通常来讲高多了，债券交易的平均规模都在 1 亿到 2 亿欧元，上面提到的 1 亿欧元的交易只是常规性的[2]。另外，多数的债券交易并不频繁，不像股票，因为买卖双方没有持续交易的需求。缺少流动性也是决定投资者购买债券的重要因素，大多数倾向于长期投资的投资者，只为在他们的投资组合里持有债券。如研究证据[3]表明，大约 50% 的债券发行人在某年完全不交易，大约 20% 的债券一年只交易多于 10 天。

2013 年 4 月，苹果公司发行了 170 亿美元的债券，期限分别是 3 年、5 年、10 年和 30 年。苹果公司声称，所得收入将用于之前宣布的 1,000 亿美元股东资金返还。公司支付了 5,300 万美元（融资总额的 0.31%）的发行和认购费用给高盛和德意志银行，发行费用明显低于其他高评级公司，可能是发行规模大的原因。其投资者来自不同的市场，包括外国投资者、养老基金、保险公司以及对冲基金等。

如前所述，低评级的债券通常要求高收益率，这能吸引某些特定类别的投资者。但是，许多养老基金和保险公司（都是世界债券市场最大的投资者）在投资规定中禁止投资垃圾债。最终，垃圾债的发行人有一帮不同于投资级债券的投资者，这一市场的流动性比高评级债券要低，因此，一个公司持有的垃圾债的成本远高于投资级评级的公司。

---

1 在美国不包含市政债。

2 来源：国际资本市场联盟。

3 见 Mahantietal.（2008），长期投资者购买和持有策略研究证明，他们的投资组合换手率低。

◆ 学习重点

许多机构投资者不可以投资高收益债（垃圾债）。

6.4.4 零售债券

最近，零售债券的发行越来越重要，对许多公司来讲，它们越来越被视为传统债券市场和银行贷款的替代品。零售债券主要是向寻求传统储蓄产品替代品的个体私人投资者发售的债券。

北欧化工是一家专注于化工和塑料品解决方案的公司，于2012年7月发行了一款面向散户的公司债，债券面值1,000欧元，期限7年，在维也纳路演并与分析员和银行举行会议后，个人投资者开始认购。由于来自奥地利储户的强烈需求（两小时内，订单已超计划发行额），北欧化工最终收到1.25亿美元的认购（超出开始计划的1亿美元），票息率定在预期范围的下限4%。北欧化工CFO丹尼尔说："奥地利债券是公司总体战略中，扩大投资者范围的重要一步，同时扩展了我们的到期债务组合。"

◆ 学习重点

通常来讲，债券只有大型机构投资者认购。但有些公司现在开始发行零售债，这类债券由个人投资者认购。

6.4.5 选择债务合适的期限

一旦债券发行的规模确定了，一个重要的考虑就是债券准确的期限（短期：1年内，长期：1年以上）[1]。在确定期限时，有几个因素必须考虑。首先，本债券融资后，能带来的现金流（假如是新投资）是多少？其次，这一期间里，公司期望的现金流是多少？最后，还有再融资的计划吗？

平均来说，短期债相对便宜，而长期债利率通常比短期的要高（见6.3节）。但是，短期债需要经常重谈条款，利率也可能产生变化，所以我们可以看到，短期债务占比高的公司，其利息成本忽高忽低（也称展期风险）。在2008/2009年金融危机期间，这成了许多公司常有的问题。另外，长期债券相对较贵，因为长期利率平均下来比短期债高，但是更稳定，风险也比短期债较低（从公司角度看）。

从实际经验来说，债务期限在公司间大不相同。一些公司持有很短期限的债券，而另外的公司持有较长期限的债。研究表明，那些规模较大、盈利性好且拥有较多有形资产的公司，倾向于持有较长期限的债[2]。通常，大公司比较容易举到长期债，但较小

---

1 当一个公司在债务资本市场举短期债时，它会发行商票（债券这个术语只用于1年期以上），通常只有高评级公司才能进入流动性好的商票市场。

2 见Fernandes（2011），世界3万家公司长、短期债选择因素完整分析。

的公司，由于股东与出借人之间信息高度不对称，结果是出借人一般会限制期限[1]。有形资产的占比与债务期限呈正相关，这也表明了公司希望资产和期限与债务相匹配，拥有更多长期资产的公司也倾向拥有更长期的债务。

2013 年 1 月，美国第二大汽车制造商福特公司发行了 20 亿美元债券，期限 30 年，票息率 4.75%，2043 年 1 月到期，发行所筹款项将用于债务再融资以及筹措公司养老计划资金。债券最终以高于同期国债 180 基点的收益率获认购，投资者包括养老基金、市政基金以及保险公司等。福特公司总会计师尼尔・史洛斯评价说："此举是想延长我们债务的平均期限……，汽车公司需要更长的期限，因为我们融资是用在长期资产以及投资在厂房和设备上[2]。"

公司也试图平滑其杠杆需求以满足整个期间的现金流。平滑杠杆的意思就是发行几种期限范围的债券（或贷款），那么，每年只有部分债务需要到期偿还（或重谈 / 更新）。许多公司实践中运用比较好的，是把债券偿还（包括票息和本金）与经营现金流预测匹配好，以免在某一年出现重大错配。还有就是，面临较多商业风险的公司（如资产回报波动）倾向于平滑其整个期限的杠杆需求，以防在一定时期内资产回报率低的时候，他们被迫不停地重谈短期债务[3]。

◆ 学习重点

债券的期限结构依赖于公司的行业特点和公司预计的资本需求。

6.4.6 债券的息差和流动性

一个市场的流动性反映了买卖双方交易匹配的难易程度。流动性好的市场，交易者买和卖的成本都不高，不会显著影响市场价格。正如所料，市场的流动性要看有多少人在其中活跃地交易。投资者对流动性不好的证券会要求流动性溢价[4]。

流动性是一项定性衡量，没有一种精确的方法去衡量它，但一般量化为如下几种：

- 交易量：一定期间内某一资产交易的数量。交易数量越高，流动性越高。
- 买卖差价：买家愿意支付的最高价格与卖方愿意出售的最低价格之间的差价。较高的买卖差价反映资产的流动性低，如果没有挂单（不管是买还是卖），买卖差价就是无效的。
- 一年中，回报率为零的天数比：如果某一时段价格不变，那也表明低流动性[5]。

1 见 Barnea、Haugen 及 Senbert（1980）；Barclay 和 Smith（1995）。

2 来源：澎湃新闻。

3 见 Guedes 和 Opler（1996）的研究。

4 见 Amihud 和 Mendelson（1986）的研究。

5 从经验数据看，这种衡量是一种有效的流动性衡量（见 Lesmond、Ogden 和 Trzcinda（1999），Lesmond、Schill 和 Zhou（2004），以及 Bekaert、Harvey 和 Lundblad（2007）。

公司债券市场常常是不流动的。公司刚开始售出一个债券，许多投资者（他们在初级债券发行时购入）并不积极交易（在二级市场[1]），而是采取买入－卖出的方式[2]。结果，公司债息差也反映流动性（除了信用风险外），那就意味着同样的现金流，缺乏流动性的债券价格较低且收益率息差较高[3]。

◆ 学习重点

缺乏流动性的债券支付投资者更高的息差。

研究显示，公司流动性受下列因素影响：

- 发行规模：发行规模越大的债券，流动性越好[4]。小规模发行一般由较少的投资者持有，这也导致在二级市场上较低的流动性。
- 债龄：刚发行的债券流动性高。随着债券变“老”，交易活跃度下降。债券刚发行时被称为“新债”，与后期（称“旧债”）相比，它的流动性较高。
- 距离到期日的时间：一般来讲，长期债券流动性低；距离到期日近时，债券流动更快。
- 评级：正如我们在 6.4.3 中所讲的，长期投资者多数（养老基金、保险公司等）是被禁止投资高收益债的。所以，高收益债发行人的投资者群体是不同于投资级债券的。实践中，高收益债一般流动性较高[5]。

6.4.7 信用违约掉期

信用评级针对特定发行人的信用风险进行了一个评估，信用违约掉期（CDS）也常用来衡量风险。信用违约掉期是与某一公司或国家信用风险相关联的衍生合约，在一个信用违约掉期合约里，有两个交易对手方：

- 一方售出保证：如果某事项发生，它可以收取保证费，否则要赔偿损失。
- 另一方购买保证：为保证某事项，它要支付年度保证费。

这种保证——指信用违约——是与特定发行人的财务健康捆绑起来的。保证的购买者提前支付了一定的费用（保证费）作为交换，如果公司或国家发生了信用违约，它可以收到赔偿。信用违约掉期市场流动性很强[6]，允许投资者保护自己免受信用事件，

---

1 二级市场是指之前已发行的金融工具买卖交易的市场，也称作后市。

2 Edwards、Harris 和 Piwowar（2007）发现债券交易的中值不足 50%。还有，整个 20,000 家公司债，平均每天交易数量只有 2.4（中值 1.1）。

3 Chen、Lesmond 和 Wei（2007）调查了超过 4,000 只公司债（包括投资级的和高收益的），发现越不缺乏流动性的债券，收益率差价也就越高。还可参见 Longstaff、Mithal 和 Neis（2005），Edwards、Harris 和 Piwowar（2007），Chen、Lesmond 和 Wei（2007），Bao、Pan 和 Wang（2011），Lin、Wang 和 Wu（2011）更多关于流动性对公司债影响的证据。

4 见 Bao、Pan 和 Wang（2011）的研究。

5 见 Mahanti 等人（2008）的研究。

6 与其他场外交易市场一样，存在交易对手风险。

如延期（或减少）支付利息或本金[1]。

图 6.7 展示了 2014 年 1 月不同国家和地区信用违约掉期名义金额的利差（基点）[2]。

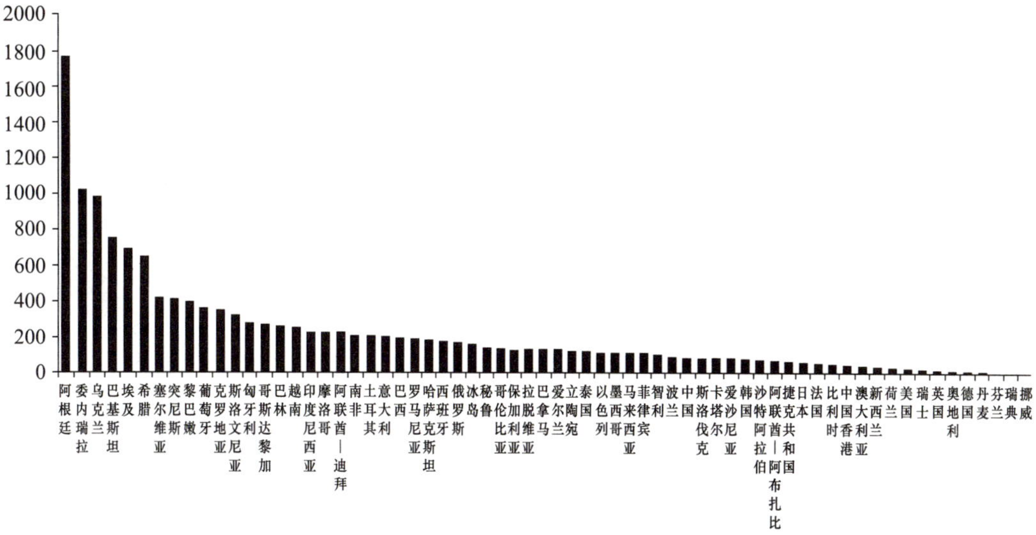

图 6.7 不同国家（地区）信用违约互换利差

CDS 利差在越南是 271 基点，这就意味着一名投资者如果想要防范越南政府债券违约，就必须支付名义金额的 2.71%。假设投资者想保护 1 亿美元的越南政府债券组合，以当日价格计算，年保费就是 2.71 百万美元（$100,000,000 × 0.0271）。如果后续这些越南债券违约了，购买了 CDS 的投资者将会获得赔偿，从 CDS 售出方收到保证的金额（1 亿美元）。公司间也存在 CDS（见表 6.10 中几个例子）：

表 6.10 部分公司的 CDS 利差

	CDS 利差（基点）
Exxon Mobil（埃克森美孚）	20
Shell（壳牌）	48
BP（英国石油）	64
Microsoft（微软）	38
Citigroup（花旗）	121

通常，借款人公司风险越高，CDS 利差越大；越安全的公司，违约的可能性很低，CDS 利差就越小。

一家大型机构投资人买了一些微软的债券，投资人希望每年从微软收到一定的回款（包括票息和到期本金）。投资人现在关注到微软有可能破产，虽然机会很小，但也不能说为零，万一发生，投资人将颗粒无收。于是，投资人决定买入 CDS，算是一种

1 信用违约掉期标准合约由国际掉期和衍生联合会（ISDA）定义。

2 100 基点（b.p）等于 1%。

保险，投资人定期支付保费（总金额的一定百分比）来保护售出人（发行人）。如果微软不会破产，投资人将支付保费，也收不到什么收益。但如果微软真的破产了（不能支付持有人），投资人将从 CDS 出售方收回这些款项作为债券损失的赔偿。

CDS 市场提供一种选择（相对于使用公司债券的信用利差）来区分不同发行人的债务成本。由于其高流动性以及每日定价的现实，CDS 溢价就能反映投资人目前对某一特定发行人债务的风险认识。

◆ 学习重点

CDS 市场提供了有关特定发行人信用风险的证据。CDS 息差越高，信用事件发生的可能性越大。

6.5 通过银行贷款筹资

对许多公司来讲，向银行贷款是发行债券的另一种选择。多数适用于银行贷款的规则也适用于债券，但也有一些不同（见表 6.11）。

表 6.11 银行贷款与公司债券之间的区别

银行贷款	公司债券
利率由银行确定，用它们的内部风险模型评估风险	利率由市场确定，通常与公司的评级关联
银行通常需要有抵押[1]	通常不需要抵押
一般数额较小	一般用于大金额的发行
依靠与特定银行（或少数银行）的关系	帮助公司扩大资本市场的知名度
集中从一家（或少数）银行借款	资金来源多元化的投资者群

银行会先分析公司的信用风险并确定加上多少息差，这个息差（根据银行内部利率系统）对风险越大的借款人越高。

银行贷款通常有几个契约[2]，如果违背了这些契约，银行通常有权收回贷款，要求公司立刻全额还款。契约的目的是通过减少风险、保证还款来保护出借人。一旦银行提前终止贷款，公司将陷入困境。

1 贷款违约可以出售的资产——包括土地、房屋、金融工具及其他类资产。

2 契约是指正式债务协议中的行为不能履行时的承诺。

2008 年 7 月，罗氏制药宣布收购基因泰克全部在外流通的股票[1]，交易价值 430 亿美元。为了此次交易的融资，计划采用银团贷款。来自世界各地的银行为融资报了价，但是在 2008 年 9 月 15 日雷曼兄弟倒闭后，银行冻结了他们的贷款活动，所有的交易融资一夜间蒸发了。罗氏制药决定转向债券市场的投资者并开始路演，为投资者准备了吸引人的宣传词：这是一笔长期交易，资产真实，无论金融危机怎样发生都将按期偿付。最终，债券以总额 420 亿美元成功发行，分解成美元（190 亿）、欧元（112.5 亿）、英镑（12.5 亿）和瑞士法郎（80 亿）。这个金额可能是创纪录的，因为罗氏制药公司把它分成许多不同的债券份额，到期日也从 6 个月到 30 年不等，并以多个币种发行。这一战略契合公司的需求（带来现金），更重要的是，融资数额和货币量身定制，满足了不同债券投资者的偏好。

对世界上许多公司来说，银行贷款都是重要的融资选择。但是某些情况下，仅仅使用银行贷款，可能代表着一种高风险的债务选择。

银行与公开债务市场，为向公司提供资本而竞争。正如所料，公司利用这种竞争使自己获益良多。首先，他们降低了融资成本：拥有公开债务通道的公司，支付的息差较低，即使它们从银行贷款也一样。其次，假如银行陷入困境，如 2008/2009 年发生的金融危机，会出现什么情况？完全依靠银行贷款的公司将面临贷款延期或利率升高的困难[2]，危机期间盈利能力大幅下降，不得不大幅减少资本支出以偿还银行贷款（与那些进入公开债务市场的公司相比）[3]。

进入公开债务市场有利于获得不同的投资者，常使得公司以较低的风险提升举债额度。因此，多元的筹资来源是给多数公司的重要建议。

6.6 混合融资工具

现有几种混合融资工具，可以视为正常债券与一些附加选项的组合。这些工具应

1 罗氏制药自 1990 年起就已控股基因泰克。

2 Brunnermeier（2010），Ivashina 和 Scharfstein（2010），Santos（2011）研究发现，2007/2008 年次贷危机期间，贷款利差急剧升高。Santos（2011）也发现，从发生巨亏的银行贷款的公司利差增加较高。Puri、Rocholl 和 Steffen（2011）发现，美国的金融危机也引发了德国银行借贷的收缩。但当公司与银行关系紧密时，贷款收紧会较小，如在银行也有存款关系。见 Boot（2000）与银行关系的成本与收益的文献。

3 Chava 和 Purnanandam（2011）研究发现，进入公开债务市场的，有评过级的公司，可能更少依赖银行。

用于不同的场景，与常规债券相比，在收益与风险之间会有不同的平衡。混合这个词义就是不仅有债务工具，也有公司权益敞口。

6.6.1 可提前偿还债券

一些债券发行时带有赎回条款，这意味着公司发行有债券可以在到期日之前赎回（回购）——可提前偿还债，顾名思义称为“事前的”。从发行公司的观点，可提前偿还债券是常规债券附带赎回选择权（见第十三章）。此赎回选择权在债券发行后利率下降时很有用，公司可以起用选择权，用新发行的低利率债券替换现有债券。由于此赎回选择权对发行人是有价值的，因此需要支付比常规债券高一些的利率，或者我们从买入可提前偿还债券的投资者角度去看，实际上是投资了债券并卖出一个赎回选择权。

6.6.2 可转换债券

这些混合债券是指可以转成公司普通股的债券，每一可转债转为股份的数量就是转换率。这种工具是债和股的混合，作为债券的持有人有权按固定比率转为股，因此，如果股价上升了，选择权被行使，投资者将债券转为股票；如果股价跌了，投资者可继续持有债券（收取许诺的票息和本金）。

2013 年 5 月，美国电动汽车制造商特斯拉宣布发行 4.5 亿美元的可转债，票息 1.5，转换溢价 35%。这就意味着如果 5 月份特斯拉的股价上升 35%，投资者可将债券转为股票，这个转换报价对看涨公司成长的投资者是很成功的。

对投资者来讲，可转债是将常规债券与公司股票捆绑在一起了，如果有利可图，投资者有权选择将债券转为股票。对公司来讲，可转债就是一个筹资选项，他们允许支付较低的利率来换取投资者将债券转为股票的选择权。

6.6.3 或有可转债

或有可转债（也称可可债）与常规可转债略有不同，转换取决于特定事项的“可能发生”。如在某一期间股价超过一定水平，可可债为债股混合工具，它被设计为如果预先设定达到触发值就转为股票；但如果触发值没到，他们将继续保持常规债券。

这一工具在 2009 年金融危机之后获得广泛认可，金融工具被要求增加资本缓冲，以便在不需要纳税人纾困的情况下渡过经济危机，这引发了这一新金融工具的流行。如果银行的资本率跌到某底线之下，可可债通常将转为股票。这就意味着如果商业环境变差，银行资本率下降，债券转为股票可即刻提升银行的资本率。

2009 年，劳埃德银行发行了 90 亿英镑的或有可转债，这些债券的票息率比一般的要高，条件是如果监管方宣布银行核心资本率低于 5%，它们可转为劳埃德银行的股票，那种情况下，可可债的转换将把这一比率推上 6.5%。

2010年，德意志银行发行了12.5亿欧元或有债，但不可转换。如果荷兰拉博银行的核心资本率低于7.5%，这个债券的数额将减记25%，也就是说，银行权益比率下降，有效债券债务减少四分之一，作为这一附带风险的交换，这些债券将支付高票息（6.875%）。

2013年，瑞士信贷发行了25亿美元的无保底债，也称为死亡债，因为投资人要忍受全部损失。正常条件下，债券收益率6.5%/年，但如果银行在债券存续期任何时间触发违约（5%资本率），它们立刻一文不值。

以上的例子强调了到目前为止的两类可可债：可转股和被减值（全部或部分），这些债券对不同的投资者有吸引力，风险厌恶型和寻求高收益型。为平衡损失本金的风险，这些混合债要支付高于一般债的票息。

从银行的观点，可可债有几方面的优势：首先，它们可被视作核心权益资本，因此，可以改善发行机构的资本充足率；其次，评级机构不把它视为债务，因此，不影响评级；再次，它们能使发行人避免由于资本增加马上稀释股权；最后，在经济环境转差时，这些资金不必偿还（债务一笔勾销或转为股票）。

本章小结

本章讨论了债务融资及其成本。我们从识别无风险利率开始，展示了市场利率与债券价格之间的负相关关系。我们也展示了长期债券的市场利率比短期债券更敏感。总之，即使投资者投资无风险的政府债券，如果债券投资时限不同于到期日，仍可能遭受损失。

公司债（贷款也一样）有一个高于无风险利率的利差，这个利差根据公司的风险和债券的流动性不同而不同。评级机构采用一整套与公司相关的要素，包括财务的和非财务的衡量标准来评价公司的信用风险。重要的是，信用利差不是一成不变的，也即利率对每个发行人不同期间也会不同，即使它的评级没有变。

对许多公司来讲，发债打开了一道新的融资窗口。时刻记住，首次接触债券市场需要花点时间，公司要满足潜在投资人的需求，准备监管方和交易所必需的文件。更重要的是，公司要有机构的评级[1]。当前，债券市场投资者主要是大型机构投资者，如养老基金、保险公司、共同基金和主权基金等，但有一股趋势朝零售债发展——少量的

1 某些情况下，这不是强制的，如按照条例144A，债券只对美国QIB（合资格机构投资者）出售，这个条例要求合资格投资者至少管理1亿美元的资产。

债券被机构投资者购买。

银行贷款也是一种融资选择。我们讨论了通过银行贷款与通过债券融资的区别。重要的一点是，把全部信用额度都限定在贷款上，是一种危险的风险集中，当银行决定收缩它们的贷款规模时，公司就出现问题了（这种情况在2008/2009年金融危机时就发生了）。债券市场有利于打通不同的投资者，也常使公司提高举债规模。

第七章

股权融资——IPO 和 SEO

大多数公司主要的资金来源是内部产生的现金，但当内部产生的现金不足以运营或扩大业务时，公司就需要从债务或权益投资者那里去融资。

本章涵盖了权益发行活动的主要原理，我们将讲解各种权益资本形式及公司如何利用权益市场筹集资本。

7.1
公司为什么要上市?

公司决定上市，即在股票交易所出售它们的股份有各种原因，最重要的原因就是上市筹集投资资本[1]。除了筹集可直接使用的现金(或者是公司需要新的现金注入或把钱还给之前的股东)，上市还有其他一些好处：

- 公司可以用股票市值来衡量经营业绩并与竞争对手相比较[2]；
- 公司有机会用股票或期权奖励管理层和员工，这样就可以把对他们的奖励与公司的股价挂钩；
- 公司可以以低成本筹集多元化资金；
- 公司也可以用股票而不是现金来支付收购对价，这更有利于公司成长；
- 公司股东将受益于好的流动性，因为他们在必要时可随时方便地处置掉它们的股票。

不过，公司上市也有不利之处：

- 与股票交易以及股票发行相关的成本（费用）少不了，虽然这个金额相当小；
- 监管当局对更多信息披露的要求和审查；
- 强制要求每季度（通常）报告经营成果，这可能会导致过度关注短期成果；
- 董事及高管人员潜在的责任；
- 削弱了公司股东的控制力。

大多数情况下，公司上市发行股票是为公司筹集新的资本，这称作初级发行。公司提供一定数量的股份卖给公众，售卖股票获得的钱公司可以使用，通常用以增长性的项目，投资者付钱获得公司新股份，现金注入公司。

但有的时候，公司上市并没有新的资本进入公司，这称为二级发行。这种情况下，在交易所卖出的股份属于之前的股东。这时，没有新的资金进入公司，新股东只不过从老股东手上买入了他们原来的股份。

1　Kim 和 Weisbach（2010）撰文说 IPO 最大的用途是筹集现金。

2　在私有化背景下，Megginson、Nash 和 VanRandenborgh（1994）撰文指出，公司上市可以增加销售和加大资本投资，改善其效率和盈利能力。

7.2 成为一家公众公司——初次发行

初次发行是公司第一次向公众出售股票的过程[1]，它通常遵循一种标准的流程。

1. 首先是指定财务顾问（可以是一家投资银行或几家投资银行组成的联合体来管理初次发行工作），初次发行的机制确定以及投行的安排，这包括有关费用的协议以及承销协议[2]；

2. 准备计划书以及公司在证券交易所登记（如在美国是 SEC）；

3. 通过路演[3]向潜在的投资人推销公司的股份；

4. 路演之后，公司与财务顾问商定股票发行价格；

5. 财务顾问向投资者分派股票（也有些股票会留在参与发行投行的账上）；

6. 股票开始在交易所交易。

投行准备必要的文件，帮助进行市场推介和销售股票并积极参与定价。另外，大多数情况下，承销商也会参与进来，在一段时间里进行造市活动[4]（有时会为新上市的股票指定一个销售方面的分析师[5]），目的是保证股票上市交易后的流动性。

7.2.1 承销机制可降低公司发行风险

通过与财务顾问签订合同（投行或财务顾问与公司）来承销，可以保证所有股票的发行，承销商（或承销团）不能获得足够投资人的投资，那么，承销商就要把剩下的没能销售出去的股票留在自己的账面上了。这样一来，全部风险当然就由承销商来承受。当然，公司在支付投行费用时就相对较高，以弥补投行这方面的额外风险。

以下是无风险承销的例子。1987 年 10 月，英国政府销售其持有的 BP 公司 31.5% 的股份，这一交易恰好发生在股市大跌的几天之后，定价为 3.3 英镑，总共 21 亿股。由于 10 月份金融市场剧烈波动，承销商没能销售全部股票而留在了自己的账上，结果，国际承销团总共损失超过 10 亿英镑。所以说，承销合同应该遵循尽力而为的原则。这样，承销商如果销售失败，就不用为出价问题负责了[6]。

---

1 随后的股票销售是通过增发股票来完成的（SEO）。

2 IPO 包销确定时，包销公司或包销团就要负有销售其分配的股票的责任并承担风险。

3 路演期间，公司及其顾问与潜在投资人会谈，推销新发行股份。

4 如果没有足够的交易对手，承销商要在首发后的二级市场保证流动性；如投行进行买卖操作，来满足市场上进来的订单——这称为“造市”。

5 卖方分析师向他们的客户发出建议性研究报告，客户通常包括共同基金、养老基金以及机构投资者等。

6 价格在 1987 年 10 月 14 日定好了。

7.2.2 发行如何定价

初次发行定一个合适的价格不是一件容易的事。如果价格定低了，公司现有股东会有损失，因为他们的股份以较低的价值售出了。如果价格定高了，投资者又会担心他们未来的回报（因为高价购入）太低，他们不会选择在初级发行时买入股票，这可能危及发行的成功。

有几种不同的定价方法。

固定价格公众发行：所有的市场信息收到之前确定价格（这需要预测），投资者根据给出的价格申报购买的数量，交易执行。

建立认购账本：在路演期间，承销人收集意向认购（不最后确定），然后汇总这些意向认购数量，用来确定发行价格。承销人在超认购的情况下，有权决定如何分配。

竞价：定价与分配基于投标结束，在明确股票数量的情况下，价格取决于投资者的意愿价。承销人汇总全部投标，计算在截止点全部可售股份[1]。

簿记建档的方法在美国和加拿大比较流行，自20世纪90年代开始，在亚洲和欧洲也广泛采用。

◆ 学习重点

簿记建档是现今IPO主要采用的方法。

如果采用簿记建档的流程，承销商在确定最终定价之前，要先设定一个价格范围[2]，然后，承销商给定一个询价期，来评估投资者的需求。在这一阶段，投资者表明他们参与认购的意愿以及他们想认购的股数，这里可能包括限价或发出市场指令[3]。这一阶段，没有绑定利益，但是出于声誉的原因，机构投资者时不时在簿记建档阶段从他们表达的认购意愿退却。簿记建档期一结束，承销商把全部认购汇总放入需求曲线——称为簿记——并与公司一起协商确定最终价格（这将与所有成功认购者相同，不会在他们当中有歧视）。

1986年微软IPO案例，步骤如下。

1. 牵头承销商选择：高盛公司和一个技术小组，亚历克斯布朗父子公司。

2. 售出股数按以下确定：微软发行2百万新股（初级发行），以及现在股东售出大约60万股（次级发行，这其中包括8万股来自比尔·盖茨）。另外，有15%的超额配

1 投标人数量的重大变化以及不成熟投资者的出现，使竞价结果不稳定。还有就是，在竞价中搭便车的情况也存在，作为投资者想依靠其他人来收集IPO的信息，特别是没有信息的投资者会报高价，希望用做过功课的投资者的信息，得出最终竞价。最终，许多机构投资者不喜欢参加IPO竞价，这也解释了为什么他们往往缺席。

2 公司配合承销商，根据现金流折现、可比公司乘数，提供公司股票估值的合理性。这些估值方法不包括在本章。

3 市场订单意味着投资者希望以最后IPO定价买入指定数量的股票。

售权[1]（30 万股）。

3. 承销商向市场公布了一个预估价格区间 16~19 美元。

4. 向证券交易所（SEC）递交募股说明书。

5. 承销商组织微软高管开展路演，向潜在投资者展示微软。

6. 微软与投行最终达成每股 21 美元的价格。

7. 微软与投行达成每股 1.31 美元的发行费用。

8. 股票配给在路演期间表达兴趣的投资者（按等于或高于上面的 21 美元）的价格，所有投资人按固定 21 美元 / 股。

9. 开始在交易所交易——微软第一天收市价 27.75 美元 / 股（比发行价上涨 32%）。

簿记建档的目的是提取投资者的信息，以便更准确地为股票定价。但是，在 IPO 流程开始时，股东还不知道 IPO 最终的价格是多少。就拿微软的例子来说，最后的定价高出开始的定价范围，但也有许多情况 IPO 最终定价低于指定的范围。

7.2.3 低价出售

一般讲，IPO 之后在交易所以低于发行价来报价——称作低价出售，在 IPO 期间买入股票的投资者当然高兴，因为他们的投资马上就见到收益。但 IPO 之前持有公司股票的股东，在 IPO 之后以低价出售他们的股票了。

还以微软为例子，它当天收市价 27.75 美元，比发行价 21 美元高 32%。由于微软及原有股东卖了 2.9 百万股，这意味着当天结束时这些股票价值 80,500,000 美元（2,900,000 股 ×$27.75/ 股）。如果是那天早上卖的话，只能卖 60,900,000 美元（2,900,000×$21/ 股），这意味着在 IPO 时买入微软股票的投资者，当天赚了 19,500,000 美元。反过来，可以说原来的股东“把钱留在桌上了”。

低价出售在世界范围是常见的现象。图 7.1 列出了不同国家（地区）低价出售的平均数。从 2000 年到 2004 年，29 个国家的 4,462 只 IPO 案例，上市首日收市价中值接近 28%，但各个国家（地区）也不尽相同。

---

1 超额配售权和绿靴期权在本章后面章节讲述。

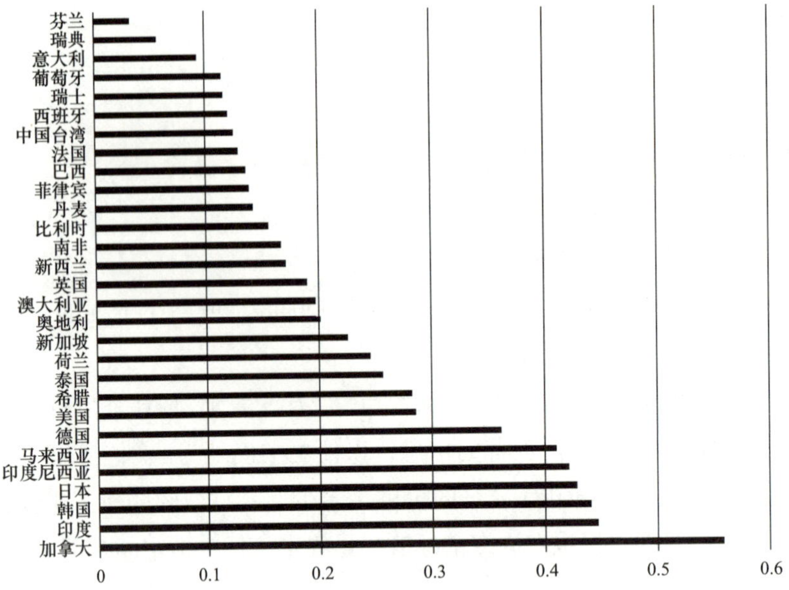

图 7.1 全世界的折价情况

来源：Boulton、Smart 和 Zutter（2010）

◆ 学习重点

平均来讲，IPO 后的第一天是赚钱的。

低价出售不是现在才有的现象，研究显示已有 20 多年了。那么，为什么（IPO 前的）投资者会"把钱留在桌上"？大多数人认为，要想吸引新的投资者参与 IPO，必须以低点的价格出售，也是对新进投资者的奖励吧。认购者一般都想着发行价在第一天上市时是赚的，这也算对 IPO 期间买入股票的忠实客户的补偿。还有，通过公平（或更好）对待投资者，承销商也提升了他们的可靠度（因为很明显，承销商掌握的公司信息远比向市场披露的信息多）。另外，承销商因为把这些股票记在他们的资产负债表，它能控制风险，可以从低价出售获益（万一价定高了，就能够全销出去）。还有一点要记住，图 7.1 的数字是平均值，也有一些 IPO 在第一天表现不好。

Facebook 公司于 2012 年 5 月 18 日上市。公司开始定价为每股 28~35 美元，但在路演过程中修改了，提升到每股 34~38 美元之间，最终以 38 美元 / 股发行了 4.21 亿股。IPO 第二天，股价收于 34.03 美元 / 股，比报价低了 10%。

的确，投资者在 IPO 过程中，无法预先知道 IPO 之后股票的表现是否好。还有就是，当他们提交一定数量的认购单，也不知道最终能拿到手多少。当总需求超过可供出售的股票时，就只能定量分配。如果首次 IPO 产生了疲软的需求（冷 IPO），价格定得也太高（结果是上市首日破发，像 Facebook 的例子）。如果投资者获分配的股数较多的话，将面临较大损失。反过来，在 IPO 火热的时候，因为配给量比较大，投资者可能获配较少数量的股票。

“赢者诅咒”。假设两家公司 IPO——一家成功、一家失败，一位投资者分别认购了两家公司同样多的股票，每个定价都是 10 美元。但是，由于是定量配给（因为超认购），当 IPO 很成功（首日股价飞涨，但绝对收益并不多，因为配给的数量不多）时，如下所示。

	IPO 火热	IPO 冷淡
股票需求	1,000	1,000
配额[1]	10 配 1	2 配 1
实际买到手	100（1,000/10）	500（1,000/2）
IPO 价格	10.00/ 股	10.00/ 股
首日收市价	11.5	8.5
投资金额	1,000	5,000
盈亏	150	–750

但当需求疲弱时，损失又很大，这就是所谓的“赢者诅咒”。正因此以及信息的不对称性，低价出售可以吸引信息了解不多的投资者参与 IPO。

更重要的是，即使发行价经常被低估，这与一些投资者上市后的财富无关。的确，如在微软的例子中，比尔·盖茨仅卖了 8 万股，由于低于 IPO 价格，有人说他“亏”了 50 万美元[1]，但更重要的是，IPO 之后，根据对上市后微软的估值，他的净财富价值 3.5 亿美元。相对而言，这使低价出售显得微不足道。

7.2.4 新发行的成本——投行的费用

公司必须跟承销商签署关于承销折让或叫“差价”[2] 协议，拿出价格一定百分比来使承销商完成销售任务，包含承销费、管理费等。重点是如果协议承诺，所有没销出去的股票承销商要兜着，假如它们同意销不出去的股票保留在其资产负债表上，体现为亏损（像 BP 的例子），这些收费要补偿承销商的风险。

◆ 学习重点

包销协议的承销费用会比较高。

这些成本许多是固定的，所以有人希望从发行规模上降低差价。因此，规模大了，差价的百分比就下降，相应平摊到一定的发行规模上。研究发现，在美国，90% 多的

1 80,000 股乘以首发日收市价 27.75 美元与 IPO 认购价 $21 的差。

2 承销商的费用或报酬称为“差价”，它根据承销商从发行人手上买入的价格与它在公开市场卖出价格的差额计算。

交易从 2,000 万美元提高到 8,000 万美元[1]，差价只有 7%[2]。

承销商在美国收的差价比其他国家高，美国的投行通常不在收费上竞争，以免把业务做得跟商品买卖一样。他们也避免杀价，因为不想被看成质量低劣的机构。相比，欧洲的 IPO 差价一直在 3% 左右，这也意味着在欧洲，投行的竞争更激烈（见表 7.1）。

表 7.1　在美国和欧洲的平均差价（%）情况表

	美国	欧洲
⩾ 2,500 万 <1 亿	6.98	4.23
⩾ 1 亿 <5 亿	6.63	3.57
⩾ 5 亿	4.42	2.34
全部 IPO	5.64	2.68

7.2.5　超额配售权——绿靴

超额配售权或称绿靴，就是允许承销商在原定规模之上，额外多发一些股票。如果需求多，承销商可以发到原定规模的 115%，但会规定一个时间收口[3]。通过多卖出 15% 的股票，承销商可多得费用（费用是按销售额的百分比计算的），但绿靴的间接影响更重要，的确，使用绿靴选择权的话，在 IPO 之后可以稳定股价。

假设有一个 IPO 项目，规模 100 万股，投行选择销售 115 万股给投资人（超出发行规模 15%），发行价 10 美元，那么，这个月将有两种可能的情景：IPO 之后，股价上涨或下跌。

	IPO 之后股价上涨	IPO 之后股价下跌
一个月后股价	$15	$7
投行采取的行动	行使绿靴权，以原始价 $10/ 股从公司买入股票	投行以现价从市场买入股票

绿靴权为 IPO 之后市场提供了一个稳定价格的机制，在超出发行规模多卖 15% 后，投行必须在随后的一个月内建一个短仓（看跌头寸）。投行可以选择在交易所买入 15 万股股票或从公司（通过行使超额配售权）买，如果股票证实不受追捧而在 IPO 后价格下跌，投行只要从市场上买入 15 万股，因为投行买入的价格比发行价低，它就能从超额买入的 15% 的股票上获得收益[4]。这里的重点是，投行通过超额买单，有效稳定了交易价格。

另外一种情况就是股价上升，投行将被迫高价买入从而造成巨亏。但这时，绿靴

1　最近几年，“7% 方案”已成为融资 2.5 亿美元 IPO 的收费标准。

2　见 Chen 和 Ritter（2000）的文献。

3　条款通常允许承销商以原定价格、在发出认购书 30 天内，多购入股票（原规模之上 15%）。

4　IPO 合约常常约定这些收益要给公司分成一定比例。

权就尤为重要了，投行有权以原始价（本例是 10 美元 / 股）从公司买入这些股票，然后关闭它的头寸就没损失了。

绿靴权保证了承销商在认购需求强烈时超卖股票，而不担心开市交易后亏钱。另外，它还能保证公司上市后，股价下跌时稳定股价。

◆ 学习重点

绿靴超额认购权能够在 IPO 期间稳定股价。

7.2.6 挂牌时机的选择——IPO 后的长期考虑

IPO 有一个周期，在美国，每年 IPO 的数量，见图 7.2。

从 1980 年到 2012 年，平均每年 233 家公司上市。但是这个平均数不具有代表性，最低 IPO 数量是 21 家（2008 年），而最高有 675 家（1997 年）。

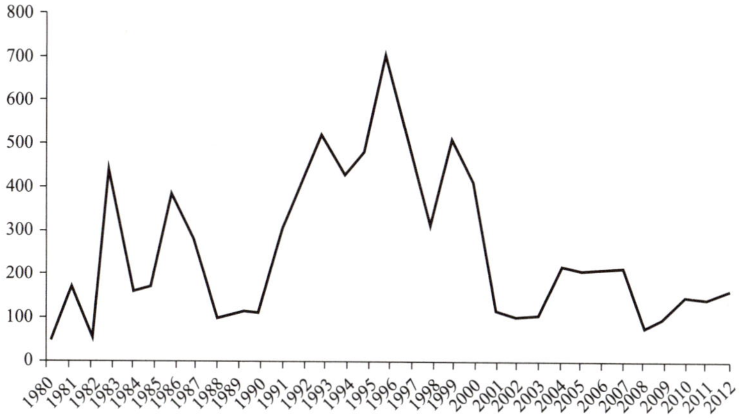

图 7.2 美国每年 IPO 数目

来源：SDC，Jay Ritter

一般来看，IPO 刚挂牌股票表现还不错，但长期结果大不相同。从 5 年期来看，IPO 的平均表现比市场（或规模与行业相当的标准）落后大约 25% 到 40%[1]。也就是说，假如你在 IPO 时买入股票并持有 3 到 5 年，你的收益将会比可比公司（根据行业 / 规模 / 风险分类）要低。

◆ 学习重点

IPO 后，股票长期表现不佳一般都会存在。

这就建议公司要选择好挂牌时机且只有在估值高的时间去发股，实际上，股票发行

1 见 Ritter（1991）、Loughran 和 Ritter（1995）、Baker 和 Wurgler（2000）、Gompers（2003）对美国的研究，Henderson、Jegadeesh 和 Weisbach（2006）对国际市场的研究结果。

的确经常与高估值的指标联系在一起。有一项对大概 400 位 CFO 的调查显示，差不多三分之二都表示，发股时“我们的股票低估或高估多少，是重要或很重要的考虑”[1]。

当管理层和股东都觉得他们的股价高而只发股融资，那么，在 IPO（或二次发行）时的投资者的回报就会低，这也解释了为什么 IPO 数量一年一年波动很大。当市场萎缩时，私营公司的所有者不会想出卖股份，他们会等到股票市场火热和潜在估值高的时机再行动[2]。

7.3 发行新股融资——增发股份

IPO 是公司首次向公众发行股票，接下来再发行股票就是增发了，也称后续发行（SEO_S）。

增发是公司有新的成长机会需要融资，但是债务以及留存收益不足，还有就是公司可能想收购另外的公司，需要现金支付对价。诸如此类及其他相关情况下，公司发行新股给投资者，通过发行——主发行来获得资金。还有一种选择，SEOs 可以出售现有股东的股份——二次发行。

跟 IPO 相比，SEO_S 可以承销也可以不用承销。如果是承销，可以保证交易成功，投行要自行承担投资者认购的风险[3]。如何不采用承销，公司就要承担不能售出全部股份的风险，那么，它的扩张计划可能泡汤。

增发可以以现金认购或购入认股权，这对增发之后的股东结构及其交易风险影巨大。

7.3.1 现金增发认购

对于现金认购，股份面向所有可能的投资人，这种情况下，公司只公告出售一定数量的股份，再向证券监管机构提交注册文件，通常会做一个路演，并用一段时间簿记。这期间，财务顾问会从潜在投资人那里收到需求指示。

首发与增发很大的不同是公司的股票已经在市场交易了，那么，它的价值是有显示的。如果股价是 100 美元（增发前交易所显示），公司宣布以每股 200 美元发新股，

1 来源：Graham 和 Harvey（2001）的研究。

2 如生物科技公司在行业指数不景气时并不去上市，但当已上市生物科技类公司的股价开始上涨后，IPO 规模极速上升。

3 自然的，承销方式的费用会高。

没有人会买。换句话说，如果公司宣布以每股 50% 发新股，它的现有股东马上就巨亏，因为新股东用 50% 的价钱就买到股票了。这就是为什么在建完簿记后，最终价格要设定在接近已知的市场价格（通常有 1%~3% 的一个小折让）。

2010 年，巴西最大的石油公司巴西石油增发 600 亿美元股份。按照市值，巴西石油是石油第三大能源公司，2009 年市值 1,992 亿美元，直到 2007 年经营现金流一直可以满足全部的资本支出。之前的 30 年间，公司从来也不需要新的股权融资。但是，公司当时面临巨大的投资活动（超 2,000 亿美元，包括勘探、开发新的盐下石油），因此需要增加注册资本。

巴西石油选择了国际和巴西国内两个投行来承销国际和巴西国内的股票发行，美林、花旗、摩根士丹利及巴西银行 –BBI 和 BBA，组团为此次交易联合簿记。

2010 年 9 月，巴西石油在市场进行预推介：总的认购规模 600 多亿美元，现有股东认购不超过 80%。以 2010 年 9 月 17 日每位股东的股数为基准，巴西政府是巴西石油的控股股东，持有总股本的 42%。路演定在 9 月 7 日到 17 日，先从纽约开始，然后欧洲和亚洲，建簿程序截至 2010 年 9 月 23 日。建簿期间，投资者提交认购意向，包括认购额（$）及他们是否有价格上限，或者遵循市场定单。巴西石油及承销商最后定价，参照收市期间价格以及建簿结果。

此次增发，现股东及新投资人认购踊跃，直到最后一分钟，巴西石油扩大了发行规模，相当于 3.225 亿的股票（8.6% 的股票）。还有，承销商使用了绿靴权来发行额外的股票，最终交易价比收市价折让 2%。

由于发行火热以及绿靴权的使用，发行增加到 716 亿美元，创造了新的纪录，总融资额超过之前最大的股票发行纪录（日本电讯于 1987 年增发 368 亿美元）[1]。

7.3.2 认购权增发

认购权是公司以一个预先规定的价格向现股东发出的认购新股的权利，基本原理是向原始股东以他们目前持有股份的一个比例，提供认购新股的权利。他们之后可以行使这一权利（这样可以保持他们的持股比例）。如果他们不想买新股，他们可以把这个权利卖出去，从而使其他投资者进入公司。

公司增发之后，总的权益价值如下：

$$发行后价值 = 发行前价值 + 增发金额 \tag{7.1}$$

| 增发前价值等于之前的股数乘以股价，增发金额是用预先规定的行权价格乘以认购权数量。那么，如果公司的基础价值没变，增发后的股票理论价值就是：

$$TER=\frac{增发前股数 \times 之前的价格 + 认购权股数 \times 认购价格}{增发前股数 + 认购权股数} \tag{7.2}$$

| TER：增发后每股理论值。

1 巴西石油扩大融资到 716 亿美元。

实际上，新的股价会是增发前股价与新的认购权价格的平均值。倘若行使价（认购价）低于 TER，行权人只会在有收益时才行使，对公司来说，增发无法成功筹到目标现金的风险就低。

2012 年 1 月 27 日，意大利银行优尼信贷通过认购权筹集 75 亿欧元股权资本。按照欧洲央行的监管要求，这家意大利最大的银行需要满足最低资本金要求而发行认购权，从而更好地应对投资组合可能出现的损失。

优尼信贷于 2012 年 1 月 4 日宣布这一总额 75 亿欧元新的股权融资，通过发行认股权，价格 1.94 欧元，相当于前一日收市价（€6.33）折让 70%。总的认股权数量为 38.6 亿股[1]，分配到现在的 19.3 亿股上，即现有股东每股可申购两股认股权。由 27 家投行来承销[2]，1 月 9 日至 27 日可行权，交易日从 9 日到 20 日。

行权价相当于该银行全部摊薄后价格的 43%（优尼股票市价的每股理论值）。

认股权发行前		认股权发行后	
股数	19.3 亿	发行之前市值	€122.17 亿
每股价格	€6.33	现有资本（€3.86 亿，€1.94/ 股）	€74.88 亿
优尼信贷市值	€122.17 亿	优尼增发后理论市值	€197.05 亿

发行完成后，在没有任何信号（后续讨论）情况下，优尼信贷的市值应该等于 197.06 亿欧元，就是发行前的市值（122.17 亿）加上新发的认股权（75 亿）。用公式（7.2）计算的理论每股价格为：

$$\begin{aligned}\text{TER} &= \frac{1.93\text{亿股} \times €6.33 + 3.86\text{亿股} \times €1.94}{1.93\text{亿老股} + 3.86\text{亿新股}} \\ &= €3.4\end{aligned}$$

因为总股数在行权之后将增加（总股数 57.9 亿），增发后每股理论值为 3.4 欧元。由于是现有股东才享有 1.94 欧元 / 股购买，所以折让很大，折让计算如下：

$$\text{折让率} = \frac{\text{认购价}}{\text{每股理论价}} - 1 = \frac{1.94}{3.4} - 1 = -43\%$$

其实，优尼信贷也可以运用不同的认股权条款来筹集同样金额的钱。为筹集 74.88 亿欧元，它也可以选择发行 57.9 亿认股权（现股东每三股申购一个认股权），以 1.30 欧元 / 股申购，总的融资额会是一样的。这意味着采用认股权时，发行价不一定相关（假如低于每股理论值），即使折让很大，现有股东也不会有损失——认股权都是分给现有股东的。无论怎样，风险规避才是较高折让的理由。确实，像这样的大幅折让，

1　用发行价 4 乘以这个股数，得出新目标资本金 74.99 亿欧元。

2　选择多家投行分散发行风险。

就是为了认股权能确保行使和增发成功[1]。也就是说，在增发期间如果优尼信贷的股价跌了，认股权价高的话会危及认购。给一个大幅的折让，失败的风险就低多了[2]。

最终，优尼信贷认股权发行很成功，有 99.8% 的认股权被认购，投行只购入 0.2% 的未认购权[3]。鉴于巨额再融资时，市场的不确定性以及投行承销的任务，优尼信贷此次的承销费（2.5%~3%）比之前的权益发行（1%~1.75%）高了很多。

并非所有的认股权发行都顺利。英国最大的担保公司 HBO，在 2008 年为加强其资本金[4]，于 2008 年 4 月 29 日宣布向其投资人发行 40 亿英镑认股权，每 5 股对应 2 股认购权，价格 275 分。公告前一天，HBOS 收市价 495.75 分 / 股，摩根士丹利和德利佳华全部承销。最终，认股权发行的成本 1.6 亿英镑，包括承销费（总发行额的 4%）。

根据老股和新股的数量，每股的理论值为 436 分，认股权的折让率为 37%：

$$折让率 = \frac{275分}{436分} - 1 = -37\%$$

但由于公司一些新消息以及涉及 2008 年的信贷危机，股价持续下跌一直到 6 月，股东们要决定是否以 275 分的新股价格行使他们的权利。

HBOS 的股价在 6 月跌破 275 分（见图 7.3），在到期日（6 月 18 日）之前都接近

图 7.3 HBOS 股价（2008 年 2 月—7 月）

来源：Datastream 和 IMD research

1 折让越大，投行砸到手上的可能性越低。

2 如果在认股权交易期间和增发完成之前，优尼信贷的股价低于 1.94 欧元 / 股，认股权将不会被行使，那么，此次融资将会失败。

3 总有一小部分股东，通常是个人股东，他们不关注自己是否有认股权，所以也不去行使。

4 按照国际信用规则，在几十亿英镑的减值后，它们的抵押组合形成了巨大损失。

该价（大多数交易还低于它）。最终只有很少投资者（仅 8.3%）接手了，其余 38 亿英镑的未申购股票都砸在摩根士丹利和德利佳华手上，它们将面临巨额损失。

◆ 学习重点

较高的认股权折让降低了发行不成功的风险，但并不能全部消除。

7.3.3 增发的时间窗口

研究发现，增发公告发布后，公司股价平均下降大约 2% 到 3%[1]，股价下降的主要原因是，增发对公司现有价值来讲展示的是负面的消息，的确，由于公司一般关注现有股东，当它感觉到价值低估时，它就不想去发新股，同样，通过对大多数 CFO 调查发现，在发新股时，股票低估或高估多少钱，是他们主要考虑的。因此，当公司发股时，市场认为有一些信息不全，公司可以会把价值高估，那么价格下跌是反应信号。

当发行人确定了挂牌时间，他们肯定想在估值曲线的顶端发出，这会导致长期走弱，从不同的样板期间看，结果是连续的：过去五个增发市场下行了 20%~30%[2]。

总之，证据显示公司想在股价高的时候发股融资，那么股价会产生负面反应，但也有不少的例子，股价是上升的，当公司能清楚地说明发股筹集的资本是用于有价值的投资机会的话（或者说 NPV 为正——净现值）。在这些例子中，股东不太担心发股资本会被管理层用来盖办公室，它可能还会使股价上升。

◆ 学习重点

增发后存在长期业绩表现不佳的情况，并且股价在增发公告后出现负面的反应。

7.4 公司为什么要进行股票拆分？

股票拆分不是发股，拆分股只是改变了流通中的股票数量并对其价格进行相应的

1 在 HBOS 公告后，公司股价三天时间里下跌了 6%。

2 结果显示了相应行业和规模同行的情况（Loughran 和 Ritter1995）。

调整。

一拆十的意思，是对拆分前现有股发了 9 份新股：

- 流通股数量增加了 10 倍；
- 每股收益是原 1/10，同样的，收益分成了 10 份；
- 拆分后，每股的价值马上变为原来的 1/10。

如一位投资者持有可口可乐 1,000 股，每股价格 80 美元，这意味着其投资的可口可乐价值 8 万美元。2012 年 8 月 12 日，可口可乐将其股价一分二，公司的股价也马上变为分股前的一半；投资者持有股数变为 2,000 股，但它的价格也变为 40 美元 / 股了，投资者总的投资价值仍然是 8 万美元。分股使可口可乐流通股数量由 56 亿股变成 112 亿股。

实际上，分股对公司来讲什么也没变。公司拆分股票时，一分二后，股价也减了一半。一分三后，股价也减了 2/3；一分十后，股价减为原来的 1/10。把一块比萨切成小块不会改变比萨总的卡路里量。同样，股票拆分后，持股人的股数多了，但每股价值低了，股票总的价值并没变。

◆ 学习重点

股票拆分不会改变公司原来的价值。

虽然公司价值没变，但从公司来讲，分股有几方面的原因：

- 分股降低了股价，可使更多小的投资者买上 100 股，这一般是散户买的话，标准的一手。但现在，随着经纪们折让的增加，这个因素不再适用了。
- 从有利于市场营销的角度，分股使公司受众更广泛。
- 分股可使股价从心理上更容易接受，吸引一些不是很高端的投资者，他们认为低价就是便宜。也有一些投资者觉得“持有股数多多”很好。
- 股票拆分可能是由市场对特定股价区间的偏好所推动的。
- 有时，分拆是为了遵守某些市场指数的入选标准。

公司也可以反向操作，这适用于低股价的公司想提升股价，原因是有些交易所对每股价格低于某一水平，就会要求该公司退市。如一分五的反向，500 万流通股每股 30 分，变成 100 万每股 1.5 元了，但是公司的价值 150 万元并没变。

表 7.2 的拆分意味着如果投资者在 1919 年（可口可乐上市）持有可口可乐 1 股，其现在就有 9,216 股。到 2012 年末，可口可乐每股价格大约 35 美元，意味着如果可口可乐从没拆分，它 1 股的价格将会是 322,560 美元（$35 × 9,216）。这种情况下，没有几个人买得起 1 股它的股票。

表 7.2　可口可乐股票拆分的历史

年份	股票拆分	累计的股数
2012	一拆二	9,216
1996	一拆二	4,608
1992	一拆二	2,304
1990	一拆二	1,152
1986	一拆三	576
1977	一拆二	192
1968	一拆二	96
1965	一拆二	48
1960	一拆三	24
1935	一拆四	8
1927	一拆一	2
1919		1

另一个例子，沃伦·巴菲特的伯克希尔·哈撒韦公司的股票从来没拆分过。相应的，到 2012 年底，其原始股价已经约每股 14 万美元了，股票流动性很低。尽管作为美国最大型公司之一，伯克希尔公司并没有包含在任何主要的指数里（道琼斯、标普 500 等）。

自 2010 年起，伯克希尔公司有两类股票：A 类和 B 类。它建起了 B 类股，每股的价值比 A 类低很多。它的现金流很少，投票权也很小（1/10,000 的投票权，1/1,500 的 A 类股票的分红权）。到 2013 年 2 月 5 日，A 类股票的价格为 146,600 美元 / 股，B 类股票的价格为 97.46 美元 / 股（是 1/1,500，相应现金流的权利也是 1/1,500），这有助于许多投资者购买伯克希尔公司的股票。由于流动性增加，满足了标普 500 指数的标准，在 2010 年 1 月 26 日，其被加进了这个标杆指数。

◆ 学习重点

股票拆分不会改变公司的原来价值，但它可以吸引不同的投资群体。

有些公司会进行一些反向操作——股票合并。这种情况下，一拆十意味着十合一，变成股数少、价值高，原因之一就是公司股价低。的确，许多机构投资者规定不能买低于 5 美元 / 股的股票，而且有些交易所和指数有股价的最低要求。

2011 年 5 月，花旗公司的股价从 4 美元涨到 40 美元，仍有投资者 1 分钱没赚到，原因是它股票十合一，流动股数量从 290 亿股缩减到 29 亿股。

7.5 控制和所有权稀释

当公司决定向外出售股权，显然现有股东的角色就被弱化了。为了保持控制性，有些公司把股票分为不同的类别：

- 普通股：此类证券代表着公司部分股权，普通股通常拥有对公司事项的投票权，如选举董事会、合并及收购以及改变股息政策等。
- 优先股：这种是股权的一种形式，有的归类为债权工具，它们被认为是一种混合资本。它们通常不拥有投票权，但享有优先分红权，优先股在普通股之上（也就是说在公司倒闭时，优先股股东在普通股股东之前获得清偿），但它们在公司债之下。
- 无投票权股：这类股票有时由公司发行，标明不享有对公司事项的投票权。
- 双类股：这类股票会限定不同的投资人，如中国石化在上海有 A 类股票交易，它只对中国人；还有几个这类公司，同时有 H 类股票在香港交易，只对境外投资者。

中国石化是中国最大的石油公司，拥有双级股票：A 和 H 类。A 类股票用人民币在上海和深圳交易所交易，只对中国民众。H 类股票在香港以港币交易，是对境外投资者开放的。因为 A 股与 H 股不能互换，所以只能在不同地区由不同的投资者群体进行投资，没有通道去做价格套利。的确，由于不同市场供需间也不平衡，这决定了它们最终交易价格的不同[1]。

大多数机构投资者反对使用双类股票，认为这使控股股东（内部人）以牺牲少数股东利益为代价享受着控制权的私人利益。一些研究调查了其他所有权计划，包括不同类的股票结构，如金字塔结构、交叉持股，这也使控股股东投票权和现金流的权利有较大的分离。在实践中，当内部人控制的投票权比现金流的权利不成比例地高出时，公司的价值会低于最优值[2]。

实证还表明，有表决权的股票通常以溢价出售——投票权溢价——即相对于无表决权的股票有表决权溢价。但是，有投票权优势的股票流动性很低，因为这些股票都是不想卖掉股票的人才愿意持有，这些股份用于获得和保持对公司的控制。

1 有一个指数（恒生中国 AH 白金指数）跟踪这些中国公司在 A 股市场和 H 股市场的价格差。

2 Claessens 等（2002），Lins（2003），Harvey、Lins 和 Roper（2004），Gompers、Ishii 和 Metrick（2010）研究，当控股股东投票权超过其现金流所有权，公司价值和股票收益都是较低的。

◆ 学习重点

有投票权的股票相对于无投票权的股票，通常价格会高。

估值折扣的多少（相对应无投票权股票）取决于公司所处的特定经济环境。如在法律和司法对个人股东保护力强的国家，折扣会少；在保护弱的国家，有投票权和无投票权的差别就大了。

研究人员观察控股股票的价值（相对于非无投票权股票），发现世界各地差别很大。如在盎格鲁·撒克逊地区和斯堪的纳维亚半岛，这个价值接近零（就像伯克希尔·哈撒韦的例子）[1]。但是有些国家，像巴西、智利、意大利、墨西哥和韩国，有投票权的股票比无投票权的股票价格高大约25%。所以，国家司法制度的不同对估值折扣/溢价的影响巨大。

反过来，有些公司采取行动消除投票和无投票权股票的差别。这些行动受到投资者的欢迎，这也引起股价的正面反响。

2011年8月，Ultrapar公司，巴西的一家大型公司，采取一项非常行动，宣布将公司的优先股转为普通股，转换比率1:1。接着，公司采取双类结构，让控股股东拥有66%的投票权和仅24%的现金流权。他们想通过管理投票权（普通）股，使其他投资者主要投资于优先股（无投票权）。这样的转换使Ultrapar成为巴西最大的无控股股东的公司。从那时起，所有股份拥有同样的经济和政治权利。公告之后，由于受股东欢迎，Ultrapar的股价上升超过6%，Ultrapar变成一家真正的股份有限公司，提高了少数股东的投票权。

◆ 学习重点

没采用双类股的公司通常比采用的公司估值更高，因为双类股在投票权和现金流之间造成了分离。

7.6 在境外交易所交叉上市

当一家公司在境外交易所挂牌时，就是交叉上市（也称双上市，或境外上市），大家多交易所交易和上市的主要是本土公司。伦敦、纽约等世界金融中心，致力于吸引

1 见Nenova（2003）的研究。

更多的境外上市公司。

在 20 世纪 90 年代，交叉上市公司数量增长很快，特别在美国[1]。近期，中国香港和新加坡成为许多公司的钟爱地。

7.6.1 公司选择境外上市的理由

公司选择上市的理由很多，但选择交叉上市的理由如下：

- 提升公司股票的流通性；
- 筹集另一种货币用于并购；
- 便于公司为员工实施股权激励计划；
- 提供多的融资渠道；
- 提升公司的地位和知名度；
- 增加公司及产品的公众认知；
- 扩大投资者基础，筹集更多资本；
- 可使股票在更多的时区、以多币种交易；
- 使投资者能够接触到一些在境内市场交易的全球性公司；
- 可使投资者以美元购买股票、收取美元分红（如果是在美国交叉上市）。

交叉上市通常以存托证的方式交易。存托证就是由金融机构代持原始股，作为一种介质，股票在公司所在地市场发行和交易，并在交叉市场发出存托证给投资者。如果这些存托证在美国（比较常见），就被称为美托证（ADRs）。接下来，这些存托证在纽交所或纳斯达克交易所交易。环球存托证（GDRs）是跨越多地市场交易的，如伦敦、法兰克福等。

ABB 是一家位于瑞士的跨国公司，它于 2001 年在纽交所交叉上市，比率为 1∶1，也就是一手美托证代表瑞士市场上的一手原始股票。

的确，当我们用美元的价格乘以美元 / 瑞士法郎的汇率后，股价在瑞士跟在美国几乎没有差别。图 7.4 展示出了 ABB 的股价跨越大西洋两边，相同时间、相同价格。

美托证代表与公司原始股票在其境内同样的索偿权，因此，价格也应该是一样的（当然是经过汇率调整后的）。

◆ 学习重点

交叉上市股票在不同的交易所（在汇率调整后）交易价格是一样的，以防套利机会。

---

1 Feranders 和 Giannetti（2008）研究证明，世界范围交叉上市公司的数量快速增长。如 1988 年，在美国和英国上市的境外公司占比 5.6%；到 2006 年，这一比例为 17%。

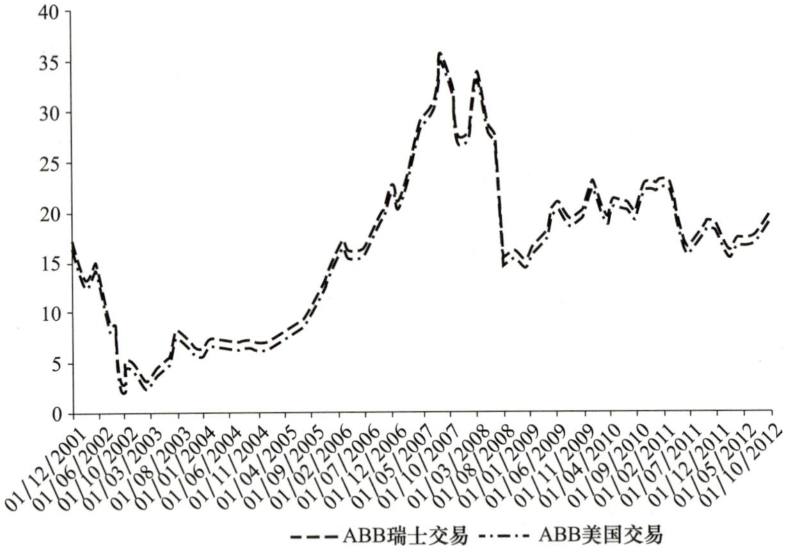

图 7.4 ABB 在瑞士和在美国的股价

来源：Datastream 和 IMD research

7.6.2 交叉上市有价值吗？

研究发现，交叉上市是降低资本成本的一个有效工具，从而提升股价[1]。由于在境外上市关系到公司治理问题，投资者追求高回报，对投资者保护较弱会使股票风险更高，结果是资本成本上升。选择监管更严格的交叉上市环境，监管和合规更严格，公司也能有效地适应境外的监管环境[2]，这就意味着公司的管理逐步将高标准市场的治理与境内市场一致起来。总之，在公司治理环境严格的地方交叉上市，可以使公司的估值更高，这可以视为交叉上市的治理收益[3]。

◆ 学习重点

世界各地对交叉上市的要求不同，在更严格的交易所上市的公司，会比同行的股价高，这也可以解释为治理环境好坏的有力信号。

但是除了优点之外，交叉上市也存在一些缺点。如发行成本增加，像注册登记费、外汇兑换费用、路演成本、每年的年报和披露要求等，还有对管理层的持续监督。另

1 见 Miller（1999），Foerster 和 Karolyi（1999），Doidge、Karolyi 和 Stulz（2004），Hail、Leuz（2009）对股价与交叉上市资本成本的实验。

2 在公司治理标准更严格、市场参与者更高端的市场上市，由于司法部门的执法力和声誉机制，公司在内部人控制和攫取私利方面也得收敛。这就是所谓的“交叉上市键合理论”。有些作者质疑基于直接结合机制的关联性，甚至是在美国。如 Siegel（2005）证明，即使在美国，证监会在法庭保护小股东的权利，司法的力量也一直不太有效。还有一些证据表明，交叉上市的估值影响可能是短期的（Sarkissian 和 Schill，2009）。

3 Fernanders、Lel 和 Miller（2010）研究发现，非美国公司的股东很重视美国证券监管的价值，特别是当本土的投资者保护弱的情况下。

外，由于监管提升，公司管理层可能对使用公司现金失去信任感。2002 年实施的新法案，使在美国交叉上市的公司比以往成本大幅增加。新法案非常强调公司治理和公司责任，伴随美国一般会计准则的实施，相比标准没那么严的境内市场来讲，许多公司面临挑战。

7.6.3 美国存托证与英国存托证的不同类别

美国存托证可以在美国交易所之一（纽交所或称美国交易所）或场外市场（Over-The-Counter）挂牌和交易。美国存托证的类别里，另一个重要的特征是它是否在美国做有关融资（见表 7.3）。如果只是现有股票交易，它就是一级或二级存托证。如要在美国开展新的融资行为，可以通过美国存托证的三级市场或场外发行。

采用一级市场或按照美国存托证 144a 规则上市的公司，可豁免证监会的注册和许多披露要求，即只需要按照美国会计准则提交财务报表。当公司决定在二级或三级市场发行，就要经过证监会的审查，否则会面临集体诉讼[1]。另外，他们也要面对重要的市场参与者额外的监督，如分析师、机构投资者[2]。

表 7.3 交叉上市的不同类别

	美国一级存托证市场	美国二级存托证市场	美国三级存托证市场	美国 144a 规则上市	英国上市
交易渠道	场外	纽交所、纳斯达克	纽交所、纳斯达克	私人置换市场	伦敦交易所
采用的报告准则	本土	美国	美国	本土	美国、本土、国际
遵循标准	豁免	SEC 登记	SEC 登记	豁免	本土
发行股票	否	否	是	是	是

对于在伦敦上市，要求有所不同，公司必须获得英国上市监管部门——金融服务局的批准，然后才被允许在伦敦交易所交易。主要的要求与在伦敦交易所主板初始发行一样，财务报表要遵英国会计准则、美国会计准则或国际标准会计准则。但是，英国上市规则的大多数用来保护小股东的条款，并不适用于境外公司。如公司治理规范[3]境外公司就不需要遵循，只要遵循本土的要求即可。

---

1 Fernanders、Lel 和 Miller（2010）研究发现，有 115 家境外公司在美国被集体诉讼。

2 Lang、Lins 和 Miller（2003）证实，公司交叉上市后就被分析师盯上。Fernanders 和 Ferreira（2008）证明，分析师对交叉上市公司在流动性、股东结构、会计信息质量上的变化重点关注。

3 Doidge、Karolyi 和 Stulz（2009）研究了伦敦和纽约上市的详细区别，发现在美国交易所上市的公司有明显的治理效益，这可能源于更强的信息披露和治理要求（与英国的要求相比）。

本章小结

发行股票融入新的资本对一家公司一生来讲是很重要的一步。公司可以通过 IPO 发行新股向公众融资，称为初级发行；也可以向公众出售现有股东的股份融资，称为二级发行。公司在决定发行新股时有不同的决策，其中一项就是，是否经过包括财务顾问在内的中介公司来包销（也称承销）。由中介公司包销，公司的风险就比较低，但费用比较高。

一项 IPO，正确定价并不容易，簿记是目前世界上最流行的方法，在簿记的过程中，公司及其顾问在最终定价前，要估计投资者的需求情况。一旦投资者需求增大，公司要给出最后报价，并最终把股票分配给申购人。

一般情况下，IPO 会略低定价，这会使股票在交易所交易的首日，股价是上升的。许多 IPO 会包含绿靴增发权，也就是承销商可以增大 15% 的发行量。但这个增发权有效期也就一个月，如果市场需求大，可以多出售点股票。重点是，绿靴或法律上称超额配售权，能够在 IPO 发出的时间里稳定股价。

增发是在 IPO 首发之后，向投资者后续再出售公司股权的做法，可以用现金认购，也可以用认购权。如果用认购权，就是公司以规定的价格向现有股东发出认购新股的认购权，这通常会包含较大的折扣。与 IPO 首发比，增发可以采用全额包销或不包销。如果不包销，公司可能发生发行不成功的风险，那么，融资目标未达成。研究表明，公司发行股票后长期业绩不佳，无论是首发后还是增发后，这都提醒发行人选好发行时点，当确信公司处于较好估值区间时再发股。因此，在发股后，公司的表现将落后于市场及同行。

许多公司到境外交易所交叉上市，本章讨论了交叉上市的影响。一般讲，在对公司治理要求严格的地方的交易所交叉上市，公司股价会高，公司的估值也会高。

本章，我们还讨论了由于投票权和现金流权之间而给公司造成的差异的特别意义，可使有些股东在不控股的情况下控制公司。但实验证明，这种双重上市股权通常比同行股价会低，投资者担心被控股股东剥削。当公司消除了投票与非投票差别后，其股价通常会上升。

第八章

回馈股东
——分红、回购股份和股息政策

你知道唯一带给我快乐的东西吗？那就是我的分红到账。

——约翰·洛克菲勒

为什么沃达丰或埃昂（一家德国公共事业公司）把它们 70% 的利润分配给股东，而甲骨文一分不分？为什么苹果手握巨额现金，市场怎么看？

当一家公司开始分红时，会有什么影响？当它降低或取消分红时会发生什么？本章重点关注这些问题并讨论股利政策背后的主要原则（包括分红及股份回购）、不同股东及其需求以及市场对不同股利分配公告的反应。

股利政策是公司犒赏其股东非常重要的财务策略，这些政策不仅给了股东钱，而且公司也有了再投资的钱。

公司可以通过分红把钱返还给股东，也可以买股票（回购），这些不同的返还钱给股东的方式有着不同的效果，不同情况下要采用不同的方式。对于金融市场如何看待派息决策，实践中，派息政策在不同国家（地区）和不同行业也有差别。

8.1 股息指标

分红是公司向权益持有人支付股息常用的方式，公司经营形成的利润和现金足够时，不仅要维持未来运营的需要，还要分配给股东。派息率和股息收益是比较不同公司分红水平最常用的方式。

$$派息率 = \frac{分红总额}{收益总额} \qquad 股息收益率 = \frac{分红总额}{市值}$$

或：

$$派息率 = \frac{每股分红}{每股收益} \qquad 股息收益率 = \frac{每股分红}{股票价格}$$

派息率是指某一年公司将收益分配给股东的比例，股息收益则是分红对公司股价的百分比。股息收益和派息率在公司间是高度关联的。

8.2 股息对股东回报的重要性

股东回报由两个要素结合而成：股价上升和股息支付。

图 8.1 向我们展示了从 1973 年到 2012 年不同市场股票投资者的收获，对每一个国家的市场，展示了两种价值。第一栏（股息回报）展示了总回报，包括资本收益（股价上升）和股息回报，第二栏只展示股票市场回报（不含股息），这使我们可以比较投资者含股息和不含股息的回报是多少。在大多数国家，从长期看，股息在股东回报中占了 30%，因此，是股东获取回报的非常重要的组成部分。

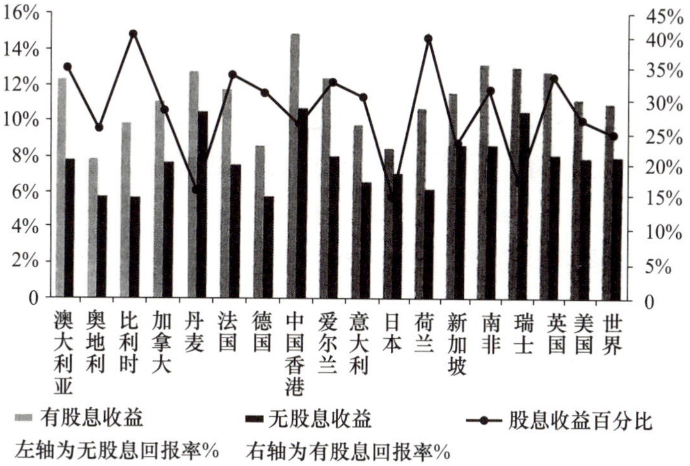

图 8.1 有股息和无股息的股票市场收益

来源：Datastream 和 IMD research

8.3 公司应该在何时派发股息呢？

派息的决策与公司的成长性是密切相关的。一方面，当公司没有什么赚钱的投资机会（低成长），比较好的选择是把多余的钱分给股东创造股东价值；另一方面，成长型的公司需要更多的再投入资金，但用于股东派息的利润就少了。

8.3.1 公司是再投资还是派发股息？

我们可以用下面的公式定义公司持续增长率：

$$持续增长率 = (1- 派息率) \times 资本回报率 (ROIC) \quad (8.1)$$

ROIC 是资本回报率[1]，派息率是利润作为股息分配的百分比，因此，（1- 派息率）就表示可用于再投资的其余部分（也称留存比率）。

持续增长率仅表示公司销售（或利润）的增长率，基于以下条件：

- 资本结构维持不变。
- 保持不变的经营业绩，即边际收益和效率也是不变的（因此，资本回报率是稳定的）。
- 不能发出新的股份（或者说管理层及股东不想发行更多的股份）。

1 第 3 章有关于 ROIC 的描述，以及它的驱动因素。

公司在上述情况下，从一个阶段到下一个阶段要增长，就必须再投入新的资产（才能为以后的利润增长作出积极贡献）。

假设一家公司的资本回报率为 20%，派息率为 80%，那么，这家公司的可持续增长率 = 20% ×（1–80%）= 4%。当然，这家公司也可能增长率高于 4%，但要采取下面的行动之一：

- 发行新股份并投资新资产。
- 看公司最大限度可以举多少债，这会改变公司的资本结构。
- 改善运营效率，即改善资本回报率。

快速增长要求更多的投入，通过上面选项一，公司可以增加现金用于业务投入。但能从股东那里融多少钱一般是有限度的，公司每年找股东筹集新的资本注入是不可持续的[1]。

同样，上面选项二意味着公司每年向债权人要求更多的贷款，但公司逐渐也会达到债务极限，新的债务资本也就融不到了[2]。

上面选项三要求改善资本回报率，这可以通过提高边际收益或提高公司资本使用效率达到。但提高运营效率也好，增加边际收益也好，都是有限度的。

上面的例子还有一种可以实现高于 4% 增长率的可选方法，就是降低派息，留更多的钱用于再投入生产运营。但如果管理层及股东决定保持一个稳定的派息率，而不是变来变去，持续增长率就可以保持在 4%。

一般来讲，内部资本融资（留存收益）是开展新项目最重要的资本来源。开展新项目很少用发行新股融资，因为相对整个股票市场规模来说，其占比很小[3]。

总之，公司不应该不惜一切代价最大化增长，这会迫使其减少股息支付并使公司过度举债。的确，就像我们在第三章讲过的，增长也有好有坏。好的增长是当公司的新项目所带来的收益高于投入成本（ROIC>WACC），坏的增长是公司的投资盈利性有限（低于投资成本）。适度的增长有时更能创造价值，换句话说，将公司资产布局在无法赚回投入成本的项目，就会有损于公司价值。

创造价值是每一位管理者的职责，这就意味着管理者应投资于回报高的项目，而不是仅满足股东的最低要求[4]。所以，如果公司投资的净现金流为正，它就应该投；否则，公司应该把多的现金分掉。如果管理者忽略这些原则，他们可能会持续投资于不能产生有吸引力回报的业务，导致较低的投资回报。

实际上，管理者持续在有损于价值的路上也是走不下去的。在有着良好公司治理

1　见第七章关于不同权益发行类型，以及它们的应用。

2　见第五章关于公司最佳资本结构的全面分析以及它们的驱动因素。

3　实际上，在美国，从 1965 年到 2010 年，发行新股份并不是融资主要来源。平均来讲，美国公司在此期间的权益融资是下降的（股票回股大于所有新发行）。

4　见第四章关于资本预算和项目评估的详细分析。

的公司中，公司董事会及股东会最终会撤换达不到业绩目标的管理层。更重要的是，这些没用好的资源会吸引竞争者的目光，投资人会盯着公司、收购它，并把资产投到更高效的方面。这就能保证较好的投资收益，从股东投资回报角度引导公司向更高效的方向发展。

8.3.2 股东类别及股息

公司有着不同类型的股东，有些是短期投资人，有些是长期投资人。股东类型包括共同基金、养老基金、保险公司、私募股权公司、个人投资者、政府（如主权财富基金）、家族、员工以及其他。

股息对每一个类型股东的重要性不同。实践中发现，稳定的股息对于养老基金和保险公司最为重要。的确，这两类股东以长期持有为导向和长期责任[1]，股息对其实现责任是一种很重要的方式，如支付养老金给养老的人[2]。所以，当一家公司中，大多是养老基金和保险公司基础的投资人，风险更低。

另一类投资人，如共同基金，不是太依靠股息，但其也希望稳定。这相当于其现金流的可预测性更高和较低的现金流风险。

与此相关的就是所谓的“顾客效应”[3]，投资者根据各公司的股息政策自行选择进入不同的公司。想要通过资本收益获得价值增长的投资者，不会倾向投资太多钱到高股息的公司。反过来，想要连续收取股息的投资者就会倾向寻找这类公司。

8.3.3 什么是股票分红?

股票分红就是根据股东的选择，股息可以是现金或股票。股票分红对以低成本方式得到更多公司股票的股东来说，是非常有用的。从公司的角度看，它节省了现金（如果股东选择用股票作为股息）。股票分红最直接的效果就是增加了股票流通的数量，这也是股票分红负面的地方，它会稀释公司每股收益[4]（对那些不选股票分红的股东来说）。为避免稀释，大多数的股票分红计划都与股票回购联系起来，以保持市场流通的股票数稳定。

2010 年 9 月，壳牌宣布改变它的股息政策，给现有持股人选择收取现金股息或者股票股息计划[5]。按照该计划，股东可选择如何收取股息——收现金或者壳牌新发行的等

---

1 指在未来一年以上的义务，如养老基金的长期责任是它未来养老金债务。如公司的长期责任包括其未来需支付的人寿保险政策。

2 类似的，一家保险公司的长期责任是它未来的保险义务，这就更依赖收到的股息。当然可能有人会问，如果没有股息，它们可以卖少量股票来实现。但是如果它们想保持投资组合的平衡，可以把其投资组合中每个公司的股票都少卖点。

3 见 Baker 和 Wurgler 的文章（2004）。

4 每股收益下降，因为有效股数更多了。

5 www.shell.com//global/aboutshell/investor/dividend-information/scrip.html.

值股票。股票分红可使投资人不用再去市场买入股票（节约税[1]及交易费用），且作为一般的分红，它也为投资者提供了想要现金的选项。这个计划还有着附加的益处，从公司的角度看，保留了更多现金在公司。这很成功。实施计划的头两年，超过30%的股东选择了股票分红。

8.4 股息对股票价格的影响

8.4.1 派息后会发生什么？

公司向股东派息日，股价会进行与股息相对应比例的调整。下面是几个重要的时点：

- 公告日：公司董事会宣布派息的日期；
- 派息前日：这一天再买入股票不享有股息；
- 派息日：派息给之前已持有股票的人的日期。

公司派息日后，股价也会对应派息的比例作调整[2]。

假设某只股票的价格为100美元，公司派息为每股5美元，派息完成后，股价调整为95美元，这被称为息后价。就股东的财富来说，什么也没变，股东手里有了5美元，外加股票交易价95美元。

8.4.2 通过分红来传递新信息

除上面提到的股价技术调整外，派息向市场释放了信息。最先想到的是，当股息增长时，公司保持这样下去，投资者会变得更有信心，股价也会上升。所以一般来说，公司和投资者都愿意保持稳定的股息。

股息稳定表示公司的现金流使用是可预期的，那么，对未来也有更好的预测。从投资者角度看，股息稳定的重要性在于回馈股东的风险也较低。

◆ 学习重点

大多数公司会有一个长期的股息政策目标并尽量减少股息水平的波动。

1 有些国家，股票分红有着非常明显的股票分红的节税优势（与现金分红相比）。如荷兰，股票分红不用缴15%的红利预提税。

2 调整的具体数由于税的原因会有一点差异。

大多数公司，特别是那些周期性的行业，股息增加并不与利润的增长同步。如果公司保持一个稳定的派息率，当利润增长 50%，股息水平也同比例增加。但接下来，如果下一年的利润下降了 30%，那么，股息也跟着降，这会导致股息过度波动。这通常不是投资人愿意见到的，这就是为什么宁愿有一个固定的派息率。大多数公司会有一个长期派息目标并根据情况适当调整。

有大量的研究是测试股息政策变化产生的影响的[1]。通常，这将导致股价立即出现统计意义上显著的反应：

- 股息增加：股价上涨 1%；
- 股息发放：股价上涨 3%；
- 股息减少或不派：股价下跌 5%~10%。

股息增加，释放出公司未来良好预期的消息，通常会触发公司股价上升。原因是当公司宣布股息增加，它实际上是向市场发出信号，表明它有信心维持在更高的水平上。股息的发放会导致股价更大幅度上涨。

◆ 学习重点

派发（或增加）股息，表达公司有充分的资源保持当前股息或以上水平有力承诺，通常会带来股价的上涨。

反过来，减少派息会使市场反应很负面。当减少派息时，股价显著下降，这通常对管理者产生影响。的确，正如一位跨国公司的 CFO 所说，“削减股息是一名 CFO 所能作出的最威胁职业生涯的事”。

表 8.1 分红的利与弊

利	弊
分红是好结果的信号，可支撑股价	分红计划建立后，很难消减；投资者希望股息稳定
分红能吸引长期投资者，如养老基金，这可使公司通过扩大投资者范围以低成本融资	分红通常比资本收益的税负更高
分红增加（或派发）通常会带来股价上升	消减分红（或不分）会带来股价显著下降
分红用的是多余的现金流，尽量减少因现金使用不当而引起的管理层与股东之间的矛盾	分红减少了可用于投资的现金，这可能迫使公司放弃一些净现金流为正的项目

1 股息增长的频率远大于降低（20∶1 比例）。

8.5 可能持有太多的现金吗？

手持大量现金的主要动机是防备不时之需，如微软长期持有足够现金的政策，就是为了在没有任何收入时生存，甚至在困难时期会支持它的供应商和销售商。

但是，许多公司有足够的资源满足资本开支的需求，同时保持谨慎的资本结构比例及营运资本水平，这种情况下，持有过多的现金对外部股东来说成本就高了。持有过多现金会：

- 降低公司的资产收益率（ROA）以及投资回报率（ROIC）；
- 增加资本成本；
- 增加有损商业价值的整体风险。

前面两点是技术性的，应该是明显的，较高的现金留存反映了公司过去的成功，但持有过多现金，超过公司所需（现金也是一种资产），因为利息收益很低，投出去的资本会流动起来。还有，资本成本包括债务资本成本和权益资本成本，持有过多现金意味着使用了过多的权益资本，这会增加整体资本成本。

第三点对经理们很关键，现金过剩会让管理团队过于自信，这可能会给股东带来破坏性的结果。如公司现金过多的管理层经常会在并购中多花钱，这会损害公司的市值。还有，公司现金过多经常会有扩张冲动，包括收购与公司不相关的业务，这会产生集团多元化政策的重大问题：首先，它不能为股东增加价值（除非与公司业务有着重大的协同效应），股东如想实现投资多元化，他们完全可以通过买入不同行业的公司股票来实现；其次，众所周知，企业集团在内部资金配置方面存在一系列低效现象。的确，企业集团的盈利业务单元自然会弥补不盈利的业务单元，这是常识，这就意味着资本配置是无效的，资本没有流到最有生产效率的投资上面[1]。

总之，从负面来看，手握过多现金会造成投资上的浪费。“我们得做点事”是一种综合征，影响着许多手握过多现金的经理人，最终作出一些无效的投资决策，包括在并购中出价过高、投一些与自身业务无关的多元化投资（请记住股东可以自己多元化投资），多元化本身并不增加价值。

1 有大量的研究是关于多元化折损，这一术语是反映集团多元化造成公司价值的损失，多元化折损平均造成公司价值折损在 15%~20%。

表 8.2 手握过多现金的利与弊

利	弊
流动性更稳定	浪费投资
有新项目时可以随时使用	“我们得做点什么”综合征
竞争实力的象征：深口袋	可能投资多元化进入不相关领域
投资决策起来更快	并购时支付更高溢价
对人才的吸引力更大	管理层过于自信

从正面来看，手握多点现金不会出现流动性危机（诸如 2008/2009 年的金融危机），资本市场融资环境对它们影响较小。还有，手上有钱至少出现倒闭或者陷入财务危机的可能性较小，手上有钱可以更灵活，灵活性也是有价值的（如一旦出现好的项目，可以很快作出投资决策）。还有，拥有“深口袋”能给竞争对手释放出一个信号，公司有资源持续打价格战。最后，手上钱多还能带来一个与人才有关的好处，就是应聘工作的人通常很看重公司的财力。图 8.2 展示了不同行业平均的现金与资产之比。

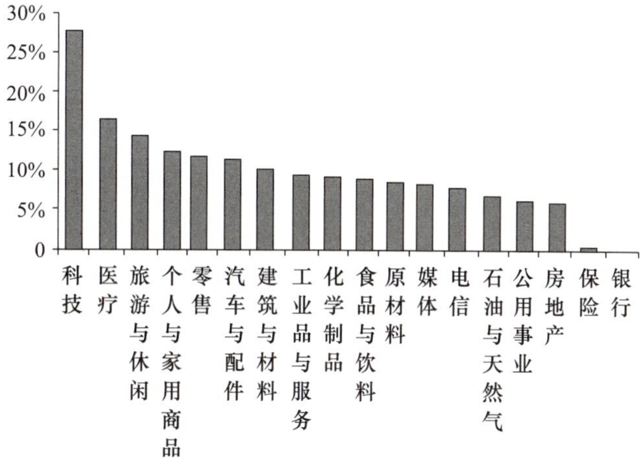

图 8.2 不同行业平均现金资产比率

来源：Datastream 和 IMD research，现金和短期投资占总资产的比例，2012 年 12 月，世界最大约 1,500 家公司为样本

手上钱多（现金占资产的比率）的一般是科技行业和周期性行业。正如所料，这些波动性行业的公司需要手里留点钱，保持流动性并在有好项目时可以投[1]，而公共设施、电信和油气等行业都不会持有太多现金。

手上有太多现金的公司，常受到机构投资人的压力，被要求向股东返还资金。股东关注的是手上持有太多现金，会使管理层容易作出损害公司价值的行动，如：

- 昂贵且构思拙劣的并购；

1 见 Opler、Pinknwirz、Snlz 和 Williamson（1999），以及 Ferreira、Vilela（2004）的论文。

- 拉低价值的投资；
- 特权消费：如滥用现金直接为经理个人的利益[1]服务。

所有有损价值的行为最终都会反映为拉低股东的收益，研究已经证实，公司账上保留过多现金是很大的浪费。研究表明，投资者认为公司账上的 1 美元平均价值也就 0.8~0.9 美元[2]。对管理不太好的公司，更可怕的是现金被滥用，1 美元的价值就只有 0.3~0.4 美元了。

8.6 派息的实例

总之，收益的留存率太高会导致投资者低估公司持有的现金价值，结果是公司价值将低于其现金及预期的未来现金流现值之和。为防止这种情况发生，公司还要设法让市场相信，手上的现金将会有效益地再投入。通常，市场相信拥有宝贵成长机会的年轻公司会进行有利可图的现金投资，另一方面，拥有健康自由现金流的成熟公司成长机会有限，应该分红或者回购股份。图 8.3 列示了世界上大公司股息率的研究证据。

公司的派息政策在世界各地差异相当大。通常，高成长的公司趋于较低的派息。我们观察了几个高成长公司，如科技类公司，分红就低。因为增长强劲，投资者也接受把一定年限内产生的所有利润全都再投进去；反过来，更成熟和稳定的行业分红较多[3]，典型的如基础设施和电信类公司。

除成长因素外，还有其他几种影响派息政策的动因，最重要的还有规模和盈利能力[4]，大公司和盈利好的公司派息较高。研究发现，派息还与公司治理相关，治理较弱的公司，其投资者更愿意让公司多派息。也就是说，对于管治较差的国家或地区，股东会要求管理层分红，因为他们不相信公司能把钱用好[5]；拥有较强控制力的股东（常常与家族公司关联）也与分红决策呈正相关。

1 见 Jensen（1986）的论文。

2 Pinkowitz、Stulz 和 Williamson（2006）估计了现金的边际值，他们发现在治理标准低的国家或地区，手持现金与公司价值的关联较低。同样，Dittmar 和 Marth-Smith（2007）证明了在治理较差的公司里，手持现金（从投资者角度评估）的价值有多么低。

3 DeAngelo、DeAngelo 和 Stulz（2006）研究发现，分红偏好与留存收益占总权益的比率正相关，代表了公司整个生命周期。

4 Denis 和 Osobov（2008）研究发现，大公司和盈利性好的公司更倾向派息，他们未分配利润在权益中占比较高。

5 见 LaPorta、Lopez-de-Silances、Shleifer 和 Vishny（2000）的文献。

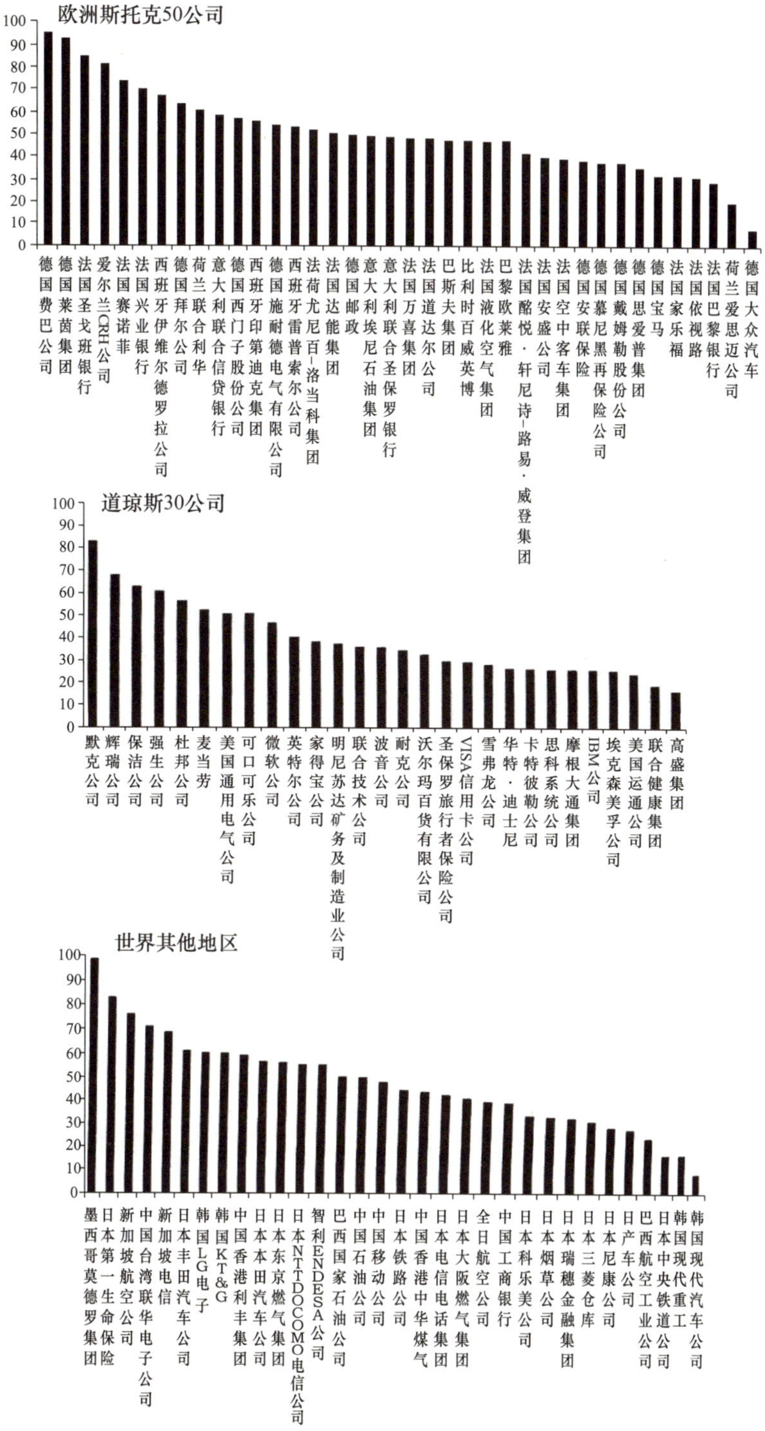

图 8.3　2012 年全世界股息支付率

来源：Datastream 和 IMD research

8.7 通过股份回购把钱还给股东

股份回购代表一种还钱给股东更加灵活的方法[1]，超过 95% 的股票回购都是通过公开市场进行的，公司公告回购计划，然后在某一时段（通常一到两年）在公开市场（交易所）购买[2]。现在也出台了一些指导意见，以防止股价被操控。如许多法律规定，公司每日回购数量不能超过当日交易量的 25%。

回购的理由：

- 把多余的现金分配给股东；
- 对抗给高管的股票期权的稀释效应；
- 改变资本结构；
- 对冲给员工的股票期权计划（包括长期激励计划）；
- 在公司市值被低估时，回投到公司。

公司派息的所有理由也适用于股份回购，但对于拥有大量现金余额的公司来说，回购代表着向股东提供额外现金分配的机会。

微软虽然产生了大量的现金，但一直到 2003 年之前，公司从没有分红。当时，它手持 400 亿美元现金，股东要求返回现金的法律压力都出来了（它是当时道琼斯 30 成分公司唯一不派息的）。之后，公司开始实施分红（初始每季度派息 0.08 美元）并伴随 300 亿美元的回购计划。总裁史蒂夫·鲍默解释说："我们有信心使公司的收入、盈利和股东价值长期增长……。我们将继续投资主业，保持行业领导地位。从现在起，未来 4 年，我们可以使股东价值增加 750 亿美元。"总之，这次派息清晰地给股东传达了公司增长的故事（而不是缺乏对未来投资的想法）。

就分钱给股东来说，股份回购与分红相比，是更为有效的**省税**方法，但这也取决于公司所处的环境以及公司股东的情况，不能一概而论。大多数 CEO 也说，税的问题在派息政策设计时，是第二位考虑的[3]。

回购减少了市场上的股票流通数量，从而提高了每股收益（EPS）。每股收益的变化不要与价值创造混淆，的确，尽管每股收益变化了，但公司固有的价值并没变。

1　从 20 世纪 90 年代后期开始，在美国，回购成为最多的派息方式；在欧洲，大量的股份回购更超美国（VonEije 和 Megginson，2006）。但现在，全世界都普遍应用这种方式了。

2　公开市场的另一种选择是自我报价：公司向股东报一个价格，让股东将股票卖回给公司，或开放一个时间窗口，规定一个价格。

3　见 Brav、Graham、Harney 和 Michacly（2005）文献，也可参见 Deagelo、Deangelo 和 Skinner（2009）关于公司派息政策的综合学术研究。

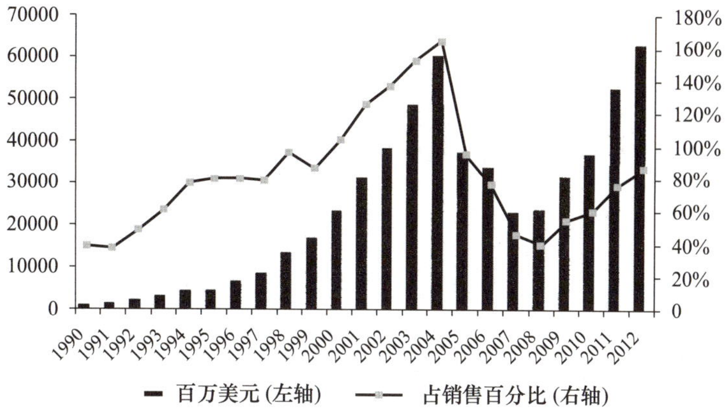

图 8.4　微软现金持有量（百万美元和占销售百分比）

8.7.1　回购带来的灵活性

除了直接分现金给股东的影响外，还有其他投资者也在回购股票，股票回购也为现金流不稳定的公司提供了另外一种选择。的确，现金流不稳定的公司很难负担持续高的分红，它在随后的年份还要降下来。因为公司也好，股东也好，更愿意有稳定的分红。这种情况下，股票回购计划也使公司可暂时降低现金水平，在公司没盈利和现金流低的年份保存实力[1]。

这是与派息最大的差别，股票回购是暂时的、一次性事件，公司可以把多余的现金分掉，为股东贡献收益，但它并不承诺未来还这么分钱给股东。

◆　学习重点

股票回购提供了灵活性，它们通常对股价是利好消息。

实践证明，股票回购公告后，股价会上涨（平均 3%）[2]，这意味着股东通常将回购看作公司运营好的象征。

但是，这也只是一般情况下公告后的回应，也有一些特别例子，市场在公告后的实际反应是负面的，这要看发给股东的信号。如有些公司，回购释放的信号是，管理层黔驴技穷，没有什么可投的机会了；投资者解读下来，他们降低了对公司未来现金流、成长性和盈利能力的预期，最终导致股价下跌。

2005 年 5 月，沃达丰宣布改变派息政策。这家电信公司发布公告称，它将回购价值 4.5 亿英镑的股票并决定双倍分红。决定一出，股价当天大幅下跌，市值蒸发掉 5 亿多英镑。换句话说，投资者并没有把股票回购视为大利好。对这种奇怪的反响有一种解释，就是对公司的成长预期——把所有的钱都分给投资者了，公司不再是高增长的

1　见 Stephens 和 Weisbach（2000）的文献。

2　见 Stephens 和 Weisbach（2000）的文献。

公司了，从而导致了对它估值和市盈率的修正。

表 8.3　分红与股票回购的差别

分红	股票回购
稳定——每年差异不大	随意——适用于现金流波动的公司
独断——所有股东都有，无论是否想要	民主——允许选择；如果投资者不想收现金，他们只要不卖自己的股票就可以了
税较高——通常，税率要比资本收益要高	税较低——只针对资本收益（通常）
释放对未来信心的信号——根据其稳定的特点，反映了未来保持派息水平的信心	反映较低的成长机会——可能释放出管理层不知道怎么用这些钱的信号
不影响每股收益（EPS），因为股票数量没有变化	增加了每股收益（EPS），因为回购后，股票数量减少了

另外，通过股票投资，经理们释放出信号，他们相信自己的股价被低估了。Brav、Graham、Harvey 和 Michaely 曾对经理们开展调研，发现 75% 的人提到他们公司的股票被低估了，这也可能引发他们考虑在未来回购股票。

通过把现金分回给股东，经理们释放出信号，承诺他们不会浪费投资，这是在他们没有足够盈利性投资机会时回报股东的承诺，而不是手里攥着过多的现金。

2013 年 3 月 23 日，英国石油（BP）宣布了一项 80 亿美元的股票回购计划，这是在公司出售了其在俄罗斯的项目后，手里持有大量现金，进而回购公司股票。这次回购很受投资者欢迎（股价的反应上涨了 2.5%），认为这是好消息，表示公司把股东利益放在首位。BP 的主席说，此次回购“使股东在短期内就见到效益了，我们通过重整俄罗斯的业务实现了价值”[1]。

8.7.2　一旦决定回购，公司还要把握市场时机吗？

不需要，那会比较难，最终会花公司很多钱。正如巴菲特所言，许多公司做回购，是以牺牲留下来的股东为代价，向离开的股东付了高价。……以 1.1 美元去买 1 美元的股票不是个好买卖[2]。

经理们有时想着低买高卖，也就是想把握股价低估期间回购，但是，市场是波动的，明显难以做到。的确，研究发现，经理们过于自信常常导致在高点实施回购。如股市在 2005—2008 年上升，回购计划大量和经常性发生；2009—2010 年股市下跌，大多数经理反而没实施回购计划。

“等待是更明智的，我们抱歉。”摩根 CEO JamesDimon 在 2011 年 10 月 13 日向股东们道歉，那一年的股票回购价位高了[3]。摩根的例子反映了该领域的学术研究。总之，

1　见 Chazan 和 Oakley（2013）文献。

2　沃伦·巴菲特 2000 年 3 月 1 日致股东的信。

3　见 Kopeki（2011）文献。

公司在不该买时买了[1]，也就是公司不成比例地在高价时大量买入，而在股价低时又减少了购买，公司对出售回购计划的股东给予了不成比例的奖励，以牺牲那些不愿意出售股份的忠实股东为代价。没卖的股东估计年度损失在 2%~3% 之间。

股份回购更有效的方式，是运用一种平均收入法来平滑不同时间的回购活动。平均成本策略为公司提供的回报，比按市场时点高 2%~3%。第一步：确定可用以回购的总钱数；第二步：每个月，买入固定金额的股票，不管市场价格怎么样。总之，公司钱多没用时，就应该回购一些股票。一旦确定了，就应该在一段时间逐步实施，不要想着那段时间能够跑赢市场。

本章小结

股利政策是财务政策很重要的组成部分，因为它在筹集钱和把钱返给投资人之间形成闭环。它确定了公司哪部分收益分给了股东，哪部分留在公司再投资。股利是公司定期向股东支付的款项，股票回购是公司将资金返给股东的一种替代方式，不存在一个算法，公司多少钱来分红、多少钱用来股票回购。本章的内容包括作出这些选择时的动因并列举了实证和研究文献：当公司没有好的投资机会时，就应该分红给股东，而不是留存大量累积的收益和大把的现金在账上。投资者一般认为，账上现金过剩是一种损失，他们也会担心这些现金会被滥用。当公司处于成长期并有新项目和业务投资机会时，应该保持最低分红。对于成长较慢的公司，也没有什么可能赚钱的项目可投，分红比例应该高一点。公司应该在分红和股票回购上保持一种平衡。分红应该稳定，一旦开始分红，就应该保持在一个水平上。同样，一旦公司增加分红，大家对未来分红的预期也会保持在那个较高的水平上。

股票回购一般是一次性把多余的现金贡献给股东，因此，回购为不定期分配提供了一种灵活性，公司不必承诺永远保持在那个水平上。回购表明投资者对股价有信心。鉴于稳定分红的重要性，对收益波动较大的公司应该多采用回购。

重要的是，派息要与公司股东的类型一致以及它的成长阶段和筹集政策相结合。在考虑把钱分回给股东的不同方式之前，经理们必须考虑公司未来的融资需求、公司现有的现金以及未来现金流预测，而且必须清楚分红及回购公告后对股价产生的重大影响。总之，股利政策的制定既要顾及投资者，又要为成长的机会保留财务上的灵活性。

1 见 Jiang Bin 和 Koller（2011），Bonalme、Hankins 和 Jordan（2013）的文献。

第九章

公司估值的主要原则

公司估值不仅取决于它为投资者贡献的现金流，还有那些现金流的时间以及风险。

估值对于经理人来讲，是他考虑剥离部分风险、寻求购买新的公司或资产，或者把公司的股权出售给外部投资者的一项重要技能。

重要的是，估值技术可以使经理人把精力集中在他们能够驾驭的驱动力，如运营效率上，从而影响公司的价值。

9.1
估值图

通常，公司估值有两种方：现金流折现法（DCF 法）和比较法（也称复合分析或相对估值法）。在这个大的分类下，又可以细分以下几种方法：

现金流折现法	相对估值法
回到公司的自由现金流	价格 / 收益比率（P/E）
进入权益的自由现金流	企业价值 / 息税折旧前收益（EV/EBITDA）
调整折现现值	企业价值 / 销售收入（EV/SALES）
股利贴现模型	价格 / 账面值比率（P/B）

现金流折现法中，主要用到的要素是现金流和资本成本（或折现率）；相对估值法中，主要的要素是选择合适的参照公司，准确计算所选的乘数。本章，我们围绕这些方法阐述。

9.2
用现金流折现法对一项业务估值

公司的估值取决于它产生的现金流，一个拟投项目也是如此，无论是一项资本支出、一个新产品上马、进入一个新的市场或者更新一个设备。老话常说：“现金才是实实在在的，利润是可以编造的。”所以用现金流估值，分清利润和现金流很重要。

利润（或收益）与现金流有很大的不同，如实现一项销售通常带来收入，但如果客户是赊销，那么，现金要经过一段时间才能收到。利润和现金流另一个重要的差别，是固定资产的交易处理。在会计科目上，建筑物和汽车等在一定的时间周期里分期折旧，只反映当期多少折旧费用；但事实上，汽车购入时现金已经流出，从这之后就没有买车的现金流出了。这也意味着计算现金流时，我们要还原这些不涉及现金流的交易。

公司估值最常用的方法是将流入公司的现金流折现（FCFF），本节将详细阐述。用这种方法，我们通过对公司生命期内流入的现金来确定企业或公司的价值[1]，然后从估值结果中扣除负债价值，得到权益的价值。另外，我们也可以用流入权益的现金流折现[2]、调整现值（APV）或股利贴现模型等方法，这些方法都是在 FCFF 方法下简单调整就可以得出。

下面我们详细描述用 FCFF 法对公司估值的主要步骤：

- 定义公司自由现金流；
- 预测未来的现金流和给出预测期间；
- 估计永续增长率；
- 确定适当的资本成本。

9.2.1 公司自由现金流的定义

公司自由现金流是指公司在缴完税金、满足投资所需后剩余的，可供全体投资人使用的现金。自由现金流也可以看作无杠杆现金流，因为它是可供全部投资人分配的所有现金，**包括债权人**，它也可以解释为没有债务公司的自由现金流（无债务公司或全资本金公司）[3]。

每年的自由现金流定义为：

$$\text{FCCF}=EBITDA-\Delta NWC-Taxes-CAPEX \tag{9.1}$$

or

$$\text{FCCF}=UnleveredNetIncome+Depreciation-CAPEX-\Delta NWC \tag{9.2}$$

- *EBITDA* 是公司产生的，在扣除利息、税金、折旧、摊销之前的收益。
- *NWC* 是本年营运资金减上年营运资金之差。
- *Taxes* 是应付税金，假定没有做债务避税，应缴税金 = 息税前收益 × 税率。
- *CAPEX* 是企业每年的资本性支出。
- *UnleveredNetIncome* 等于 $EBIT\times(1-Taxrate)$，税前收益 ×（1- 税率），也称

1 折现和现值可以交换互用。

2 在用 FCFE 时，我们只是把所有与债务（新发债、支付的利息以及分摊的债务）有关的现金流减掉，只关注权益现金流，然后将权益成本进行折现。还有一点很重要，就是权益成本反映一定的商业和财务风险，也跟 FCFF 法类似，要小心地做一下终值的分析。

3 利息费用可以税前扣除，这有效降低了债务成本（税盾）。在计算自由现金流时，把债务税收优惠扣除在外，可以避免重复计算税盾的影响，因为它在算加权平均资本成本时，算进来了。

税后经营性净收入（NOPAT）。

- *Depreciation* 是所有非现金的运营费用，包括折旧、折耗和摊销。

有两个可选的路径得出自由现金流。用公式（9.1），我们从息税折旧前收益开始，减掉营运资本差额（ΔNWC），得出运营现金流[1]；我们接着减掉应缴的税金以及必要的资本支出，最终得出自由现金流。用公式（9.2），我们从净收益开始[2]，加回折旧费用，因为它是不涉及现金的费用，只是为了算税；接着像公式（9.1），我们减掉本期的资本支出，还有净营运资本中的投资。如果两个公式用得正确的话，结果是一致的。

用 FCCF 方法时，我们不包括任何与债务相关的现金支出，债务成本以及与其关联的税盾都在计算资本成本时考虑了，这样一来，通过折现率影响公司估值。

9.2.2 预测未来的现金流

为了估计未来的自由现金流，我们需要编制未来几年的模拟损益表和资产负债表（英文简称 pro forma），以便我们在计算不同的科目时需要的 FCFF。

通常从销售收入开始，在预测未来年度的销售情况时，需要进行市场研究以及竞争分析，这样我们也可以计算出未来的销售增长率。然后，假设有关的经营毛利算出来了，我们还要预测销售和管理成本，有时就假设这些成本是销售收入的一定比例。有一点很重要，就是要想到未来年度的毛利可能高于或低于过去几期，因为以下因素的波动的影响：

- 产能利用率；
- 单位人工成本；
- 通货膨胀；
- 竞争——本地区及境外。

我们有了这些销售收入和各种成本的假设，就可以计算出每年预计的息、税、折旧前后的收益。

净营运资本也需要估计出来，可以用销售收入或每个客户一定金额的收入比率来算出，也可以根据项目的月发生额（如一个月的客户赊销额，两个月的存货量等），关键是注意净营运资本与上年度的变化。

折旧虽然不涉及现金，但也要估计出来。总体来讲，折旧会影响税，折旧反映了公司过去的资本支出，在整个设备的生命期内平均使用。

自由现金流另一个重要项目是资本性支出，它表示公司按照计划的收益预测，为生产产品或提供服务，需要进行的投资。如果公司不增长，那它的资本支出就等于折

---

1 其实，息税折旧前收益很接近经营现金流，但又不跟应付款、应收款以及存货有关的营动资本一样。

2 无负债的净收益是指公司没有任何债务（或与债务相关的税盾）产生的利润，它等于息税前收益 ×（1-税率）。

旧；如果资本支出等于折旧，公司保持现有的生产能力，就只能更新一下现有的设备。另外，我们假定净营运资本也保持不变，这样一年下来，公司的应收款、存货、应付款也将不变，自然而然，公司也不需要多的营运资金投入。这样一来，自由现金流就等于无负债下的净收益（NOPAT）。不管怎样，重点是要记住，公司业务要增长，资本支出一定也要增加。通常情况下，资本支出高于折旧，意味着总的净资产就会随时间而增加。

总之，我们要计算自由现金流，就需要预测公式（9.1）和（9.2）里的各项目。现金流的预测应该参照行业标杆、公司的分析，以及行业发展趋势、市场研究数据、竞争情况、公司发展战略等。显然，高质量投入是准确预测现金流的关键，最终是可靠的公司估值。

我们假设如下一家公司：

- 上年的收入 10,000 美元；
- 预计未来三年的收入增长分别为 5%、4%、3%；
- 预计成本是收入的 50%；
- 销售及管理费用为收入的 15%；
- 有效税率 30%；
- 净营运资本需求为收入的 5%；
- 流动资产为 2,000 美元，资本支出如下：

	XXX1	XXX2	XXX3
资本支出	$300	$294	$284

- 年平均折旧率为 10%。

无论采用哪种方法计算自由现金流，我们都必须做出一个预估损益表，以便算出应付税金以及其他几个计算自由现金流的要素。

基于以上假设条件，收入年增长分别为 5%、4%、3%，预估损益表如下：

（$）	XXX1	XXX2	XXX3
收入	10,500	10,920	11,248
成本	5,250	5,460	5,624
销售及管理费	1,575	1,638	1,687
息税折旧前收益	3,675	3,822	3,937
折旧	200	210	218
息税前收益	3,475	3,612	3,718
税金	1,043	1,084	1,115
净收益	2,433	2,528	2,603

由于公司的营运资本都是按照收入的 5% 来预计需求的，则每年的营运资本需求如下：

	XXX1	XXX2	XXX3
净营运资本	525	546	562
Δ 变动	–25	–21	–16

注意，为了估值用，只有营运资本的年度变动值（Δ）是相关的，如果营运资本值本年比下年增加了，意味着需要增加投资（上表第二行的负号就是）。预测的第一年，公司需要 525 美元的净营运资本（年收入有 5%），但公司一直需要按收入的 5% 测算营运资本，因为上一年的收入假设为 10,000 美元，净营运资本为 500 美元，这也意味着预测的第一年只需要增加投资 25 美元。其他年也类似，如第二年，公司需要营运资本 546 美元（第二年收入的 5%），这意味着需要 21 美元的新增营运资金。

采用公式（9.1），自由现金流的计算如下：

	XXX1	XXX2	XXX3
息税折旧前收益	3,675	3,822	3,937
– 净营运资本变动	–25	–21	–16
– 税金	–1,043	–1,084	–1,115
– 资本支出	–300	–294	–284
自由现金流	2,308	2,423	2,521

那么，采用公式（9.2），自由现金流的计算如下：

	XXX1	XXX2	XXX3
净收益	2,433	2,528	2,603
+ 折旧	200	210	218
– 资本支出	–300	–294	–284
– 净营运资本变动	–25	–21	–16
自由现金流	2,308	2,423	2,521

两种方法计算出来的自由现金流结果一样。

有一点要注意，就是我们没包括（或扣除）利息支出，因为目标是计算自由现金流，也就是可供股东（或资本的提供者）分配的现金，所有的利息及与债务有关的成本都包含在折现率——加权平均资本成本中了。这样一来，自由现金流的计算是独立于公司债务资本之外的，资本结构的变化以及与债务有关的税盾，都含在加权平均资本成本的计算中了。

9.2.3 终值和预测期间

因为公司都假定是永远经营下去的[1]，估值的时候通常分成两部分：明确的期间（也称预测期间）和终值（也称永续值）。

预测期我们计算每年预计的自由现金流，期间的长短各不相同，**没有一个标准固定值**，预测期取决于我们预估的公司增长前景，基本是看我们认为的公司按一个增长率增长的时间长度。逐渐的，公司达到一个成熟阶段，终值就可以计算。对成熟一点的公司，我们一般用 5 年作为预测期。对于高成长的公司，有理由假设它会长时间超越平均增长速度，也可以用 10 年。也有些业务或公司可能增长率更高，可以用更长的预测期。

终值就是估计到预测期的最后时的现金流，表示未来各期公司能够创造的所有现金流，标准的终值公式如下：

$$TV_t = \frac{FCFF_1 + 1}{WACC - g} = \frac{FCFF_1(1+g)}{WACC - g} \quad (9.3)$$

- TV_t 表示在 t 时间点的终值，重要是要记住，它是要折回现值的。
- $FCFF_t$ 表示在 t 时间点的自由现金流。
- *WACC* 是加权平均资本成本。
- g 是年增长率，假定它是永续的。

终值等于预测期每期末现金流的现值，永久来看，它是假定公司的现金流按照一年持续的增长率增加（它也可以是负数，如果自由现金流持续下降的话）。

假定我们预估了一家公司头 5 年的现金流，我们来计算它的终值如下：

	XXX1	XXX2	XXX3	XXX4	XXX5
净收益	2,433	2,528	2,603	2,653	2,706
+ 折旧	200	210	218	225	229
–CAPEX	–300	–294	–284	–270	–275
– 净营运资本变动	–25	–21	–16	–11	–11
自由现金流	2,308	2,423	2,521	2,597	2,649

我们假定 5 年后，每年 2% 的增长率，资本成本率 WACC 为 9.31%，我们就可以计算出 5 年的终值，因为公司之后一直保持 2% 的增长。

1 某些特别情况会知道一个年限，也就不用永久了。

$$TV_t = \frac{FCFF_1 + 1}{WACC - g} = \frac{FCFF_1(1+g)}{WACC - g} = \frac{2,649 \times (1+2\%)}{9.31\% - 2\%} = 36,963$$

终值36,963美元，是5年预测期每期现金流资本化得出的最后数值，重要的是记住这个值计算了5年，在计算现值时也用5年，这个例子中，现值等于23,685美元[1]。

9.2.4 永续增长

在上例中，计算自由现金流终值时用到持续增长（公式9.3），还必须是在预测期后的每年稳定的现金流，这个假设是现金流将以一个稳定的比率永久增长。

为计算终值，在财务报表中，大多数线性科目通常假定是按照稳定的比率增长。我们一定要记住，在计算最后的自由现金流时，必须知道资本支出和净营运资本。资本支出在稳定的状态下也要保持增长。首先，正常折旧资产的更新是必需的；其次，如果我们假定销售保持长期增长，公司也必须保持资产投入的增加。还有重要的一点就是，持续增长需要持续投入以及分红政策（见8.3.1节）。我们一般假定一个长期稳定的资产/销售比率，这也意味着资产的运营效率保持稳定。还有一个常用的假定是确定一个永久不变的资本支出对销售收入的比率。还有一种假定，就是计算自由现金流时，我们假定收入增长，但资本支出不增长，那我们就只能假定资产的利用率不断改善。净营运资本也是一样，如果假定公司业务不断增长，净营运资本的投入也要不断增加。通常假定一种净营运资本与销售收入之间的关联，如净营运资本用销售收入的百分比来表示并长期不变。

每个公司逐渐会进入一个成熟期，这时，增长会变得温和，经过调整某些细小的要素，可能也就是接近通胀率的水平。

重要的一点请记住，增长率很小的变动会引起终值较大的变化。表9.1列示了上例中采用不同增长率（WACC=9.31%）终值计算出的现值（已经折算到了零时点）。

表9.1 不同增长率下终值计算得出的现值

($)	1.0%	1.5%	2.0%	2.5%	3.0%
终值折现值	20,839	22,171	23,685	25,421	27,432

在正常情况下，当增长率假定为2%，现值等于23,685美元。但增长率如果为1.5%，现值降到22,171美元；如果增长率为2.5%，现值增到25,421美元。

这样的话，建议明确一个较长时间的稳定增长率[2]。长久来讲，没有公司能够比所有的公司都增长得快，这也就意味着增长率不可能超过名义GDP的增长（长期来讲）。

1 36,963美元5年的现值=36,963÷（1+9.31%）5=23,685美元。

2 可以用市场乘数来估计终值（这样，用自由现金流法得出的终值提供了稳健性测试）。通过可比上市公司市场乘数来估计终值，得出公司的估值，这种方法经常使用。考虑估值时终值的重要性，我们必须采用不同的方法来估值。市场估值时，乘数也常被用来计算增长率，在判断不同的长期增长率时，它也很有帮助。

也就是说，没有哪家公司能够比所有行业的增长快。总之，增长率不可能超越资本成本，大多数情况下，通常假定增长率为 1% 或 2%，这比较接近通胀率。但有些行业（比如固线电话），市场已经成熟，竞争使边际收益下降，有时假定长期增长率为负就是合理的。

◆ 学习重点

计算现金流折现时，永续增长的概念很重要，应该花大量时间研究它并进行敏感性分析。

9.2.5 通过现金流折现对公司估值

公司估值的第一步是预计每年的现金流，其次是我们要有明确的资本支出数。把预计的自由现金流放在不同的时段（t）并用加权平均资本成本折算成现值，这对于任何自由现金流折现都是有效的，包括资本支出预算、投资决策分析、公司分拆或并购时的估值等。

重要的一点请记住，折现的现金流是自由现金流（FCFF），包括所有资本提供者提供的现金，无论是股权还是债权。这时，我们对自由现金流折现，得出企业价值，它等于债权和股权价值之和。

$$EV = \sum_{t=1}^{\infty} \frac{FCFF_t}{(1 + WACC)^t} \qquad (9.4)$$

- EV 是企业价值，等于股权和负债之和。
- $FCFF_t$ 表示时间点 t 上的自由现金流。
- $WACC$ 是加权平均资本成本。

因为企业价值是股权加负债，所以在计算股权价值时，我们从中减去负债价值[1]。

$$EV=E+D;\ E=EV-D$$

- EV 是公司价值。
- E 是股权的市场价值。
- D 是企业负债的市场价值。

我们用一家公司以下的财务数据进行每股价值的估值：

- 公司上年的收入 10,000 美元；
- 预计收入增长每年分别是 5%、4%、3%、2%，5 年之后都是 2%；
- 商品销售成本为收入的 50%；

1 债权包括短期债和长期债。如果公司有表外的负债，我们在计算时也应该包括进来，如公司的养老基金分红。税后无抵押负债在计算股权估值时，也应该从公司估值中扣除，这意味着投资人在购入公司后，需要注入现金来支付它以消除这种无抵押负债。当然，这也降低了公司股权价值。

- 管理及行政费用为收入的 15%；
- 有效税率 30%；
- 净营运资本需求为收入的 5%；
- 流动资产为 2,000 美元；
- 资本支出计划如下：

	XXX1	XXX2	XXX3	XXX4	XXX5
资本支出	\$300	\$294	\$284	\$270	\$275

- 公司年折旧率为 10%；
- 5 年之后，自由现金流每年 2% 永续增长；
- 已发行股份为 850 股；
- 负债总额 10,000 美元；
- WACC 为 9.31%。

我们基于以上数据预测未来 5 年的自由现金流如下：

	XXX1	XXX2	XXX3	XXX4	XXX5
息税折旧前收益	3,675	3,822	3,937	4,015	4,096
– 净营运资本差	–25	–21	–16	–11	–11
– 税金	–1,043	–1,084	–1,115	–1,137	–1,160
– 资本支出	–300	–294	–284	–270	–275
自由现金流	2,308	2,423	2,521	2,597	2,649

在知道 WACC 和预测期间后，我们就可以得出终值。我们假定增长率为 2%[1]，计算终值如下：

$$TV_t = \frac{FCFF_1 + 1}{WACC - g} = \frac{FCFF_1(1+g)}{WACC - g} = \frac{2,649 \times (1+2\%)}{9.31\% - 2\%} = 36,963$$

有了终值，我们可以以 9.31% 的折现率，通过折现所有的现金流计算出企业价值，5 年后的终值也必须折现[2]。

$$EV = \frac{FCFF_1}{(1+WACC)^1} + \frac{FCFF_2}{(1+WACC)^2} + \cdots + \frac{FCFF_4}{(1+WACC)^4} + \frac{FCFF_5 + TV_5}{(1+WACC)^5}$$

$$EV = \frac{2,308}{(1+9.31\%)} + \frac{2,423}{(1+9.31\%)^2} + \cdots + \frac{2,597}{(1+9.31\%)} + \frac{2,649+36,963}{(1+9.31\%)^5} = \$33,270$$

1　重点是当公司在稳定增长时，现金流用终值计算公式。如果不是，那么，资本支出和净营运资本还要考虑进来。本例中，5 年增长率保持 2%，跟永续增长率一样，所以资本支出和净营运资本不用调整。

2　在用 excel 表计算现金流现值时，我们可以用 NPV（折现率，现金流）公式。主要是观察 excel 中的时间点，特别是第一年的现金流按 1 年折，第二年的现金流按 2 年折，以此类推。

企业价值（自由现金流折现之和与终值）估计出来为 33,270 美元，由于公司还有 10,000 美元的负债，减去后，股权价值为 23,270 美元。

公司总的股权市场价值为 23,270 美元。由于公司的股数为 850，那么，每一股的价值为：$23,270/850=27.38 美元。

9.3 私营公司估值

当对非上市的私营公司或分公司估值时，没有上市公司那样可用的数据来计算资本成本，β 值只适用于上市公司，那么，我们需要用到“单一业务公司”法，也就是用同行业的公司作标杆。如你如何计算一家咖啡店的股权成本，它同时也在海边卖冰淇淋？关键是要考虑我们有兴趣估值的生意存在什么风险，之后，我们找到同业公司，得出它们的估值，这会给我们股权估值时一个不错的参考。对于那个海边咖啡吧的例子，可以拿来参照的是餐馆或冰淇淋公司。我们也可以设想一个场景（如这个吧在加勒比海边），那么，海滨吧的相关风险可能跟航空业或酒店业关联起来。这种情况下，我们将能获得与公司同业的这些业务的风险。

◆ 学习重点

对私营公司估值时，资本成本可以通过参照同业进行估计。

重点是在用上市公司的 β 值作为参照时，要把它区分成两个部分：商业风险和财务风险。

9.3.1 资本结构的影响——公司风险随杠杆而异

公司筹资时，如何平衡权益资本和债务资本，会影响权益资本的成本以及它的 β 值，特别是利用债务融资会增加风险。这对债务所有人来讲，显然如此——债务成本上升提高了资本当中债务的杠杆，它对股权所有者也一样。重要的一点请记住，那就是股权所有者只对公司剩余现金流拥有索偿权。当公司杠杆很高时，公司的收益波动性也会上升。这样，当公司债务融资占比升高时，权益成本也会上升。反过来，如果公司没有负债，那对于股东来讲，相比高杠杆公司的风险会小很多。

当采用单一业务公司法时，我们须分清不同行业公司有着不同的股权和债务结构。

如果我们用其他公司作标杆取得 β 值去对某一投资进行估值，请谨记负债会增加公司的风险，这也说明即使同一行业，不同公司的 β 值也有不同。

下面的公式展示了权益成本与杠杆的关系：

$$r^L_{equity} = r^U_{equity} + \frac{D}{E} \times (r^U_{equity} - r_{debt}) \quad (9.5)$$

| r^L_{equity} 是有杠杆公司的权益成本，r^U_{equity} 是无杠杆公司的权益成本，r_{debt} 是公司债务成本，$\frac{D}{E}$ 杠杆是公司债务与权益市值的比例。

根据公式，公司举债会加大股东的财务风险，但是负债水平越高，股东的回报就会越高。实践中，下文提到的公式（9.8）说明了有杠杆公司的权益成本，包括正常商业风险补偿以及加杠杆带给股东的额外风险的补偿。

在 CAPM（资本资产定价）模型中，值也是同样的关系 [1]：

$$\beta^L_{equity} = \beta^U_{equity} \times \left(1 + \frac{D}{E}\right) \quad (9.6)$$

或：

$$\beta^U_{equity} = \frac{\beta^L_{equity}}{\left(1 + \frac{D}{E}\right)} \quad (9.7)$$

| β^U_{equity} 是有杠杆公司的 β 值，β^L_{equity} 是无杠杆公司的 β 值，$\frac{D}{E}$ 杠杆是公司债务与权益市值的比例。

根据公式（9.6），负债率越高，权益成本越高。把公式 [2] 变形得出无杠杆 β 值的公式（9.10），如果观察已知不同公司的有杠杆的 β 值 [3]，同样可以得出它们的未偿债务 [4]。

假设我们对一家非上市的航空业公司进行估值，用 40% 的负债和 60% 的股本，这家公司信用评级为 A，对应的债券息差是 1.5%，无风险利率是 4%，市场风险收益为 5%，我们查到的同业可比公司的数据如下：

可比公司	查到的 β 值	权益（百万美元）	负债（百万美元）
ABC	0.89	40,055	4,481
DSD	1.21	31,867	27,225

1　完整的公式包括债务的 β 值。实践中，通常假设 β 值为零，这样我们得出公式（9.6）。

2　还有一个公式是用（1–t）来计算有杠杆和无杠杆的 β 值，这在学术上比实践中讨论得多。学术上跟这里推荐相比还有不同的公式，是根据不同的假设下与税盾、债务的价值等有关的风险，实际上关系不大。其实我们对有杠杆和无杠杆 β 值用同样的公式，结果差不多，无论是否用（1–t）。

3　股票值可以从财务顾问公司那里查到，这些 β 值都是有杠杆的，它反映了一个公司商业风险和财务风险。这些免费的网站有雅虎财经、谷歌财经和《金融时报》等，路透和彭博也提供一些国际公司的 β 值。

4　实践中，我们几乎看不到无负债公司的 β 值，因为所有公司都有负债。

续

可比公司	查到的 β 值	权益（百万美元）	负债（百万美元）
FLF	1.11	29,222	4,454
ZBC	1.39	19,078	9,056

例子中，ABC 公司的值是 0.89，权益市值 40,055 美元，负债市值 4,481 美元。按照这些可比公司来对这家航空公司的权益成本估值时，我们一定要考虑到它们都有着不同的资本结构，所以查到的 β 值不仅反映它们在航空领域的商业风险，也反映不同的财务风险。如果用单一业务法对权益成本估值，我们要从以下步骤来做：

1. 查找出该领域可比公司的权益成本（或 β 值）：

可比公司	查到的 β 值
ABC	0.89
DSD	1.21
FLF	1.11
ZBC	1.39

2. 用公式（9.7）计算出可比公司无杠杆的 β 值（或权益成本）。

我们查到各公司有杠杆的 β 值（ β^{L}_{equity} ），再看一下它的负债对权益市值的比例（D/E），我们可以用公式（9.7）算出无杠杆的 β 值（β^{U}_{equity}）。

可比公司	查到的 β 值	权益（百万美元）	负债（百万美元）	D/E 比例	负债率 %	无杠杆 β 值
ABC	0.89	40,055	4,481	11.19%	10%	0.80
DSD	1.21	31,867	27,225	85.43%	46%	0.65
FLF	1.11	29,222	4,454	15.24%	13%	0.96
ZBC	1.39	19,078	9,056	47.47%	32%	0.94

3. 计算出可比公司平均的无杠杆的 β 值：

$$\beta^{U}_{equity} = \text{不同可比公司的}\beta^{U}_{equity}\text{平均值} = 0.84$$

4. 应用到我们这个公司的资本结构，用公式（9.6），以可比公司平均的无杠杆 β 值，计算出有杠杆的 β 值（或权益成本）：

如果我们用 40% 的负债和 60% 的权益结构，则有杠杆的 β 值计算如下：

$$\beta^{L}_{equity} = 0.84 \times \left(1 + \frac{0.4}{0.6}\right) = 1.40$$

得出适合公司资本结构的 β 值后，我们可以用 CAMP（资本资产定价模型）对权益成本进行估值：

$$\beta^{L}_{equity}=0.84\times\left(1+\frac{0.4}{0.6}\right)=1.40$$

如果无风险收益率为 4%，市场风险溢价率为 5%，权益成本就是 11%：

$$r^{L}_{equity}=4\%+1.4\times5\%=11\%$$

5. 用上面第 4 步的资本结构计算加权平均资本成本（WACC）如下：

$$\begin{aligned}WACC&=\frac{debt}{debt+equity}(1-t)r_{debt}+\frac{equity}{debt+equity}r_{equity}\\&=\frac{40}{(40+60)}(1-30\%)\times(4\%+1.5\%)+\frac{60}{(40+60)}(4\%+1.4\times5\%)\\&=8.14\%\end{aligned}$$

负债比率	权益比率	税率	信用息差	负债成本率	权益成本率	WACC
40%	60%	30%	1.5%	5.5%	11%	8.14%

我们用加权平均资本成本率 8.14% 去折现预测期公司的现金流，就能得出该公司在航空行业的估值。

总之，对非上市公司，我们采用单一行业法估值时，概括为以下步骤：

1. 先查找同行业上市公司；
2. 找出这些公司的 β 值；
3. 通过资本结构消除它们负债的 β 值，再计算平均无杠杆的值从而得出清晰的商业风险预测；
4. 通过参考公司的资本结构，得出公司有杠杆时的权益成本值；
5. 用第 4 步中的资本结构和计算出的负债成本和权益成本，计算加权平均资本成本率（WACC）。

总之，公司的权益成本要反映公司的资本结构，计算加权平均资本成本时也一样。

◆ 学习重点

单一业务法可用于任何非上市公司的估值，或当资本结构发生重大变化时公司的估值。

9.3.2 如何对不知道权益负债比的业务估值

在上面的例子中，我们已知公司有怎样的权益和负债。可现实情况中，我们不清楚一家非上市公司怎样的负债权益比更合适，我们可以看到它总的负债，但其权益的市值并不清楚（这也是我们要寻找的），这就很难算出有杠杆的值（上面第 4 步）以及 WACC（上面第 5 步）。

实践中，有两种选择解决这个纠结的问题：

1. 采用乘数（如市盈率、市账率、EV/EBITDA）得出公司的大约市场价值，用这个值算出负债与权益的比重，然后得出 WACC。

2. 开始用账面值计算 WACC（像上面第 4 步一样），然后对现金流折现。我们通过一个计算错误的 WACC（因为我们用的是账面值）进行现金流折现，先得出一个公司的估值；我们用得出的估值重新计算 WACC 中的负债和权益的比重，再用新的 WACC 对现金流折现来计算公司的估值；重复这一步骤直到 WACC 不再变动。实践中，我们需要 3 到 5 次才能算好。

总之，当对非上市公司估值时，我们一定先根据单一业务法估算出权益成本，再来调整不同公司的不同资本结构。估值公司的资本结构可能发生变化，我们也要考虑到这种情况。如果一家公司当下全部为权益资本，但管理层计划把资本结构调整为 50%~50%，再用无负债的假设就不对了，所以我们一定要计算权益成本，同时反映出商业风险和财务风险下的加权平均资本成本。

9.4 怎么处理现金、可供出售证券、非合并子公司

到目前，我们在进行估值时，都是用公司假定的未来所产生的现金流，这是对的。但如果公司目前账上还存有大量的现金，肯定要将它加到估值里面。分析员常常用以下的公式来算企业的价值：

$$企业价值 = 权益 + 负债 - 现金 \quad (9.8)$$

这也可以用权益来表示：

$$权益 = 企业价值 - 负债 + 现金 \quad (9.9)$$

$$权益 = 企业价值 - 净负债 \quad (9.10)$$

| 净负债等于总负债减去现金。

公式（9.9）简单讲就是公司的权益价值等于自由现金流的折现价值（企业价值）

减去负债，加上公司持有的现金。

假设上面 9.2.5 章节例子中，公司有 5 万美元的银行存款（除预计的现金流以外），那肯定意味着公司的权益价值比之前算出来的估值要高。那么，股东不仅享有未来现金流（我们计算出来是 33,270 美元），而且还可以使用这些现金。

该例子中，权益价值将会是如下结果：

$$E=33,270-10,000+50,000=73,270$$

这也意味着每股价值为 73,270/850=86.20。

◆ 学习重点

持有的现金可以在估值最后加进来，以确定最终价值。

同样的原则适用于可供出售的证券。公司有时可能投资于不合并报表的其他公司股份，这些投资（或收益）在计算自由现金流时显示不出来。

如 A 公司拥有 B 公司 20% 的股份，在对 A 公司自由现金流折现时，只包括了 A 公司的经营流入、资本支出等，B 公司 20% 的投资不包括在内，所以在对 A 公司估值时我们一定要考虑到这点并校正它的权益估值。一种方法就是把对这 20% 的估值加进来（可以通过现金流折现或采用它的市场价值，如果它是上市公司）。

$$Equity_A=EV_A-NetDebt_A+（B 公司 20\% 的价值） \quad (9.11)$$

- $Equity_A$ 是 A 公司的权益价值。
- EV_A 是公司 A 自由现金流折现后计算出的企业价值。
- $NetDebt_A$ 等于负债减 A 公司账面现金。

另一种方法是在计算现金流时，把从 B 公司收到的现金流（以分红形式）也计算到 A 公司的现金流里来，再折算成现值。

这一点可以用一个房地产的例子来证明，假设我们对 A 公司进行估值，它同时在一个公寓楼投资了 10%。我们有两种方法：

1. 在计算现金流时，把预期可收到的租金包括进来（全部收入的 10% 扣除相对应的成本）。

2. 在对 A 公司估值时，加上这个公寓楼市场价值的 10% 作为总的估值。

但我们不能同时采用两种方法，就是说既计算租金收入现金流，又算它的市场售价。

◆ 学习重点

当对不合并报表的所属公司（不出现在现金流预测中）估值时，我们一定要把它们的估值加到公司最终的估值当中。

9.5 用可比公司估值——乘数

到目前，我们一直聚焦通过现金流折现进行估值，还有一种常用的方法就是选取可比公司作为标准，通过分析它的乘数来估值。这涉及同行业的一些公司以及它们的交易状况，分析各种乘数。通常，会用到下列各种不同的乘数：

- Price/Earnings：每股股价 / 每股收益（或权益值[1]/ 净利润）；
- Enterprise value/EBITDA：企业价值 / 息税折旧前利润；
- Price/Book：每股价格 / 每股账面净资产；
- Dividend yield：每股收益；
- Price/Sales：每股价格 / 每股收入。

合理的乘数要看市场愿意为我们感兴趣的资产所付出的价格。

乘数法广泛应用于小的公司，它的现金流预测不大可靠[2]。另外，乘数法也常用于并购和首发上市公司现金流折现的一个补充，它是市场愿意为同类公司付出价格的一个重要参考。

9.5.1 乘数法估值的步骤

当用乘数法对一家公司估值时，我们遵循以下步骤：

1. 选择一个乘数（EV/EBITDA，PER，等等）。
2. 列出可比公司。
3. 计算出各可比公司的乘数，然后算出它们的平均值。
4. 用这个平均的乘数乘以公司的相应指标（如 EBITDA，如果是用的 EV/EBITDA）。

如我们用以下财务数据来对一家公司估值：

- EBITDA=40 百万美元；
- 净利润 =20 百万美元；
- 净负债 =80 百万美元；
- 已发行股份 =100 百万美元。

我们已经找出一家同行业可比公司当前的 EV/EBITDA 乘数为 8 倍，PER 为 14.5 倍。

1 权益价值是指上市公司在股票市场的市值，它是用公司发行在外的流通股数乘以当日的交易价格。

2 如在某些地方，我们就简单地用它们年收入的某个乘数（如 150%）。

EV/EBITDA 分析法： EV=40 百万美元 ×8=320 百万美元

由于公司负债为 80 百万美元，这就意味它的权益估值是 \$240（\$320–\$80）百万美元，那么，用 EV/EBITDA 方法得出的每一股的价值为 2.4 美元（240 百万美元 /100 万股）。

PER 分析法： 权益值 =20 百万美元 ×14.5=290 百万美元

那么，用 PER 分析得出的每股价值为 2.9 美元（290 百万美元 /100 万股）。

从上面的例子可以看出，不同的乘数会得出不同的估值结果，这是常见的，也是为什么用乘数法估值后，还要结合现金流折现估值。

9.5.2 乘数法与终值预估

乘数法也可以用来进行终值的预估（可对现金流折现法的估值结果提供稳健性测试），特别是可以不用之前的公式 $TV_t = \frac{FCFF_{t-1}}{WACC - g}$，我们可以用 EV/EBITDA 乘以可比公司的乘数计算得出。

假设我们已知可比公司价值是它的 *EV/EBITDA* 的 7 倍，那么我们可以计算出被估值公司的价值 $TV_t = 7 \times EBITDA_t$。

- $EBITDA_t$ 是被估值公司在第 t 年的 *EBITDA* 值。

用乘数法计算终值的方法经常被用到，根据估值中终值的重要性，我们必须采用不同的方法来估值。乘数法在市场估值中也被用来估计隐含的增长率，在判断不同长期增长率时也很有用。

9.5.3 选择什么乘数?

由于乘数法比现金流折现法要简单，它有时也被错误地使用。我们仅仅用可比同类公司观察到的数据和比率作为参考，当采用这种乘数时要小心，特别是与收益的时间相关的（像 EPS、净收益或 EBITDA）以及不同的会计准则。如我们用 EV/EBITDA 乘数，一定要确保所有的 EBITDA 是可比的、相同期间的以及在相似的会计准则下（否则，EBITDA 数字需要作出调整）。

◆ 学习重点

当计算不同公司的乘数时，谨记关注不同的会计准则和采用数据的期间。

选取什么样的同类公司会影响乘数。如两家航空公司，一家飞机是自有的，另一家飞机是租赁的，这种情况下，基于 EV/EBITDA 得出的可比乘数将是不正确的：自有飞机航空公司的 EBITDA 会比较高，因为飞机的成本是以折旧费用表现出来的（那么，飞机的成本显得低于 EBITDA 线）；反过来，租赁飞机的公司的 EBITDA 将会比较低，因为飞机的成本显得高于 EBITDA 线。这样一来，不同的资本结构、商业模式以及资产比重可能会使算出来的可比乘数不准确。

实践中，也许最常用的乘数是 EV/EBITDA。它的优点在于允许不同杠杆下的公司对比（它不包括利息费用，EPS 就包括），不同折旧政策下可控，有时 EPS 可能为负的情况下它也是正值。总之，关注 EBITDA，它最能反映经营现金流（只要营运资本没有大幅波动）。另外，有些行业已逐步有了建好的常用乘数，如原油行业，通常用 EV/ 储量作为乘数，这把企业价值与公司所有的总储量联系起来。石油公司在某些特别情况下，EBITDA 是表示目前的盈利能力，但通常情况下，未来的 EBITDA 与它们的探明储量有关[1]。

◆ 学习重点

EV/EBITDA 是最常用的乘数，但不同行业也有用其他乘数的。

9.5.4 乘数与公司的基本面相关

我们在选择一组可比公司作为计算估值乘数标杆时，要非常小心，要仔细考虑每一个公司的详细情况。原则上，选择盈利好、成长性好和低风险的公司，所以，一个公司被高估了的说法也是不对的，因为选择用来计算乘数的参考公司都是同行业内表现好于平均的公司。

◆ 学习重点

如果一家公司的乘数高于市场（或行业），并不意味着它被高估了。

公式（9.12）展示了一个稳定增长公司的 PER：

$$PER=\frac{P_0}{EPS_1}=\frac{\dfrac{EPS_1\left[1-\dfrac{RE}{Earnings}\right]}{r-g}}{EPS_1}=\frac{1-\dfrac{RE}{Earnings}}{r-g}=\frac{1-\dfrac{RE}{Earnings}}{r-ROE\times\dfrac{RE}{Earnings}} \tag{9.12}$$

- *PER* 是每股价格 / 每股收益之比，它是每股当前价格对预测的下年的每股收益。
- *RE* 是未分配收益。
- *Earnings* 是公司净利润。
- *g* 是增长率。

1　20 世纪 90 年代末期，大多数的互联网公司都是亏损的，EBITDA 大多也都是负的，分析员们想用乘数法估值时，需要些创新，计算乘数时的标准是"点击量"，公司估值依据的是访问它们网站的访客量（虽然没有商业模式将点击量转为现金流）。我们在用这些与收益或现金流无关的行业的乘数时要非常小心，总之整个市场允许一个部分被高估。

- r 是折现率。
- ROE 是净资产收益率，定义为净利润 / 净资产。

这样一来，公式（9.12）展示了高增长公司可能有着很高的 PER，这可以根据它的基础来调整（边际收益 / 净资产收益率，增长情况，资本成本）。确实，增长率提高了，整体比率就变大了。

同样的，提高折现率，这个比率变小，就意味着高风险的公司，由于资本成本较高，应该有较低的乘数。

◆ 学习重点

低风险、高增长或高边际收益的公司，会比同业的其他公司乘数要高。

9.5.5 同业公司组包含的公司数目

我们经常会发现，即使在相同的行业，由于商业风险、成本、增长潜力不同，也会有非常不同的乘数，这对何时采用乘数法估值很重要。我们不能盲目把所有同业公司都选来计算乘数并以此作为参照标准，其实这是我们在许多估值中常犯的一个错误，用一大堆的公司来算乘数，这些公司中许多并不真的相关。精心选取一小部分的可比公司（少于 10 家），比随机选一大堆公司更具有参考性。

◆ 学习重点

最好选取少一点的同行公司（选择风险、增长性和边际收益接近的公司），比大范围、散乱选取公司（即使它们是同行业）更具有参考价值。

9.5.6 乘数法估值中的关键假设

乘数法估值是用一组公司作参照，用它们的价值来推测我们感兴趣公司的价值。乘数法在生活中天天都用到，如房产交易，房产中介先说每平米的价格，然后用它作为“乘数”得出某一城市的房价。上一节我们强调了要选取适合的参照，确实，在房产交易中，我们也需选取类似房子作为可比的市场价格。

用乘数法估值比现金流折现（DCF）的方法要简便得多，但简便是有代价的，它完全忽略了参照公司的定价是否公平。确实，这点常被忘记，当我们根据其他公司计算出乘数时，我们即假定这些公司都是公平定价的，这个相似得出的乘数可以用在我们的例子中。但是，这会形成惯性，在公司估值时，如果整个股市是通胀的，用乘数法会造成高估。

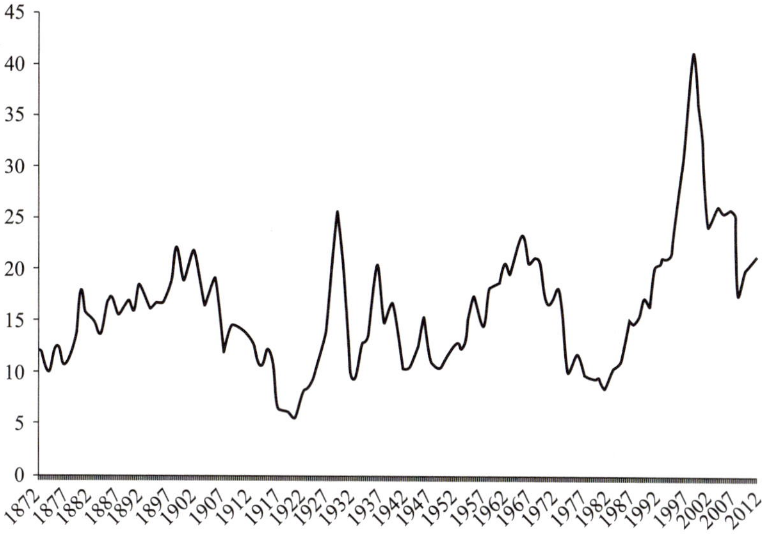

图 9.1 美国市盈率变化

来源：Robert Shiller 和 Data stream

图 9.1 展示了美国股市过去 140 年间市盈率（PER）的演变，市场乘数的波动清晰可见。如 20 世纪 90 年代“COM”泡沫破灭之前，整个市场的平均市盈率高达 40 倍。3 年后，下降了一半。这意味着如果我们用乘数法估值一家公司，同样的公司（现金流和公司基本面也一样）在市场高点和低点的市值相差两倍。这种情况会导致投资者用市场通胀时的乘数而多掏腰包，这时，用基本面或现金流就不一样了。

总之，采用乘数法估值只是对有关估值的一个比较，如果参照公司的价值不准确，那么，乘数法估值的结果也就不准确。

◆ 学习重点

市场乘数可能在不同时点有很大的不同，这也会对估值影响巨大。

本章小结

公司估值是个重要而困难的课题。本节，我们回顾了公司估值的不同方法，对现金流量法（DCF）进行了详细的阐述并讨论了许多实际应用的例子。我们也展示了乘数法在估值中的应用，讨论了实际应用的例子以及这种方法在应用中的缺陷。

我们建议估值时，最好采用现金流折现法（DCF），它的优点在于聚焦未来现金的流入并考虑了货币的时间价值。

公司估值必须考虑公司的资本结构以及资本成本，重要的一点是，资本成本不影响管理层或者说不取决于管理层，对投资回报率的要求是投资者的事，这包括购买公司债券（债权人）和购买公司股票（股东）两种投资者。这样一来，加权平均资本成本（WACC）作为一种市值的概念，管理层需要知道，以便为公司股东作出正确决策。作为私营公司或者大公司的分公司，在参照可比公司时，适合的折现率一定要估计好。

最后，任何估值进行完了，下一步就是敏感性分析。没有一种估值是全景合适的，但估值有误却比比皆是。估值背后有许多假设，在作决策时，需要知道它们的影响以及对公司估值真正的驱动因素是什么，这点至关重要。

现金流折现法使我们了解一项业务的经济活动，根据需要，我们把不同的信息或特别的观察结合在一起，作出价值判断。如我们在估计商业价值的时候，会考虑预期的运营收益，或者检测不同商业模式的差异，从而评估几个不同的管理建议。

一般来讲，我们建议在估值时，同时采用现金流折现法和乘数法两种方法，给出不同的可比结论，保证我们的估值更准确。如果两种方法得出的结果差别巨大，我们可以试着寻找差异，进一步分析。

第十章

通过并购创造价值

任何公司和管理者一生当中，合并和收购都是很重要的事项。本章，我们聚焦并购战略和商业考量，以及成功并购战略中一些需特别关注的关键驱动因素。

一项并购是否能够为投资者带来价值提升，估值是关键，因此，本章涵盖如下概念：

- 并购为谁创造价值；
- 在并购中，用现金流折现（DCF）进行估值；
- 协同的类型以及怎样考虑它们；
- 并购中，合适的折现率；
- 用乘数法估值以及以其他市场交易为参照。

请注意，这些原理也适用于资产剥离和公司的分拆。的确，当公司作出战略决定，剥离一项业务或资产时，它一定要知道怎样从这种交易中创造出价值来。这就意味着出售方一定要了解并购方的动机，如何最大限度地利用好这个交易。

10.1 并购市场

许多公司的发展战略规划都涉及扩张，无论是境内还是海外扩张，并购通常是实施这一战略的重要组成部分。

并购可以使公司实现跨越式发展，它常常涉及进入一个新的领域（或是地域上的，或是产品上的），如果做得好，可以产生巨大价值，但这需要艰苦地工作。确实，并购能否成功取决于**交易结构搭建**和艰苦卓绝的工作。

并购市场的发展用波形图描绘出来——有时重大并购潮达到波峰，一段时间则呈现平静状态。图 10.1 展示了美国自 1887 年到 2001 年间并购交易的历史数据。

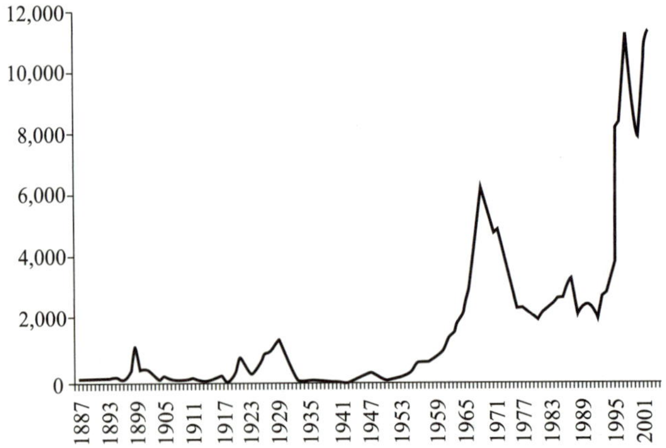

图 10.1　兼并浪潮

来源：Kummer 和 Steger（2007）

随着时间的推移，经验证据已经证明了几种对并购不规律的解释[1]：

- 经济扩张和股市上涨与并购活动高度关联[2]；

1　参见 Andrade、Mitchell、Stafford（2001），Betton、Eckbo、Thorburn（2008）两份关于合并的市场调研文献。

2　参见 Shleifer、Vishny（2003），Rhodes-Kropf、Viswanatchan（2004），Rhodes-Kropf、Robinson、Viswanathan（2005）几篇关于金融市场错误定价而驱动合并潮的讨论文章。

- 快速信用扩张期间引发并购潮[1]；
- 并购浪潮是对不同行业的创新和科技冲击的一种回应[2]。

研究也分析了跨境并购市场的演变[3]。除了上面提到的几个因素外，这个研究还关注了地域、文化、机构、投资者和汇率等变化的重要性。

◆ 学习重点

并购的发生呈波浪形——并购活动升到波峰，然后是一段平静期。

10.1.1 什么是敌意收购?

大多数并购是通过两公司的高层或董事会谈判开展的。当协议达成了，我们称为“友好交易”。敌意收购是为达到对目标公司的管理控制而进行的非友好的收购。

当友好的方式失败时，敌意收购会发生。这时，并购方会跨过目标公司的董事会和管理层，直接向股东喊话，股东最终能够决定是否出售、以什么价格出售。虽然被称为敌意收购，但从来都不是对股东有什么敌意。

10.2 并购的理由

并购有几方面好的理由，例如[4]：

- 扩大产品范围：两个公司合在一起，能够为消费者提供更多的商品选择，从而带来收益。

---

1 Maksimovic、Phillips、Yang（2013）文中提出，合并与收购大多数是由于上市公司的参与（而非私营公司）。

2 Harford（2005）撰文发现，合并潮的出现是对行业重整需要大规模资产重分配的反应。Schlingemann、Stulz、Walkling（2002）撰文发现，行业流动高时，公司更可能卖出资产。Eisfeldt、Rampini（2006）确认，流动性是资产出售顺周期的原因。

3 Rossi、Volpin（2004）撰文证明，公司治理水平低的国家或地区，其公司更容易成为跨境并购的目标。Massa、Matos（2009）调查了机构投资者在并购市场的角色：较高比例的境外机构股东抬高了跨境并购的收益。Erel、Liao、Weisbach（2012）发现，跨境并购更可以发生在地域相连、贸易往来较多的国家或地区之间。他们还发现，货币坚挺的一方更可能成为并购方，货币羸弱的一方为被并购方。Ahern、Daminelli、Fracassi（2012）撰文证明，并购更可以发生在同一区域、有共同的语言以及文化包容性强的国家或地区。

4 Hoberg、Phillips（2010）撰文证明，通过并购，目标公司实现产品补充、产品范围扩大，实现销售的增长和更高的运营收益。Bena、Li（2013）调查了合并双方的技术重合度，发现资源协同很重要。Akdogu（2009）调查了电信领域，发现公司通过并购能够增强竞争力。

- 扩大供应链：两个公司合在一起，能够延长供应链条、扩大地域活动范围，从而实现产品和服务的跨界销售。
- 提升生产能力：这种情况发生在目标公司拥有某种技术，并购可以使技术撬动公司壮大。
- 降低成本：通常，交易的合理性在于产生成本协同效应，两公司的合并使得商品或服务的最终成本减少。
- 形成定价能力：基于竞争地位的改善，如果它们最终带来更好的定价能力，则交易是合理的。

ABB-Baldor 并购案：2010 年，ABB 宣布收购美国电动摩托车制造厂 Baldor。由于两公司交叉的销售渠道存在巨大的协同效应，Baldor 可以让 ABB 使用它在美国现有的销售平台；同时，Baldor 可以借助 ABB 的全球供应链。另外，两公司产品的互补性可以使消费者拥有更多的选择。

Disney-Pixar 合并案：2006 年，Disney 以 74 亿美元收购 Pixar，将其变成 Disney 的子公司。两公司的合并产生了巨大的协同效应：合并后，两公司间的协作自由便捷，从而带来的更多大片上映；合并后，Pixar 每年有两部影片，这在合并以前是不可想象的，跟 Disney 成功的广告宣传、市场营销、商业推广融在一起。

Exxon-Mobil 合并案：1999 年，Exxon-Mobil 签署了 810 亿美元合并协议组建 Exxon-Mobil，成为世界最大的公司。这一合并带来的重大协同效应有两方面：运营协同（提升生产和销售，降低单位成本，运营互补能力），资本效率的改善（销售效率，降本，管理共享），还有就是两公司在油气田技术方面的协同效应。

尽管许多并购都很好，但有时也因某些错误的原因发生：

- 自负；
- 盲目扩张；
- “战略”并购。

错误的原因很常见，而且在一定程度上是相互关联的。的确，由于 CEO 常常对做大集团感兴趣，制定出了拓疆扩土的战略，也不管是否有协同效应，而并购交易是有损公司价值的。另外，自负也是造成并购失败的一个重要原因，由于 CEO 过于自信而跟进风险交易，从而代价太大[1]。许多情况下，很简单都能看出交易没有商业价值或价格太高，这些情况下，对并购带来的益处进行理性分析，并不能证明为收购公司支付的溢价是合理的。通常在这种情况下，我们就要看该交易“对我们的战略意义，如果不

1　Malmendier、Tate（2008）记载了并购企业 CEO 过于自信而对企业产生不良回报。Fernandes、Ferreira、Matos、Murphy（2013）研究发现，在美国，更多并购公司的 CEO 薪酬较高。Fu、Lin、Officer（2013）也关注一个治理问题：并购企业 CEO 为他们自己发放了大笔的奖金，尽管股东们面对较差的业绩。Goel、Thakor（2009）开发并测试了一个模型，证明嫉妒心越强的 CEO 越愿意通过合并扩张，与嫉妒心弱的 CEO 比，会支付更大的溢价。另外，Masulis、Wang、Xie（2007）研究发现，并购能摧毁那些管治较弱和管理固化公司的价值。

做才疯了”。有些经理人倾向于，一旦交易被称为“战略”，就会为我们的股东创造价值——事实并非如此。

戴姆勒奔驰与克莱斯勒合并案：1998 年，德国汽车制造商戴姆勒奔驰对美国汽车制造商克莱斯勒进行了 360 亿美元并购交易。当时来讲，这是美国历史上最大一笔被国外公司并购的交易。7 年后，戴姆勒仅以 70 亿美元售出这一美国品牌。合并的第一年，戴姆勒・克莱斯勒由于集中采购和后勤功能节约了 10 亿美元；但这之后，戴姆勒和克莱斯勒之间出现了重大的协调问题，在设计以及研发等方面没能产生合并后的协同效应，两个来自不同国家的公司，以不同的语言和生活方式聚在一起，没有协同一致性，只是因当时（1998 年）[1] 戴姆勒奔驰的总裁 Jurgen.Schrempp 的扩张欲望造成的并购，在零部件、配件、车架等方面都没有多少共享，克莱斯勒的亏损一直到再剥离都在持续。

Sprint 与 Nextel 合并案：2005 年，Sprint 出价 360 亿美元成为电信公司 Nextel 的控股股东，该交易的出发点是通过合并快速追赶 Verizon 和 AT&T。但是，无线技术的不可比性以及文化上的冲突使它未达到目的，合并后，Nextel 管理层离去、许多员工被解雇，损失巨大，公司的股价一落千丈。

AOL 与 Time Warner 合并案：2000 年，美国在线（AOL）在网络股泡沫高峰时以 1640 亿美元收购了 Time Warner。这一超大合并后不久，网络股泡沫破灭，造成 AOL 重大减值，导致 2002 年损失达 990 亿美元，这是公司有报告以来最大的年度亏损。另外，合并后的公司没有实现大众传媒和互联网内容的融合，并且 AOL 高管们在互联网领域的专业知识，未能转化为管理一家拥有 9 万名员工的媒体集团的能力。

Quaker Oats 与 Snapple Beverage 合并案：1994 年，Quaker Oats 以 17 亿美元的代价并购了 Snapple 公司；27 个月后，又以 3 亿美元将其售出，损失 14 亿美元。Quaker Oats 管理层认为，收购能带来大型零售企业的关系，但是 Snapple 公司的销售来自较小的渠道，如加气站。并购公司还改变了 Snapple 公司的广告，使之前深入顾客心中的广告形象被换掉了；同时，可口可乐和百事可乐趁机推出大量竞争产品抢占 Snapple 在饮料市场的地位，至 Snapple 剥离日为止，它的收入跟被并购前相比下降了 40%。

HP 与 Autonomy 合并案：2011 年，Autonomy 被 HP 以 110 亿美元的代价收购。1 年后，HP 计提了 88 亿美元的减值，HP 的首席运营官和 Autonomy 的创始人成为一系列诉讼行动中的八名被告之两位，他们被指尽职调查疏忽、高估资产，HP 的董事长以及服务期限最长的董事们都辞职了。

10.2.1 并购在何时创造价值？

并购被许多公司视为价值最大化以及创造持续竞争优势的一项重要战略要素，还

---

1 资料来源：Dave Healy，Burnham 证券分析师。

有超过 50% 的并购不成功，本想为公司创造更大价值却损害了公司价值，为什么？

◆ 学习重点

如果代价过高于基础价值，交易将有损收购方的价值。

在解释一项合并是否创造了价值时，估值工作发挥了关键作用。对一个公司的估值不仅取决于它能带来的现金流，还要看这些现金流的时间和风险。对并购方来说，价值创造意味着该交易对并购方股东是合适的，股东能从中获得一些利益。并购背后的逻辑是这样的：

$$\text{A+B 的价值} > \text{A 的价值} + \text{B 的价值} \tag{10.1}$$

- A+B 的价值 =A 公司与 B 公司合并后的公司的价值。
- A 的价值 =A 公司单独的价值。
- B 的价值 =B 公司单独的价值。

价值创造就是通过并购使合并后公司的价值高于两个公司单独的价值，这通常发生在上面所讲的“好理由并购”情况下。但是，这取决于目标公司最终的并购金额。在收购方和出售方股东中，并购收益可能并不是均衡的分配。确实，即使合并产生价值，如果收购方代价过高的话，也会有损它的价值，这是大多数并购失败的主要问题：对目标公司业务的经济性、两公司合并所能产生的价值，缺乏事前的了解，合并通常由收购方基于上述“错误理由”而进行。由于估值在并购界分别输赢所扮演的重要角色，本章也讲述了并购当中公司的估值方法[1]。主要的分析是根据流入公司的现金流折现法，对其他方法如可比公司交易乘数及市场同行业乘数也进行了分析。

10.2.2 实践证据

多年以来，有许多关于并购为买卖双方创造价值的研究。大量证据表明，并购的大多数收益以溢价的方式到了目标公司股东手里。一般研究发现，在并购公告期间，收购方的回报是负的，这也可以解释为价值毁损[2]。另外一些就收购方股东长期回报的趋势分析，表明收购方的回报是负的[3]。

◆ 学习重点

实践证据表明，并购的大多数收益以高溢价的方式到了目标公司股东手里。

但有一些交易的特征与并购的高回报或低回报有关。实践研究证明，合并创造价

1 关于公司估值的详细情况，请见第九章。

2 参见 Andrade、Mitchell、Stafford（2001），Betton、Eckbo、Thorburn（2008）关于并购收益的大量调研文献。

3 参见 Loughran、Vijh（1997）关于并购长期所产生的回报的分析。

值，取决于一系列的因素[1]：

- **公司规模**：大公司通常作出更差的交易，投标人公告出来的收益与公司规模负相关。
- **杠杆**：采用杠杆的公司通常做出较好的交易，投标人公告的收益与投标人收购前的杠杆正相关。
- **多元化**：并购聚焦在公司的主营业务会提升股东价值，但多元化的并购通常有损价值。
- **交易规模**：当交易规模相对于收购方公司规模来讲很大的话，回报更多为负。
- **支付方式**：对收购方公司来讲，现金支付会对公司的股价产生正面反应，换股支付方式一般会在收购方产生较低回报。
- **现金流水平**：现金多的公司作出的交易不见得好，高水平的自由现金流引起扩张收购，投标人收益与现金流对股权比率之间存在已实证的负相关。
- **公司是否上市公司**：非上市公司比上市公司做得将更好且有较高的协同效应。
- **文化差异**：不同国家和地区的巨大文化差异与并购效果较差相关。

10.3 并购当中的估值

并购中的公司估值，最常采用的方法是自由现金流法。这种方法下[2]，我们想确定企业价值或对公司估值，通常是把公司整个生命期内所有现金流进行折现，然后，我们把债务估值从最终的企业估值中减掉，得到权益价值。在现金流折现法下，我们一般假定公司是永久存在的，所以在分析时分两段（或更多）：①确定一个明确的期间；②计算出终值。在预测期间，我们对计算现金流的不同项作出明确预测，预测期最后的终值估计出来，将各期未来现金流进行折现。

在并购中，采用自由现金流对公司进行估值时，两公司合在一起带来的潜在价值资源或称协同，是确定估值的关键要素。重要的是，现金流折现法对公司估值可以计

1 参见 Martynova、Renneboog（2011），Ahern、Darminelli、Fracassi（2012）关于合并回报不同决定因素的分析。

2 或者，我们可以用权益自由现金流法（FCFE），这只是本章讲述过主方法 FCFF 的稍微变形。在 FCFE 下，我们聚焦在扣除所有与债务、利息费用、摊销有关的现金流后，流向权益所有者的现金，权益自由现金流按权益现金流折现。重要的是，权益成本要反映出合适的商业和财务风险。

算协同产生的价值。现金流折现时，通常考虑两种场景：单独估值和协同估值。

10.3.1 单独估值

单独估值涉及目标公司自身预计产生的现金流，这些基本现金流不包括由于合并所能带来的利益。我们必须以目标公司的业务计划、市场竞争分析、经济和行业总体增长情况为基础来预测现金流，按照以下步骤进行：

1. 根据当前工作计划，结合行业趋势及竞争地位，分年得出自由现金流。

2. 以加权平均资本成本（WACC）为折现率，将预测的目标公司现金流折现，可以得出单独公司的企业价值。

3. 企业价值估值减掉债务净值，就得出权益净值。

如果是上市公司，单独估值的结果可以跟目标公司的市场价值对比，这样也可以评估一下是高估了，还是低估了。一般讲，如果资本市场是有效的，这种单独估值的结果不应该与目标公司当前的市场价值有太大的差异（如果是上市公司）。大多数情况下，目标公司不可以出现过高或过低估值，这种单独估值校准方法也可以使收购方去了解一些目标公司投资者的看法[1]。

因此，单独估值为投标人在谈判中报价提供了一个底价。另外，目标公司的理性股东应该不会同意公司以低于单独估值的价格出售。

10.3.2 协同估值

大多数并购背后的想法，是通过两公司的合并协同运营带来高于目标公司的现金流。当投标方面对目标公司的报价时，它需要考虑可能的资源价值以及它们值多少钱。确立了单独的估值，我们把各种协同加进去，的确，两公司的合并呈现出收入增长，同时，由于优化运营如采购、管理性费用等来降低成本。当我们把这些协同运营融合起来转成现金流，得出协同下的自由现金流，再把这些协同的自由现金流用资本成本折现，得出全协同效应下的目标公司全部价值。

主要的协同资源通常包括以下方面：

- **商品销售成本**：当两个机构合并，往往经济规模、不同功能加强等优势体现，这使合并后的公司变得更有成本效率；还有就是由于合并后的机构在供应链上议价能力更强，所以在采购相关活动中存在潜在降低成本的可能。
- **销售和管理费用**：对于合并双方公司来说，销售和管理费用存在一定程度的重叠。如两家上市的贸易公司，合并后只需要一个投资者关系部门、一个 CEO、一个人力资源部门等。那么，大多数合并后公司的销售和管理费用会下降的假

1 如估值关键因素是折现率和永续增长率。在进行市场估值中，我们可以用单独公司模型逆向设计市场估计的这些关键要素。

设就是合理的，销售管理费用降低的水平取决于买卖双方重叠（包括地理上）水平。的确，如果两公司同处一地，合并能够降低成本是潜在的。无论怎样，如果公司处在同一地区和行业，合并能够产生较大的协同性。

- **资本支出：**公司合并还能够在资本支出上受益。这种情况常发生在制药行业，合并可以使研发成本方面的资本支出大幅下降，因为许多药品的开发目录单都是重叠的。
- **销售：**销售的协同性与可能的产品或服务的交叉销售相关，两公司合并能带来新的市场或在现存市场实现较高增长。如通过共享分销网络或为顾客呈现点对点更好解决方案，通过提供更多、更好的产品（服务），新机构可能收入增加（与单独公司相比）；也由于减少了竞争者或提高了市场份额，可能带来营收的协同效应。
- **净营运资本：**可能由于优化库存，从而影响到对供应商的付款条件，或由于合并导致信贷条款不同，这些都可以影响协同价值。
- **税收：**与税收优化有关的财务收益也常有（如商誉摊销），税收方面的益处可利用以前年度经营亏损来弥补。如果是盈利的公司收购亏损的公司，收购方公司可以降低税负。还有，公司有时可在并购后提高摊销和折旧费用，来提升公司价值[1]。

每一笔交易所产生的协同效应不尽相同，如 Glaxo 与 Smith Kline Beecham 在 2000 年合并的案子，研发费用和收入的协同是核心。

站在 Smith Kline Beecham 的角度来看此收购，我们关注收入，因为产品的成本相对于开发的药是很小的，能提升收入就很好。在医药行业，真正驱动收入的是研发。新技术的发展带来大量机会，与 Glaxco 的合并，如我们说研发协同，可以节约 5 亿美元，把这 5 亿美元再投入自身的研发，那才是并购真正意义所在。

在其他的例子中，并购背后最大的驱动力是成本协同效应，通过资产更加有效的使用来降低成本。如 2008 年，Delta 航空公司与西北航空公司公布合并协议，组成当时世界上最大的商业航空公司。由于飞机更加有效的使用带来成本协同效应，通过更多的综合航线管理系统（两个机队都能更好使用），该交易带来 5 亿美元成本节约协同——管理费用降低了，运营效率也改善了，从而成本协同效应有了[2]。

要达到各种不同协同效应，就要求对公司的运营和业务作出严密的分析。在这些协同被分辨出来后，通常会逐步去实现，正常情况下要两三年时间。按照经验法则，

---

1 Devous、Kadapakkam、Krishnamurthy（2009）实证分析了 264 起大型合并，预计合并后的企业获得大约平均 10% 的协同收益。当他们把收益分解为运营和财务协同收益时，发现合并产生的大多数价值是提升了资源配置，而不是降低税收。

2 JanLeschly，Smith Kline Beecham CEO，2000 年 5 月。

如果协同效应三年不见效，那也就不会有效了！一旦决定要合并了，重要的是合并前就要预测合并后的融合计划。的确，最终合并创造的价值，体现在这些协同定义的价格。如果合并后没有完全推行这些措施，合并肯定不会为收购方创造出价值。

在算出协同下的自由现金流后，假设充分利用协同效应产生的价值与协同效应[1]，我们用加权平均资本成本（WACC）折现，得出目标企业的价值。

如果所有按计划的协同都实现了，对收购方股东来说，这一协同价值就代表目标公司的全部价值。那么，它也表示买方应该支付卖方公司的最高价。当然，大多数投标人都不想把合并所带来的利益全都给到被收购方。

◆ 学习重点

对收购方股东来讲，价值创造只有当它支付给目标公司的价格低于协同所带来的全部价值时才能实现。

这些协同效应怎样在买卖两方划分是谈判的主要问题。的确，我们应该在收购方公司与目标公司之间明确一个协同效应分割的目标（不一定完全相同），当购买价格高于单独公司价值、低于协同后的价值（见图 10.2）时，对买卖双方都产生了价值。

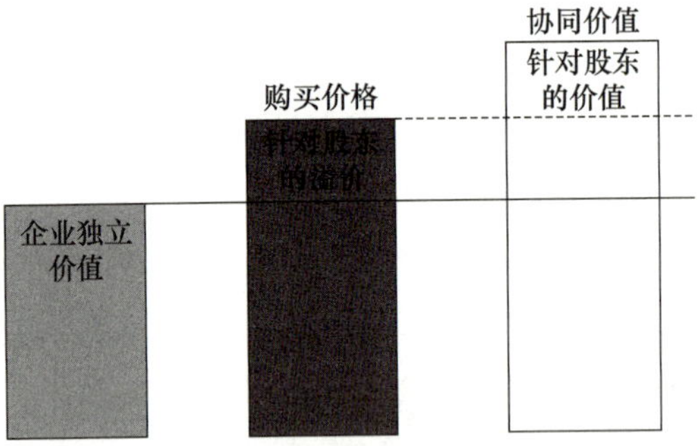

图 10.2　协同价值：给买方和卖方创造的价值

准确说，因为协同价值比单独公司的价值高，买方向目标公司股东支付一定的溢价也正常。重要的是请记住，协同效果好的时候，溢价可以高些；而当协同效果较小的时候，溢价要低一些。

无论怎样，如果收购方支付的代价高于协同价值，目标公司的股东将会受益。这种情况下，对收购方公司的股东来讲，合并将会是一个有损价值的投资。

◆ 学习重点

如果卖出方接受低于协同价值的价格，那会是一个双赢的结局。否则，购买

1　从企业估值到权益估值可以直接用：企业价值 = 权益价值 + 债务 − 现金或权益价值 = 企业价值 − 债务 + 现金。

方就走开吧，别浪费股东的钱。

除了买 / 不买的决策，估值分析的目的是谈判。如果我们清楚了价值底线、做好敏感性分析[1]，那么，谈判桌上出现新情况时，灵活性就大大提高了。

10.3.3 在并购中用加权平均资本成本来计算

折现的基本原理是在现金流预测中所涉及的风险，应该补偿给投资者的折算比率。在一项并购中，分析现金流，即买方最终感兴趣的目标公司的现金流，采用适当的折现率是对目标公司进行估值的一个重要步骤。

◆ 学习重点

当有疑问时，先看钱去哪儿了，而不是钱从哪儿来。

如果目标公司和收购方处于同一行业、同一区域、生产同样的产品，它们可能面临同样的商业风险。这种情况下，除非两公司的资本结构迥异，采用加权平均资本成本作为折现率是可以接受的。但是大多数情况下，目标公司的 WACC 更适合作为折现率，因为它反映了投资人针对目标公司现金流涉及风险所要求的风险溢价。

重要的是请记住资本结构起到的作用。负债越多的公司，权益成本越高（β 值），因此，如果目标公司比收购方或行业内一般公司的杠杆高太多，那么，它的权益成本也可能会比较高。

如果并购方公司是非上市公司，我们要按照“单一经营法”，用可比公司的权益成本来估计[2]。这种方法下，我们把其他公司的信息用到目标公司来得出适合的折现率，对目标公司的业务和财务风险作出可靠的估计。

假设收购方公司正在考虑购买目标公司，双方处于同一行业，交易会带来较大的预期协同。

合并前，目标公司的财务数据如下：

- 上年收入 10,000 美元；
- 未来 5 年预计分别增长 5%、4%、3%、2%、2%；
- 销售成本占收入 50%；
- 销售及行政费用为收入的 15%；
- 有效税率 30%；
- 净营运资本需求为收入的 5%；
- 流动资产为 2,000 美元，资本支出计划如下：

1 参见 4.5 部分有关敏感性分析的应用。

2 参见第九章 3 节。

（美元）	XXX1	XXX2	XXX3	XXX4	XXX5
资本支出	300	294	284	270	275

- 折旧率 10%/ 年；
- 5 年后的自由现金流按每年 2% 增长计算；
- 流通股数 850；
- 总负债 10,000 美元；
- WACC=9.31%。

采用以上数据，我们可以估计出单独的目标公司 5 年现金流预测：

	XXX1	XXX2	XXX3	XXX4	XXX5
息税折旧前收益	3,675	3,822	3,973	4,015	4,096
净营运资本变动	–25	–21	–16	–11	–11
税金	–1,043	–1,084	–1,115	–1,137	–1,160
资本支出	–300	–294	–284	–270	–275
自由现金流	2,308	2,423	2,521	2,597	2,649
终值					36,963
现金流现值	2,111	2,028	1,930	1,819	25,382

这些估计是基于单独情形下销售、成本、行政费用逐年增加，如第一年的息税前收益 3,675 美元就是用收入 10,500 美元（上年 10,000+5% 增长），减去与这些收入相关的成本和费用（成本为收入的 50%，行政费用为收入的 15%）。因为净营运资本按收入的 5% 计算，所以，每年的净营运资本需要补充。接下来，我们还得根据上述假设，考虑公司每年应付的税金，最后减掉每年计划的资本支出得出自由现金流。

请记住折现率是目标公司的，即现金流风险也在（目标公司 WACC 是 9.31%）。根据这些自由现金流数据，单独的目标公司的价值如下：

单独估值总结		
预测期内的现值	$9,586	28.8%
终值折现的现值	$23,685	71.2%
企业价值	$33,270	100%
– 净负债	$10,000	
权益价值	$23,270	
每股价值	$27.38	

这样，单一经营法下，目标公司的价值差不多 33,270 美元。企业价值是指整个公

司相对于它的资本提供方（包括债和股）的价值。由于目标公司有一笔净负债（负债－现金）10,000 美元，股本价值估为 23,270 美元，目标公司在外发行股数为 850，所以，在单独经营法下，每股的价格是 27.38 美元。

把协同效应引入模型。在并购方新的管理层领导下，目标公司的经营会变得更有效率，也可提升它的分销能力。假如改善后下一年分销能力提升 500 美元（上述的增长率没有变化），成本方面的协同：成本下降为收入的 48%（之前是 50%），按照经营规模，销售及管理费用将下降 1%~14%（之前是 15%）。

我们通过自由现金流的分析来找出协同效应的价值，特别是我们可以建立包含协同效应的目标模型，然后与单独公司的价值进行比较。

根据以下协同效应的假设，目标公司的协同效应后预计损益表如下：

（美元）	XXX1	XXX2	XXX3	XXX4	XXX5
收入	11,000	11,440	11,783	12,019	12,259
成本（不含折旧）	5,280	5,491	5,650	5,769	5,884
销售及管理费用	1,540	1,602	1,650	1,683	1,716
息税折旧前收益	4,180	4,347	4,478	4,567	4,659
折旧	200	220	229	236	240
息税前收益	3,980	4,127	4,249	4,332	4,418
税金	1,194	1,238	1,275	1,299	1,325
净收益	2,786	2,889	2,974	3,032	3,093

合并后的结果是，收入从 10,500 增长到了 11,000，成本下降（营业成本和销售管理费用均比合并前下降），这也导致了息税折旧前的收益上升，因此，由于这些潜在的协同效应，我们可以计算出协同效应的折现值如下：

（美元）	XXX1	XXX2	XXX3	XXX4	XXX5
息税前折旧前收益	4,180	4,347	4,478	4,567	4,659
净营运资金增长	−50	−22	−17	−12	−12
税金	−1,194	−1,241	−1,278	−1,303	−1,329
资本支出	−300	−294	−284	−270	−275
自由现金流	2,636	2,790	2,899	2,983	3,042
终值					42,453
自由现金流折现	2,411	2,335	2,219	2,089	29,152

因此，目标公司协同价值用自由现金流折现按以上方法计算。

协同效应下估值总结		
预测期内的现值	$11,005	28.8%
终值折现的现值	$27,202	71.2%
企业价值	$38,207	100%
– 净负债	$10,000	
权益价值	$28,270	
每股价值	$33.18	

采用之前同样的折现率 9.31%，我们得出企业价值为 38,207 美元，这跟之前的 33,270 美元相比，差异就是协同带来了更高的效率和生产率，这个企业值转为每一股的价格为 33.18 美元（28,207/850 股）。此案例中，协同产生的总的价值，用现值来说，就是企业有或没有协同效应。

协同效应的企业价值	$38,207
单独企业的价值	$33,270
协同效应值	$4,936

上述合并案例中，潜在价值提升大约 50 亿美元，每股 5.81 美元，这一价值在买与卖两方怎么分享取决于最终的对价。显然，买方不想把协同效应价值的 100% 都给目标公司（也就是每股 33.18 美元），那个价格下，协同效应净现值都归目标公司的股东了（他们卖出了股份），收购方并没有价值产生，即使所有的项目协同效应都达到了。

如果收购方打算将协同效应带来的价值 30/70 分开（只付给目标公司股东 70% 的协同价值），那它就会报出一个介于两个价值中间的价格（单独公司估值和协同效应估值）27.38 美元和 33.18 美元。

溢价分析	
100% 协同下的现值	$4,936
100% 协同下每股	$5.81
单独公司每股价值	$27.38
归属收购方协同效应的百分比	30%
归属目标公司的协同效应的百分比	70%
每股报价	$31.44
溢价比	15%

按照上面的例子对协同产生的价值 30/70 分开的话，31.44 美元的报价已经是在之

前的价格上溢价 15% 了。如果收购方报价 27.38 美元，则溢价为 0。这时，收购方没有给目标公司股东任何协同产生的价值，而是全留给了自己。反过来说，如果收购方报价 33.18 美元给目标公司股东（溢价 21%），那它没给自己留一点协同带来的价值。

◆ 学习重点

协同性越高，需要支付的溢价越高，但同时也为收购方创造了价值。

10.4 其他估值方法

现金流折现通常来讲是大多数并购中优先选择的估值方法，因为它能清晰地对协同效应估值，但同时也有其他一些可选择的方法，可以作为现金流现折分析法的补充，包括当前市值、市场和交易乘数以及之前支付过的溢价等。

10.4.1 目标公司当前市值

当我们谈及一项并购的价格，目标公司的当前市值通常是“地板”，即最低可接受的价格。确实，如果一个目标公司的董事会同意以低于市场的价格出售公司股权的话，会是很不正常的[1]，通常需要支付溢价，溢价是协同价值的体现（见上例）。对合并所带来的重大协同效应，即使溢价支付大一点，也还是能为收购方创造出价值来。

10.4.2 市场乘数

当对一个公司进行估值，通常我们会分析可比公司的交易乘数作为标杆，这会涉及分析同行业的各种公司的数据。

主要的乘数有 EV/EBITDA、P/E、P/B，乘数分析法背后的逻辑是看当前市场上类似资产在初估值时的价格。

我们用乘数作为标杆估值之前，关键是划分可比公司组并考虑其中每一个细节。通常从列入表中的可比公司得到乘数并将它们加权平均，在这一过程中，关键是找出异常值，还有就是可比公司的选择可不是一件小事。确实，乘数对下列公司来讲，常

1 确实，按照 Baker、Pan、Wurgler（2012）文献，目标公司股东不可能接受低于过往一年公司在股市的最高价格表现。

常会比较高[1]：

- 高增长；
- 高边际收益；
- 低风险。

重点是考虑何时采用乘数法估值，我们不应该盲目地因为方便而采用某类所有公司的乘数作为标准。确实，在许多估值中常有这种错误，基于大量公司算出的乘数，其中大多数并不是真正的相关同业者[2]。

◆ 学习重点

在用乘数法估值中，重要的是小心挑选相关同业者，乘数高的公司盈利好、成长性好或具有低风险。

总之，当使用乘数法时，我们试图用其他公司作为标杆对目标公司进行估值，这意味着这些标杆公司应该尽可能与我们的公司类似。

10.4.3 交易乘数

在一项并购中，通常在进行分析时，会选同行业已经有可对比的发生的交易作为参照标杆，这涉及对之前并购方支付对价乘数（P/E，EV/EBITDA 等）的分析，这就是通常说的“市场就这价”[3]。当然，就可比性而言，越是近期的交易越相似，交易乘数相关性越高。

同样的，当市场乘数应用于交易乘数，除了选出合适的可比公司，考虑每项交易的具体情况也很重要。原则上，当两个公司合并带来巨大收益时，乘数更高，这取决于产生多大的协同效应[4]，不同交易的乘数也不同。当两个公司合并产生显著收益时，乘数会更高[5]。

10.4.4 以前支付的溢价

在交易中，通常也会分析以前交易的溢价。溢价率一般定义为报价（收购方以每股多少钱买目标公司）除以目标公司公告前的股价，重要的是调整公告日可能发生暴涨（由于消息泄露），故溢价通常采用公告日前 30 天（或一星期）的平均价来计算。

至于交易乘数，重要的是要考虑每项交易的具体情况。原则上，两公司合并带来

1 参见第九章五节关于基于乘数法估值的详细分析。

2 公司数量多时，可能需要用回归分析的方法来计算乘数。这时，我们可能要分清乘数对各种要素偏离多少（如增长力、盈利能力和风险）。这种方法下，统计回归分析将能够检查公司在那些要素中的差异，估计出它们对市场乘数的影响有多大。最后，我们可以用回归法估计我们感兴趣的特定公司的实际情况以及合适的乘数。

3 从以往交易得出的这些乘数一般比市场要高，因为它们已经包含相对公司市场价值的溢价在里面。

4 这些，接下来，取决于两公司的关联效果、区域重叠、潜在的成本优化等。

5 Office（2007）研究发现，对非上市公司的估值通常会比上市公司折让 15%~30%（溢价低）。

的收益巨大时溢价就高，这取决于协同效应，溢价在不同的交易中也会不同[1]。

并购实践证据表明，大多数合并中，平均的溢价在 15%~40% 之间波动。但有一点也比较清楚，就是许多合并没能为收购方创造价值[2]，这就意味着收购方的股东在并购中由于多支付了溢价而损失了钱，即使合并后所有的协同效应都实现了，由于高溢价以及协同价值 100% 都归了目标公司，故没有为收购方创造出价值。

◆ 学习重点

如果收购价太高了，对收购方来讲肯定是有损企业价值的。

10.5 交易怎么支付

10.5.1 交易支付的方式

一旦完成恰当的估值，一个重点问题来了：我们怎样支付？投标人可以用两种方式支付：现金或股票（或两者混合）。用现金交易，投标人按协议价以现金支付目标公司股东；用股票交易，投标人发行新的股票给目标公司的股东，目标公司的股东把其持有的股票交出来，换成收购方公司的股票，这时候，对价就需要有一个转换率：收购方股票多少来兑换目标公司的股票。

支付方式很大程度上受目标公司股东的意愿以及收购方公司的财务状况影响。对收购方来讲，现金支付的话，公司的资产负债表得有现金，或通过新举债务 / 扩大权益来筹集资金。当然，新发行筹集关系到资本结构，如新发债的话，会影响公司的信用评级。

从目标公司的角度来看，现金支付和股票支付会面临不同的税负情况。通常，现金支付的话，目标公司的股东需要立刻支付资本所得税。而股票支付的话，这个税可

1 Betton、Eckbo、Thorburn（2008）的研究报告显示，1980—2005 年，美国发生的交易中，平均的定价比合并前高出 43%，但这些定价在不同公司之间也有较大的不同。Bris、Cabolis（2008）研究发现，溢价在不同国家和地区间也不同：对公司管制较弱的国家或地区的并购方，比管制较强的要付出更高的溢价。Bargeron 等人（2008）研究发现，上市公司作为并购方比非上市公司支付的溢价更高。Alexandrids、Fuller、Terhaar、Travlos（2013）研究发现，目标公司较小的话，并购方支付的溢价会较高。

2 Bradley、Desai、Kim（1988），Andrade、Mitchell、Stafford（2001），Campa、Hernando（2004）研究报告显示，合并总体是有正回报的，它创造了正面的协同效应，只不过带来的收益都到目标股东兜里了。

以递延到把股票卖出去的时候再缴纳。（除了税的原因）有许多原因会导致出卖人选择现金或股票，这取决于不同的情况，如许多小的家族企业被大型跨国公司收购。这种情况下，出卖的原因一般是后继无人（如创办人去世），家族就想卖成现金，而不是转换成大型跨国公司的一个股东（那样他们在大公司只能持有很小比例的股份）[1]。

更重要的是，现金和股票支付有不同的风险影响。现金支付交易对价，目标公司股东在实际中协同效应没有实现情况下，收到固定金额的现金，不会有风险产生。相比之下，接受股票支付，目标公司的股东将成为新合并公司的股东，这就意味着他们在未来的新公司中拥有股权。如果协同效应高于预期，公司的股价上升，目标公司股东将最终受益。但是，如果合并没有实现明显的协同效应或新公司期望的收益，目标公司股东将遭受损失，这意味着用股票方式进行交易，对目标公司股东存在风险。但合并能带来盈利的话，它也将带来潜在的收益。

◆ 学习重点

对出售方来讲，接收股票支付对价可能有一定风险，但如果并购交易非常成功（融合得好），出售方也能够享受潜在的回报。

10.5.2 交易对价是否可以取决于未来并购后的业绩成果？

对赌，也称有条件支付对价，目前在某些并购交易中比较流行，特别是在小型私营公司的并购中[2]。对赌是对目标公司未来业绩的关键的选择权，一个对赌计划会涉及触发向出售方的支付对价。触发机制是基于衡量进度的特别协议，并将此做成一个法律合同，这使收购方当下支付一定的金额，然后在未来根据某一业绩指标的完成情况支付另外的金额（通常两年期）。对赌也常跟管理层留存奖励计划绑定在一起。

在买卖双方对未来运营状况（这里指预计现金流）意见不一致时，对赌就特别有用。卖方比买方对自己公司的经营状况通常更加乐观，这当然在估值时带来很大的不同，如果双方同意在业绩目标实现的情况下可以估值高一些，他们就可以把估值的差异放入对赌条款。对买方来讲，对赌有助于管理风险，额外的对价只有在未来业绩达到了或协同效应达到了，才需要支付。对卖出方来讲，对赌可以在业绩实现时获得额外的对价支付（与卖方相反的风险值）。

采用对赌方式的难点来自并购后的融合以及对赌目标设定的复杂性。的确，一旦

1 股权结构解释了为什么 Faccio 和 Masuli（2005）研究发现，大多数来自欧洲的交易对价都是现金融资。同样，Moschieri 和 Campa（2009）研究发现，在欧洲仅 9% 的交易用股票支付。Netter、Stegemoller、Wintoki（2011）研究报告，在美国，用现金支付占 50%~65%。但是，如果我们观察上市的目标公司，情况又反过来了，大多数交易又是用股票支付了。不同时期的支付方式也不同。Shleifer、Vishny（2003）研究发现，当公司估值过高时（股市兴旺），管理层并购时会把高估的股份换成实际资产。

2 从经验看以及研究表明，大约 4% 公告出来的交易涉及对赌，而且基本集中在私营标的公司，交易额也较小，由较小的收购方收购。参见 Cain、Denis（2011）证实的并购中的对赌合同。

交易完成，有时很难评估并购企业的经营业绩，因为它现在变成收购方经营的一部分，融进一个巨大的合并后的公司。到最后，卖出方经常没有兴趣在合并后的公司担任职务或有什么别的索求：有时，出卖方就需要现钱。

◆ 学习重点

采用对赌的交易并不多，通常，目标公司是较小的私营公司，成立时间较短，从而价值不好确定。

10.6 并购过程中投资银行的任务

投资银行家在许多并购交易中承担关键角色。对投行来讲，并购代表着其最重要的收入来源（见表 10.1 排名表）。

表 10.1 2013 年世界前十大投行排名

排名	名称	交易金额（百万美元）	交易数量
1	高盛	616,588	402
2	JP 摩根	552,594	302
3	摩根士丹利	539,278	329
4	美林美银	537,253	234
5	巴克莱	361,762	207
6	瑞银	317,070	200
7	德意志银行	262,673	201
8	花旗集团	239,886	224
9	瑞信	213,873	247
10	拉扎德	195,526	271

在排名表上，世界最大投资银行担任并购顾问是按照交易额（即企业估值，包括净债务）排名的，它们或者是目标方的顾问，或者是收购方的顾问。第一名的高盛作为卖方或买方的顾问，在 2013 年完成了 402 笔交易，全部交易额（以企业价值计量）达 6,165 亿美元。不同的银行在排名表上的位置有助于确保它们未来的业务，因为这是

对它们经验和声誉的衡量。平均的费用估计小于交易额的1%，用百分比来算的话，是随着交易额的增加递减的。

但是，有一点也很清楚，那就是投行的动机与收购方不一定总是一致的。投行是按照交易是否完成来收费的，费用是交易规模的一定比例，这意味着即使交易不能为并购方创造价值，它也要支付投行的费用。这也不意味着我们就一定需要投行，但涉及上市公司的案子还必须用它们，因为我们要确保得到来自外部专家的咨询意见，避免出现利益冲突。

现实中，大多数的并购都由投行主导开展，它们不必参与交易方的经营活动，也不会为协同效应是否达到或是否完成负责任。管理层若简单地把估值外包给投行，对公司资金是有风险的，也会危及为他们的股东创造重大价值的潜在机遇。收购方公司的CEO、CFO以及其他高管应该尽早介入，了解估值是如何进行的，这样可以为其股东最大化地创造价值。还有很重要的是，确保驾驭其的机构辨别、评估有价值的机会和可能的风险。

◆ 学习重点

管理层应该介入公司的估值，而不应该把所有“具体”工作都交由投行去运作。

快速了解两家公司的机会，知道如何增加收入、降低成本，这是最基本的。这个阶段应该拿出估值的基础和交易架构，并且这应该与合并后的整合计划联系在一起。

10.7 并购完成之后会发生什么？

一旦交易签署了，合并期就开始了。在这个阶段，收购方向出售方支付对价并开始控制目标公司。

对大多数公司来讲，以为一旦交易签完字，合并后的整合过程就开始了，这是错误的。它应该明白，这时的整合过程是要按照合并前严格的计划启动的，尽快披露交易公告，合并后整合的目标应该是完成合并前制定的计划，接着是调动不同的部门参与进来。

这个阶段关键是别忘了合并前做的工作，也就是在价值以及协同效应模型中计划的估值和协同效应。我们知道，只有协同效应（或更多）确实在合并后阶段得以实现的情况下，合并才会为收购者创造价值。

◆ 学习重点

合并后的整合应该关注那些最能证明目标公司价值合理性的项目，以及为此支付的溢价。

执行力至关重要，必须迅速作出关键的执行决定。速度很重要，保持对外部的关注是关键。当一家公司决定出售时，许多问题都会冒出来，包括客户、供应商和员工等，主要是要认识到问题并采取相应的行动。如公司需要维持客户，快速沟通是必须的。还有重要的一点，是迅速让员工参与进来，将他们视作解决方案的一部分。

保持连续很重要，并购界常犯的一个错误就是将交易阶段与合并后时期分开，这也阐释了为什么大多数收购者没有能够从它们的并购中创造出价值。如不应该允许业务单元或部门单独制定整合办法，这也意味着运营经理从早期就应该介入，因为他们跟业务最接近，更知道整合战略 / 协同的价值所在。

之前提到的 Delta 航空与西北航空在 2008 年合并的案例，估值以及这笔交易的理由，取决于许多已确定的协同效应。交易一年后，原来计划的 5 亿美元的协同效应远被超越（他们在一年里实现了将近 7 亿美元）。

本章小结

本章我们演示一些工具方法，使公司可以用更加全面综合的方法来评估一项商业机会，成功与否要看管理层在并购中呈现给公司股东怎样的结果。

通过并购创造价值要求彻底懂得估值原则及其应用。在并购中对公司估值时，现金流折现法是推荐使用的方法，它的优点在于它是一种前瞻性指标，关注现金流，而且将资金的时间价值以及风险都纳进来了。重要的是，现金流折现法允许估值时嵌入预期经营中的协同效应，从而对并购中的优劣进行评价。

多年的研究显示，一般讲，并购会损害收购方的价值。这一研究指出，对大多数买家讲，相对于所买的东西，他们付出了过高的代价。那也正是为什么估值以及在并购中彻底分辨资源的价值很重要。交易前开展估值至关重要，因为它可以辨别价值创造的机会——价值创造驱动因素。另外，估值工具对制定谈判策略很重要，也有助于在并购后的时期获得关注。并购后的整合应该关注那些最能证明目标公司价值合理性的项目，也就是所支付的溢价。

对于收购方股东来讲，只有支付给目标公司的价钱低于协同效应给公司带来的全部价值，才创造出价值。许多案例中违反了这一原则，并购的结果是重大的价值毁损。对收购方来讲，多支付钱就表示价值毁损，这种价值毁损并不意味着合并是不正确的或没有意义，也不意味着两个公司间的协同效应不存在或不重要，它只意味着即使所有的协同效应都实现了，支付的价钱已经包含来自协同效应的全部价值。

毁损价值的并购往往从用错方法开始。买方以达成交易为目标（如“这符合我们的战略”），然后给出一个卖方高兴的价格，然后找出达到那个价钱需要什么，寻找协同的证据，等等，这是错误的。应该运用从下而上的方法，先设一个时间表（之后让人们遵循方法和时间表），最后，对目标公司估值时把这些都考虑进去。如果卖方接受的价钱低于协同带来的价值，那它就是双赢的。否则，买方就该赶紧走开，免得浪费股东的钱。

并购是许多公司成长战略重要的组成部分，通过改善并购程序、聚焦价值创造，公司会增加成功的机会，而不是终结在一个合并失败的统计名单上。

第十一章

衍生品和风险管理

衍生品可称为大规模杀伤性金融武器，它所携带的危险虽然现在潜伏着，但可能致命。

> 确实，在伯克希尔，我有时参与大规模衍生品交易，是为了便于某些投资策略。
>
> 沃伦·巴菲特
>
> （2002 年，伯克希尔·哈撒韦 CEO 致股东们的信）

衍生品是金融工具（或证券）中重要的一族，它的价格是由其他（标的）证券的价格来决定的。

本章开端巴菲特的那几句声明，强调了它的矛盾性，虽然衍生品经常被误用并给许多公司造成重大损害，但正确地运用，它就非常有用并能带来巨大价值。

本章介绍了主要的几种衍生品（期货、远期合约、期权和掉期[1]）并进行如下讨论：

- 公司为什么要用衍生品；
- 当公司进行风险对冲时，会发生什么；
- 衍生品是怎样交易的。

1 这些衍生品每一个详细的讲解（包括可能的策略、定价、交易机制）会在后面两章。

11.1 公司可用的衍生品的主要类别

广义上，衍生品可按以下特征划分：

- 衍生产品的具体类型；
- 它们所指的潜在风险或资产以及交易方式；
- 它们如何交割。

11.1.1 衍生产品的不同类型

就产品来讲，有三种主要类型：

- 期货和远期合约；
- 期权；
- 掉期。

一个期货（或远期）合约，是双方在当下约定于未来某个时点执行的一些交易条款。交易方一个是买方，一个是卖方。买方同意在未来某天以一个预先定好的价格买入某一资产，卖方同意在约定的日期以预先确定的价格交付资产。双方有义务履行他们的合同。

对于一个期权，买方有选择（买）的权利，但不是一种义务去买这个资产。也就是，如果到期的时候买方在市场上找到更便宜的同样资产，他可以不行使这个选择权，但买方必须支付一定的价钱（或溢价）给卖方，来换取这个权利。

掉期是双方交换现金流的一种合约。在一个掉期中，一方根据一个特定变量的基础价值保证分期付款，如利率、商品价格、权益指数或汇率。如一个利率掉期（IRS），流动性最强的利率衍生品之一，双方约定按照一个指定的名义金额[1]交换现金流。各方在指定到期日，按一个固定或一个浮动利率支付利息。

1　名义额是用来计算一个特定的衍生工具付款额时的票面金额。

11.1.2 潜在风险

衍生品依存于各种各样的基础资产，但大多数合约与利率、汇率、权益类（指数或股票）或信用违约掉期（CDSs）关联。

表 11.1 各种资产类型相关的未交割衍生品 （单位：10 亿美元）

	交易所交易	场外交易（OTC）	合计
利率	52,343	494,018	546,361
外币兑换	343	66,645	66,988
权益相关（指数或股票）	3,762	6,313	10,075
商品		2,993	2,993
信用违约		26,931	26,931
其他		42,028	42,028
合计	56,488	638,928	695,376

来源：2012 年，国际清算银行

表格 11.1 列示了 2012 年将近 70 万亿美元的衍生品未交割金额，由于规模庞大（相比较而言，全球股票市值低于 5 万亿美元），衍生品市场一般流动性很强。

衍生品合约一般是为公司或机构投资者而设，可以在交易所交易，也可以在场外交易。如果是交易所交易的衍生品，那么，合同必须是标准化的。场外合约就不需要标准化了，因为不涉及交易所，双方直接交易。这种情况下，只要双方对未来衍生品合约特定的交割条件协商一致就可以了。

总的来看，场外市场大约占了全球衍生品市场的 90%，其灵活性和个性化是它流行的原因。的确，对大多数资产来讲，有组织的交易所提供的期限都非常短（少于两年），但流动性充足，不像场外交易衍生品，合约期可以长达 10 年。场外衍生品合约可以根据资产规模、到期日、交割程序以及许多其他需要来量身定制，但由于其双边性，场外交易合约也取决于对方的信用。一些常用的场外合约（如利率掉期）包括了大量的参数，这其中就有防范对手风险的，如担保[1]。

相对而言，交易所交易的衍生品都是标准化的，但流动性很好，这就意味着它有时比场外交易合约（根据流动性是否足够[2]）更容易结束或取消[3]。

1 担保是指一个场外交易衍生品合约的一方拿来向另一方保证的资产，可以用来担保的资产范围很广，但常用的是现金和政府债。

2 不是所有衍生品合约流动性都好，如一些缺钱小公司的期权（见第十三章），其流动性就很差。

3 多数情况下，交易所和场外的经纪之间竞争很激烈，所有衍生品类别，交易所提供的产品，也可防止完全相同的风险（只要流动性足够）。

◆ 学习重点

交易所交易的衍生品在数量、期限及其他条款上都是标准化的。相反，场外衍生品则根据公司具体需要而量身定制。

11.1.3 衍生品是怎样交割的

当一个衍生品合约到限了，它需要进行实物交割或用现金清算（这种更常用）。

如一个 10 吨冷冻橙汁的期货合同，预定价格每吨 500 美元，买方在合约中持有长仓，即他有义务按预定条件买进资产[1]；如果到期了，冷冻橙汁的现价是每吨 700 美元，买家高兴了，他可以 500 美元 / 吨而不是以 700 美元 / 吨买入。买方同一天就能省 2,000 美元。实物交割的话，卖方还需要把橙汁运到预定的地点，运费 5,000 美元（500 美元 / 吨）。

还有一个选择，买卖双方同意用现金交割。这种情况下，卖方只要支付 2,000 美元到买方账上，这个合同就算完成了。因为实物交割通常要花费巨大的运输费用，运费占到总交易额的 2% 不足为奇（许多合约甚至不再允许实物交割）。

◆ 学习重点

大多数衍生品合约都用现金交割，不需要实际运送实物。

11.1.4 衍生品市场的起源

衍生品不是最近发明出来的，实际上，几千年前就有衍生品使用的记载了：

- 美索不达米亚以及罗马和希腊时代，以期货合约运送货物就经常使用了；
- 公元前 600 年，爱尔兰的泰利斯人就把期权用于桉木浆交易；
- 早在 1600 年，远期合约就用于郁金香花交易；
- 大约 1650 年，日本的大板米市就用期货合约交易。

到 20 世纪 70 年代，衍生品在世界范围内被广泛使用。由于各种原因，首先，计算机的普及，使涉及复杂模型和计算的效率变得很高。其次，到 1973 年，Fisher Black 和 Myron Scholes 发表了论文《期权定价及公司债务》，建立了一套严格的期权定价方法。到那时，期权的价值确定要看合适的贴现率并用于评估它们的风险。Black 和 Scholes 与 Robert Merton 一起揭示了衍生品的回报可以通过持有标的资产和无风险利率组合来复制。这种所谓的对冲头寸，可以在没有关于风险的任何特别假设时来估值——就用套利的概念[2]。1997 年，Robert Merton 和 Myron Scholes 因为这一“确定衍生

1　多头意思是你已投出或买进某物，空头相当于卖出。

2　套利涉及同时买入和卖出一项资产，从价差获利；特别是，它挣钱包括三点：（1）当天；（2）无风险；（3）无需资本。

品价值的新方法”，获得了瑞典中央银行为纪念阿尔福德·诺贝尔设立的经济学奖（通常称诺贝尔经济学奖）[1]。

11.2 为什么以及何时公司应该使用衍生品

公司可以使用衍生品来保护其可能面临的不同资产价格不确定的变化（如汇率、利率和商品价格等）。

假设你管理一个美国公司，做出口日本的生意。你的公司在 6 个月内将收到 1 亿日元，目前的汇率是 1 美元等于 80 日元。汇率在 6 个月里肯定会有变化：如果 6 个月里美元贬值，汇率变为 1 美元等于 50 日元，收到的日元兑换成美元为 2 百万；但如果美元成了 1 美元等于 100 日元，那么，收到的钱兑换成美元就是 1 百万。如果你的公司不采取任何措施，那么，汇率风险就是敞口的，因为最终收到的美元（公司的货币收益）取决于汇率的波动。

外汇期货可以将交易中未来可能的汇率变动固定下来。你可以与银行签订协议，将 6 个月汇率定在 1 美元兑换 82 日元，那么，如果你在 6 个月经营中收到 1 亿日元，你可以保证收到 1.22 百万美元（1 亿日元除以保证的远期兑换率 82 日元 / 美元）。

公司也可以采用外汇期权。这种情况下，公司有权按一个预定的汇率兑换，但前提是这样做是有利的。因此，期权可以使公司保护自己免受负面结果的影响，同时，保持向上。不过，用期权做对冲费用较高，为开始衍生合约，溢价是必须支付的。

风险管理经常被定义成对冲，包括减少甚至消除风险。对非金融公司来讲，衍生品以及它们对冲的可能性，提供了许多好处，如果有效使用，可以使收入和利润更稳定。

杜克能源是一家用天然气发电的公司，利用衍生品市场来对冲天然气现货价格波动[2]，因此，在衍生品合约期内，无论气价涨跌，公司都可以将原料成本锁定。

农产品生产者可以利用衍生品市场来对冲它的产品价格风险。没有衍生品，一个橙子种植户只有等到那年收完橙子，卖的时候才知道收入多少钱。利用商品衍生品，种植户可以锁定他的收入，即在年初时候锁定价格。同样的，加工橙汁的生产商也能够锁定原材料成本，避免价格风险。

---

1 FisherBlack，以及其他开发者共同发明了定价方法，他死于 1995 年。

2 现价是一项资产在市场目前交易的价格

一家电信公司现在以浮动利率借了一笔款，为降低利率上涨的风险，可以采用利率掉期交易，也就是说，可以将浮动率转为固定利率，这样就能够消除未来利息支出的不确定性。

百达翡丽，一家瑞士手表制造商，向美国出口产品，面临外汇汇率风险。那么，知道一个出口合同的美元金额了，但由于公司在瑞士，它的成本是瑞士法郎，它将面临外汇风险，为了锁定这个风险，公司采用汇率期货或期权。最后，如果它愿意的话，它完全可以消除任何货币敞口变化的风险。

总之，研究已得出很多理由，为何公司应该采用衍生品进行风险管理[1]：

- 聚焦主业的能力：通过采用衍生品对冲某些敞口风险（汇率、利率以及商品），公司就可以聚焦它们的主业，而不用操心预测金融市场的变化。
- 降低倒闭和财务危机的成本：通过衍生品对冲，公司或许可以降低财务陷入危机的可能性，就像我们第五章讲到的，财务危机成本巨大。
- 稳定收益和现金流：通过风险管理可以减少波动并稳定收益，这是积极正面的。通常，市场喜欢谨慎和可预测性。还有，较低的波动，公司可以举更多的债，这样一来，它们可以通过节税更多获益。
- 提升管理的灵活性[2]：通过降低它们的风险，公司改善了战略选择力来扩张业务。的确，以衍生品进行的风险管理活动可以保护公司，以防不可预见事项造成战略投资计划的延迟（甚至停止）。

学术证据表明，采用衍生品进行的风险管理活动，在许多方面都能够带来巨大价值。这些风险管理工具对公司价值、盈利能力、投资、融资和风险诸多方面有着积极和重大的效果[3]。

◆ 学习重点

风险管理能够带来公司价值的提升。

---

1 Froot、Scharfstein 和 Stein（1993）证实了，风险管理通过公司的投资政策，特别是当外部资本成本较高时，能够提升价值。Guay（1999）分析了有关启用衍生品项目的决策，发现采用衍生品后降低了公司的风险。Haushalter（2000）对油气行业进行了研究，发现这些公司管理风险是通过签署金融合同来降低成本。Graham 和 Rogers（2002）证明，通过对冲增加了还债能力和利用利息抵扣税收。MacKay 和 Moeller（2007）证明了就价格因素来讲，收入曲线的下凹和成本曲线的上凸，通过对冲可以增加价值。Campello 小组（2011）证明了通过衍生品对冲，在公司融资及资本投资决策方面有着极为重大的效果：提升价值、降低财务成本、拓宽信贷渠道。同样，Bartram、Brown 和 Conrad（2011）研究发现，衍生品的使用，降低风险的同时提升了价值。

2 DeMarzo 和 Duffie（1995）提出，风险管理活动对外部投资者的管理能力提供了一个积极的信号。Tufano（1996）提出，风险管理也可能受管理目标的低风险所影响。Mello 和 Parsons（2000）查证了套保战略有多不同，它们的流动性、现金流的时间问题都影响着公司的价值。一个期权套保使公司财务灵活性最大化。Adam、Dasgupta 和 Titman（2007）证明了套期保值在公司竞争中可以作为战略性工具。

3 Allayannis 和 Weston（2001）证明了采用货币衍生品与公司价值之间，在一个跨国货币风险的样本中，是正相关的。Perez-Gonzales 和 Yun（2013）发现，引入天气衍生品，对于天气敏感的电力和燃气公司，提升了投资价值。同样的证据在 Cornaggia（2013）对农业公司的研究中也被发现。

套期保值的好处（即套期保值对公司价值的影响）取决于公司所面临风险的类型，当投资者很容易对冲其风险时，套期保值就不那么重要了。如一名投资者不容易对冲掉跨国公司的货币风险，因为风险的来源比较复杂且不容易从外部量化。另外，投资者能够从石油公司的财务报表中辨别价格风险（指油价）并可对它套期操作，在这种情况下，公司通过对冲并不会形成特别优势，因为投资者可以自己做对冲[1]。另外，投资者持有石油生产商的头寸，以获得对价格的敞口风险，这时，套期将隔离公司由于油价变动带来的风险，但那可不是投资者愿意的——公司对油价波动的敞口正是它的核心业务。

总之，公司最好是经常消除各类不确定的风险，把更多的时间用在运营和业务拓展上，而不是去推测汇率、利率和商品价格变化（除非这是其核心业务活动）。本章以及后面的两章，我们还要介绍许多不同类型的衍生品，聚焦非金融公司怎样用它们来降低风险并为其股东创造价值。

在航空业，由于行业高度竞争的特点，很难通过提高票价把高油价转嫁给消费者，大多数航空公司都希望能够预防运营费用的突增（这将影响盈利的底线）。通过油料套期保值是西南航空成功的关键。的确，从 20 世纪 90 年代后期，西南航空选择油料价格套期保值，采用不同的衍生品战略，提前一年买入大量燃油以锁定价格。1998—2008 年，它节约了 35 亿美元（通过以上措施，其燃油价格处在行业平均水平），这 10 年里[2]这就占了公司利润的 80%。西南航空的套期保值战略，使公司的票价比其他大多数航运公司的票价涨幅小。

11.3 衍生品滥用及其影响

衍生品市场一般与低交易成本联系在一起——一项资产的投资成本，相比买入一个期货合约要高得多，考虑到交易成本低[3]且由于衍生证券的价值取决于基础资产的价格，所以它们可以作为预测金融市场的有用工具。

正如我们所讨论的，公司可以用衍生品来管控风险（对某些风险对冲或保证），但有些公司也会用它们来干别的。确实是这样，当公司用衍生品进行投机，它们就变成

1　Jin 和 Jorion（2016）检查了一个美国油气生产商的例子，证明风险管理对价值的影响并不重大。

2　来源：“今日美国”，2008 年 7 月 24 日。

3　期货和远期合约是便宜，但期权可能会贵（溢价必须预先支付）。更多这方面的内容在后面章讲述。

用资产价格下金融“赌注”了。公司动用其衍生品头寸而造成巨大损失的新闻时常登上新闻头条。

无论如何，许多公司由于衍生品造成损失的事实并不代表衍生品是无用的。上面的例子，管理层开始用衍生品在某些市场方向上进行定向押注。还有许多表 11.2 列示的公司，由于衍生品投机造成重大损失而遭重创，最终，由于衍生品押赌失败而倒闭。

表 11.2　过往由于衍生品合约造成重大损失的公司案例

国家	公司	所用衍生品（主要类型）	年份
智利	国家铜业公司（Codelco）	铜、银、金期货	1993
德国	金属公司（Metallgesellschaft）	原油期货	1993
日本	昭和壳牌石油公司（Showa Shell Sekiyu）	FX 远期合同	1993
日本	鹿岛石油株式公社（Kashima Oil）	FX 远期合同	1993
美国	普罗克特甘布尔公司（Procter&Gamble）	利率衍生品	1994
新加坡	巴林银行（Barings Bank）	Nikkei 期货	1995
日本	住友集团（Sumitomo Corporation）	铜期货	1996
美国	长期资本管理公司（Longterm Capital）	利率及权益衍生品	1998
中国	中航油（新加坡）股份有限公司	原油期货及期权	2004
美国	Amaranth 对冲基金（Amaranth Advisors）	天然气期货	2006
巴西	阿拉克鲁斯公司（Aracruz）	FX 期权	2008
法国	兴业银行（Scociete Generale）	欧元指数期货	2008

中航油（新加坡）股份有限公司 2005 年由于衍生品损失引起公众的关注。接着，这导致了公司的垮塌。刚开始，中航油做期货和期权交易只是作为对冲工具，管理购买航油中的风险。后来，公司开始进入期权投机贸易，从油价上行中获利。随着油价的上涨，起初的战略带来了积极回报，但潮向一转，事情变糟，公司投机活动的规模成倍放大，敞口也巨大。公司卖出大量高风险的期权合约以期带来溢价收益，企图弥补已有的损失，可损失进一步扩大。同样，Nick Leeson 步其后尘，也导致了 1995 年 Barings 银行的垮塌。

2008 年，CCM——墨西哥第三大百货商店（雇员超过 4 万人）申请破产。伴随着墨西哥货币大幅贬值，这家公司在汇率衍生品交易中损失了 10 亿美元。传统上，CCM 采用汇率衍生品来对冲外汇汇率风险，它还用美元买了非食品商品（如电子产品）。这些衍生品交易的动机是抵消与商业期权关联的不确定性，但在 2008 年，墨西哥比索兑美元大涨，CCM 的财务部门决定多押注美元。CCM 与 6 家银行开展外汇衍生品交易，这些头寸与公司传统业务毫不相关。刚开始，CCM 从这些合约中获得一些收益，但接下来，金融危机爆发，投资者从新兴市场撤离，墨西哥比索急跌。尽管2008年第三季度营运成绩斐然，但10月9日，CCM还是由于衍生品上的巨额损失而申请破产。

Aracruz Celulose是世界最大的桉木浆生产商，2008年12月，由于美元走强，公司的货币衍生品交易损失了20亿美元。公司刚开始用期货合约保证出口利润，但看到本国货币雷亚尔接近9年新高，公司管理层推测其将继续走高；但随后，其意外地快速下跌（在两个月内贬值20%），导致这家巴西公司25亿美元的交易损失，它的CFO辞职。

1994年，Procter&Gamble（P&G）宣称由于一家美国公司投机衍生品头寸而遭受前所未有的损失。就像大多数跨国公司一样，P&G采用掉期来对冲本身在国际利率和汇率上的波动。后来，它的总会计师决定加大押注，开始与信托经纪开展复杂的投机合约，押赌德国对美国的利率会下跌。刚开始没有人质疑，随着市场上行他们开始赚钱了，但当1994年2月4日联邦储备局宣布5年来首次将短期利率提高时，高杠杆掉期变成了昂贵的赌注。

根据上面的这些例子，我们强调当公司进入衍生品头寸时，必须采取预防措施：

- 开展衍生品头寸前，要评估其对业务的风险；
- 建立适合的风险管理程序；
- 确保对资深管理者的足够监督；
- 不断监视开放的衍生品头寸；
- 分析衍生产品的风险组合以及运用的适当性。

世界上有许多非金融公司不当运用衍生品：一家肥皂或纸浆生产的公司竟然在外汇市场豪投亿计的美元去投机；P&G的业务是消费品生产，不是做高杠杆掉期业务；Aracruz的业务是生产桉木浆的，不是用期权做雷亚尔-美元汇率投机的。非金融（当然也包括金融）公司的高管们，当其公司涉及衍生品时，有责任了解并监视衍生品市场。如果他们不懂或不了解风险和这些产品的利害，那么，他们根本不应该碰它们。

本章小结

衍生品不仅对金融公司，对非金融公司也很重要。衍生品合约的价值依托于基础资产，这可以是股票、商品、股票指数、汇率、利率，等等。

衍生品主要有三类：期货或远期合约、期权和掉期。大多数衍生品合约都是在场外交易的，这可以使条款个性化定制。这些衍生品的具体详情、它们的用途和定价等，将在后面的两章讲述。

衍生品在某些商业环境下，用来对冲损失的概率非常有用。证据表明，风险管理能够提升公司的价值，因为它可使管理层聚焦在主业，减少不确定性和现金流的波动，提升管理的灵活性。

但是，如果公司开展与本身业务活动不相关的头寸操作，那可能引来大麻烦。证据表明，大多数非金融公司在预测汇率、利率和商品等的价格方面并不专业。从历史上看，许多管理者都忍不住要发表自己的看法，问题是这些押注常常带来昂贵的成本并以惨剧收场。公司应该适当地做套期保值，来降低它们面对的某些市场变化的风险敞口。但它们不应该让衍生品头寸脱离其实体业务，否则，它们就变成了跟市场走向的赌博。公司及其管理者应该固守主业，仅用衍生品来对冲可能和应该对冲的风险，它们不应该失去理智，在其衍生品交易部门开设利润中心。

第十二章

利用期货、远期、掉期管理公司风险

期货和远期合约是一类特殊的金融工具，相关条款于今天约定，但交易在未来的某一天完成。

本章讲述它们的运作方法和机制、为何它们对公司有用、运用期货和远期合约可能的策略以及如何定价。

管理风险是运用期货和远期的主要原因，但由于这些工具是高杠杆的，所以，它们也可能被用在高风险投机策略上。

本章还介绍了掉期——两个交易对手之间交换未来现金流的衍生合约。实际上，掉期可以看作从远期合约中独立出来的一种组合。

12.1
为什么运用期货和远期合约？

期货和远期合约广泛存在于各种金融资产 / 工具中，包括利率、汇率、股票、债券和指数，它们也在非金融资产如商品甚至天气中采用。在外汇交易方面，全球范围最常用的期货是利率期货（见表 12.1）。

表 12.1　全球各种期货交易数额及未清算金额

未清付余额			合约总额	
	美元（十亿）	%	美元（十亿）	%
利率	22,683	93.8%	226,695	86.6%
汇率	231	1.0%	7,343	2.8%
权益相关（指数或股票）	1,252	5.2%	27,710	10.6%
合计	24,166		261,748	

来源：2012 年，世界银行

◆ 学习重点

在交易所交易的最主要期货合约都是利率相关合约。

公司可以运用期货和远期合约来防止它们不同资产价格的波动，通常称为套期，它可以减少风险甚至消除风险。

像大多数果农一样，种橙树的农户由于价格的波动，会面临很大的市场风险。对于果农来讲，价格下跌、收成不好更要命，橙汁金融衍生工具市场能够利用套期锁定他们的产品价格[1]。

下面是一个在美国国际期货交易所交易的期货合同详情[2]，是冷冻浓缩橙汁，因为橙是易腐的：

1　几种农产品期货合约在不同的期货交易所交易，如芝加哥、国际交易所、纽约泛欧交易所。

2　www.theice.com/productguide/ProductSpec.shtml.

合同数量	15,000 磅固体橙汁（含水低于 3%）
交货月份	一月、三月、五月、七月、九月、十一月
交收	实物交收
品级 / 标准 / 质量	美式 A 级，白利糖度值不超过 62.5°
交收地点	佛罗里达、新泽西、特拉华指定仓库
原产地	美国、巴西、哥斯达黎加、墨西哥
报价	美分 / 磅

每一张合同就是 15,000 磅的橙汁，达到指定的品级和质量标准，按照合同约定的地点送达，只有来自指定国家所产的橙才可接受。下面列出了 2013 年 1 月 15 日市场的报告单：

（单位：张）

合同时间	开盘	最高	最低	收盘	交易量	未平仓
3 月 13 日	11,150	11,250	11,000	11,000	1,223	15,467
5 月 13 日	11,290	11,290	11,070	11,095	268	3,765
7 月 13 日	11,475	11,475	11,260	11,260	199	1,009
9 月 13 日	11,565	11,565	11,430	11,430	21	496
11 月 13 日	11,760	11,840	11,610	11,610	122	228
1 月 14 日	11,900	11,900	11,875	11,875	10	37
3 月 14 日	0	0	0	0	0	0
5 月 14 日	0	0	0	0	0	0

开盘和收盘价反映的是市场上第一单和最后一单的交易价格，最高和最低是当天成交价格的最大和最小值。交易量是当天成交的合约单数，未平仓是期货合约尚未到期的单数。如 2013 年 5 月 13 日合约，未平仓等于 3,765，这就意味着有 3,765 张合约未到期，可以以多头或类似的空头拥有。交易量和未平仓数强调了大多数期货交易的一个特点——只有到期日，短期合约流动性才高，长期合约的流动性不够——确实，本例中，如果买入一张一年期的合约，基本上没有交易量或未平仓量。这部分交易主要在场外，通过远期合约进行，场外远期合约可以是长达 10 年的合约。

2013 年 3 月 13 日到期的合约期货价，以每磅$\frac{1}{11,000}$美分确定交易价格。如果用 1 月 15 日收盘价作为参考，果农期望 3 月时的价格锁定在 1.1 美元 / 磅。想实现这一期望，果农就应该签一个短期的期货合约，3 月份交货 15,000 磅冷冻浓缩橙汁，到期收 16,500 美元（15,000 磅 ×$1.10/ 磅），无论到期橙汁现货市场发生什么。如此一来，他的短期合约或套期，就提前锁定了一个精确交货期的售价。

2013 年的 3 月 13 日，合同到期时有三种情况。

第一种情况：现货价格为 1.30 美元 / 磅（高于期货价格的 1.10 美元 / 磅），果农在期货空头上面临 0.20 美元 / 磅（$1.10–$1.30）的损失，因此，净交收为 1.10 美元 / 磅（$1.30–$0.20）。

第二种情况：现货价格为 1.00 美元 / 磅（低于期货价格的 1.10 美元 / 磅），果农在期货空头上会实现 0.10 美元 / 磅（\$1.10–\$1.00）的收益，净交收为 1.10 美元 / 磅（\$1.00–\$0.10）。

第三种情况：现货价格为 1.10 美元 / 磅（等于期货价格的 1.10 美元 / 磅），果农不赔也不赚，净交收为 1.10 美元 / 磅。

从上面的例子看出，无论到期日现货价怎么样，果农通过空头头寸，都会实现他的目标保障价格 1.10 美元 / 磅。另一方面，如果投资人买入这张合约看多头寸，他在 3 月交货日要以 1.10 美元 / 磅买入橙汁，各种参与者可能有兴趣看涨。如果汁批发或零售商会面临橙汁现货价格上涨的风险，因此，这些消费者最终通过做多期货合约抵消风险。

在到期日，期货合约的一方将有损失，而另一方将从中获利，这并不意味着一方是正确的而另一方是错误的。总之，如果市场价格向相反的方向发展会怎样呢？这并不意味着亏钱的一方一开始就不该买此金融衍生品，重要的是记住公司为什么在一开始要做衍生头寸：为了对冲风险，锁定某一个商业交易的成本 / 收入。

下面还有几个运用期货和远期合约进行套期保值的例子：

阿尔法 · 罗密欧是一家意大利汽车生产商，定期从日本购入原材料。它用日元支付日本供应商，而它生产的汽车大多以欧元出售，在市场上具有价格竞争力。公司明白，它难以把汇率的变化转嫁给消费者，也就是说，如果原材料的日元价格保持不变，但日元升值了，那相当于它的原材料成本上升了。这种情况下，公司的边际收益（毛利）就下降了。公司可以通过签订外汇期货合约，做多日元，也就是以当前的汇率买入未来某一天的日元。这样一来，所有与原材料有关的汇率的不确定性就消除了。

百达翡丽是一家瑞士手表厂，产品出口到美国。根据出口合同，它知道在什么时间能收到货款，但由于它的成本是以瑞士法郎计价的，所以存在汇率变动的风险。百达翡丽可以通过看跌美元的外汇期货合约来锁定风险。这样，公司就可以消除货币变化的所有敞口。

公司 A 要并购同行业的公司 B，出售方是一个家族企业，希望以现金交收，公司 A 将通过举债来完成收购。但是交易融资动作（也就是实际支付现金的时间）将在一年后发生（因为监管当局对公司 A 和公司 B 合并反垄断的批准需要较多时间），那么，公司 A 已知贷款也将在一年后发生，它应该怎么办：现在就把钱借了来保证贷款利率确定下来？还是等上一年，用钱的时候再去借？（那么，这一年里利率的变动对它来讲就是敞口的风险。）办法就是，通过利率期货合约，以当前的利率来锁定未来的利率，所有利率的不确定性就会消除了。

◆ 学习重点

期货可以使公司通过锁定某一将来交易资产的当前价格，来消除价格变动的风险。

12.2
期货和远期合约的不同

期货和远期合约都是以一个协议价格对将来某一天的某一资产或商品交付，不像期权，持有者只是拥有了权利（不是义务）去买或卖一项资产。期货和远期是有义务去履行合约的，虽然都属于衍生品市场，也都存在看涨和看跌——看涨的交易方要在交易日执行资产的买入，看跌的交易方要在规定日期交出资产——但交易双方都要在将来规定的日期以协议价格进行资产的交易。

大多数期货合约的名义额很大，如外汇期货，标准的欧元－美元合约，每一手是125,000美元，但是这并不意味着期货合约当日的价值多重要。实际上，合约签署时刻，价格对双方可以看作零，这正是期货和远期合约的特点：开始时，任何一方都无需付款，但为把信用风险降到最低，交易双方可能都需要一些抵押品[1]。

虽然期货和远期合约基本的功能相同，但也有一些差别（见表12.2）。期货合约是提前订立的、标准的合约量、按月交收、日期的交收程序固定，而远期合约是非标准化的双边协议，到期日、合同规模、交收等都是双方商谈的，因此，远期合约的交易或商谈也就是所谓的场外市场（OTC，over-the-counter）。

表12.2 期货与远期合约的主要区别

	期货	远期合约
数量	标准的	商谈
交收日期	标准的	商谈
交易对手	清算所	银行
抵押品	保证金	商谈
成本	经纪费和交易费	买卖差
流动性	很强	很差

期货的优点是其潜在的流动性，因为期货是标准合约，它们可以在二级市场[2]交易，这就可以使交易人利用看涨或看跌通过反向操作对冲它们的敞口。期货合约还有一种每日清算的“盯市制度”，它减轻了交易对手的违约风险，从而降低了信用风险。

期货合约主要的缺点也是它的标准化，这就意味着在到期日和数量上的不能匹配。如标准化的到期日可能不满足投资者的需求，或者标准的名义额合约不匹配对方想对冲的

1 也称交易对手风险，这种风险是指交易另一方，对手方，到期时不履约。

2 也称售后市场，二级市场是指之前已发行金融工具进行买卖的市场。

数量。这种情况下，远期合约更具吸引力[1]。实际上，场外市场占全球衍生品市场份额的大约 90%，场外市场受欢迎恰恰是由于它的灵活性和非标准化。还有，虽然期货合约在交易所进行交易具有很好的流动性，但它们的到期日很受限（一般不超过两年）；在场外市场，远期合约衍生品头寸可长达 10 年。表 12.3 列示了利率和汇率场外衍生品头寸的贡献。

表 12.3　场外衍生品头寸（未平仓名义额[2]）

美元（10 亿）	远期和掉期		期权	
	<1 年	>1 年	<1 年	>1 年
汇率	39,985	15,593	8,507	2,587
利率	192,737	250,967	14,179	36,135

* 来源：国际清算银行，2012 年

◆ 学习重点

期货交易在交易所进行，而远期是买卖两方的双边合约，双方可根据它们的需求定制。

12.3 谁在到期日从期货和远期合约中获利？

对期货和远期合约来说，买方或说看涨方将按约定的价钱将来支付给卖方或说看跌方；反过来，看跌方将把资产交付看涨方。

假设有一张沃尔玛一年期股票期货合约，当前的期货价是 100 美元，一位投资者看涨（也称多头期货），同意到期日以 100 美元买入沃尔玛的股票。在合约签订日和到期日期间，沃尔玛股票现价[3]是波动的。

如果一年时间到了（到期日），沃尔玛的股价是 80 美元，看涨方损失 20 美元，投资者需要以 100 美元买入沃尔玛的股票（按照期货合约价格），虽然他在市场上以 80 美元就可以买入。但是，如果到期日股价为 120 美元，就有 20 美元的收益，投资者可

1　从现在起，我们将把期货和远期术语互换使用（后面 12.4 章节除外，主要是两者之间的现金流不同：盯市制度），收益 / 支付、对冲可行性、定价等的主要原理均适用于期货和远期两者。

2　名义额是用来计算与衍生工具相关的名义价值或面值。

3　沃尔玛股票在交易所的当日价格。

以 100 美元的价格买入市场上 120 美元的东西，盈利 20 美元[1]。

一个看涨期货头寸到期的总收益计算如下：

$$\text{看涨期货收益} = \text{现价} - \text{期货价} \tag{12.1}$$

当现货价格高于期货价格时，看涨头寸的期货合约就有利润；当现货价格低于期货价格时，它就有亏损。不像期权，看涨一方即使出现亏损也不能丢下期货合约不理，无论现货价格高低，他或她都有义务以期货价买入。

作为投资者持有沃尔玛的看跌期货头寸，情况就反过来了。这种情况下，他或她同意以 100 美元的价格卖出股票（空头），那么，当到期日的价格低于期货价就产生收益；相反，如果现价高于期货价，看跌头寸将亏损。

一个看跌头寸到期日总的收益计算如下：

$$\text{看跌期货收益} = \text{期货价} - \text{现价} \tag{12.2}$$

图 12.1 和图 12.2 描绘了多头（看涨）和空头（看跌）期货合约是如何实现收益的。

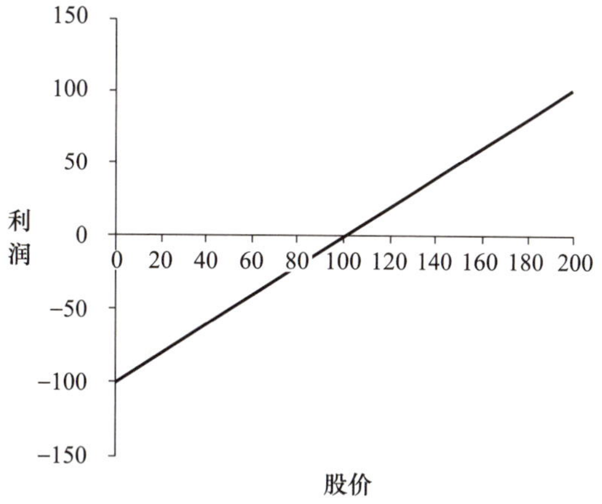

图 12.1 沃尔玛多头期货

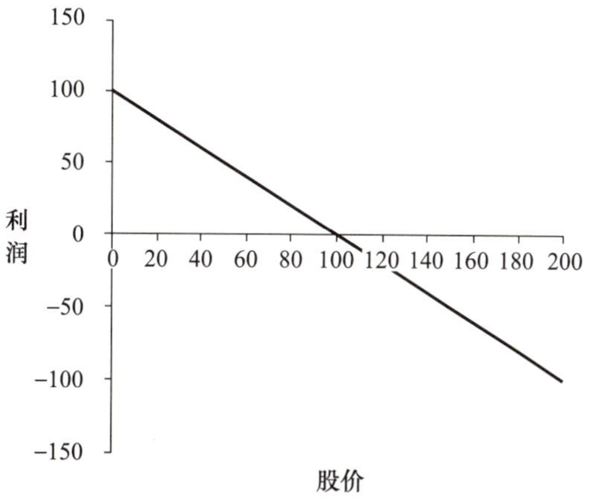

图 12.2 沃尔玛空头期货

1 重要的是不需要交收真实的股票，为了避免交易成本，买卖双方只要同意按照当日的价格结算差额即可。这会减少交易成本，因为他们不必买入和卖出对应的股票。

在到期日，多头期货的收益等于空头期货的亏损。如股价高于 100 美元，多头投资者盈利，同时，空头投资者亏损。反过来，股价低于 100 美元，空头投资者盈利，同时，空头投资者亏损。从图 12.2 可以看出，卖方（空头）可能会巨亏，而且是无底的。

12.4 期货交易的机制

投资者做期货可以看涨（做多）也可以看跌（做空）。交易在交易所进行，或者通过电子交易平台，一旦买卖双方达成交易，结算所就录入了交易系统。

在期货交易所进行交易，清算所扮演着所有买方和卖方的交易对手，也就是说，清算所变成每个卖方的买家、每个买方的卖家。这样一来，交易对手风险就降低了。

无论何时，投资者如果想退出（或清算）持有的头寸，他只需要在期货市场做一个反向交易。如一位投资者持有一个 6 月到期的股票指数多头期货合约，到期前的任何时间，他可以在市场上卖掉这个 6 月到期的期货合约，一旦价格与潜在买家达成一致，这位投资者就将同时持有一个多头和一个空头在同一个合约上，清算所抵冲这个头寸，从此刻起，可以视为这位投资者不再持有这个合约的头寸，或者说不再留有敞口了。实际业务中，大多数期货交易在到期前就都出手了，所以也不涉及任何资产或商品的实物交割。

期货与远期合约主要的区别在于盯市制度。对于远期合约，当合约谈妥了，在合约到期之前没有资金转移发生。而期货是现收现付制，盯市制度保证随期货价格变化，盈亏马上准确进到投资者的账户。

◆ 学习重点

盯市制度是期货合约的特点（但不适用于远期合约）；它实际上意味着每天都有盈和亏支付。

12.4.1 盯市制度是如何运作的?

当一个头寸建立起来了,参与方要先在清算所存入保证金[1]以防未来亏损时能补上。

1 也称履约保证书。

保证金通常是期货合约名义金额的一个较小的百分比，从这时起，盯市可以运作了，每天期货合约的盈亏都会反映在每位投资者的账户中。对于做多的一方，当现价涨时就赚了、现价跌时就亏了，投资者只要保留最低保证金在账户中就行了，这称为保证金下限（金额在期货合约中预先规定）。当账户余额低于保证金下限时，经纪会要求投资者追加钱到账户，这就是保证金追加。如果投资者对保证金追加不作回应、不存钱到保证金账户，经纪人将执行平仓，以避免潜在的违约风险。

保证金以及保证金追加的目的是不给清算所带来风险，全部头寸都会在保证金耗光之前补平仓。

一名投资者想签一份标普 500 期货多头合约，现价 1,500 美元，在芝加哥商品交易所（CME）交易的标普 500 合约大小是 250 美元标普 500 期货价格。根据 CME 规定，初始保证金为 19,250 美元，保证金下限为 17,500 美元[1]。

假设过去了 6 天，期货的价格每天变动如下：

天	当日收市价	当日收益	保证金账期初户余额	保证金追加额	保证金账户期末余额
1	$1,500			–$19,250	$19,250
2	$1,495	–$1,250	$19,250		$18,000
3	$1,500	$1,250	$18,000		$19,250
4	$1,485	–$3,750	$19,250	–$3,750	$15,500
5	$1,490	$1,250	$19,250		$20,500
6	$1,495	$1,250	$20,500		$21,750

第一天，投资者签了一份标普 500 期货多头合约，因此，他必须在经纪那里存入初始保证金。

第二天，标普跌了 5 个点（–0.33%），因为合约面值为 250 美元标普期货价，投资者亏损 1,250 美元（$250 × 5），保证金账户期末余额变成 18,000 美元。由于还高于保证金下限，无需管它。

第三天，标普回到初始的 1,500 美元，投资者账户回到开始的 19,250 美元，没亏也没盈。

第四天，标普跌了 15 点，相当于亏了 3,750 美元，减去亏损后投资者账户余额为 15,500 美元，这低于保证金下限，他需要追加保证金[2]。这时，投资者需要追加 3,750 美元到自己的账户以恢复到初始保证金 19,250 美元，否则，经纪会平仓。

最后一天（第六天），投资者以 1,495 美元的期货价格签一份对冲的头寸做了平仓，

1 每年，期货合约都对初始保证金和最低保证金有具体要求。

2 投资者也可以减少头寸或合约数量，直到满足最低保证金的要求。因为本例只用一份合约作为例子，不可能再减少了。

累计的亏损等于 250 美元乘以合约的卖出价与初始价格之差：

盈亏 = 面值（最后价 – 初始价）=$250 ×（$1495–$1500）=–$1,250

如果这是一份远期保约，现金只有在最后一天才能收到。到时候，多头方将需要支付空头方 1,250 美元。但对期货合约来讲，由于合约是每天盯市制度，盈亏当天就清算到投资者的账户了。

在这个例子中，保证金大约是按基础资产价值[1]的 5% 确定的。需要注意的是，在任何期货头寸上，杠杆都是固有存在的。由于这种固有的杠杆，只要有指标产生一点微小的变动，都可能带来巨大的损失。

–$19,250	放入保证金账户的初始投资
–$3,750	由于追加保证金支付的资本
$21,750	期末余额
–$1,250	总的盈亏
–6.5%	相对初始投资（$19,250）的亏损率

这个例子也说明了为何投资者在指标发生一点小变动（只有 –0.33%）时，对期货的投资却有 –6.5% 的损失。

12.4.2　流动性与期货

由于期货盯市制度的原因，会产生保证金追加并带来大量的现金流出，公司头寸的流动性会成为一个问题。突发性的现金需求（由于盯市制度下出现大的亏损）可能迫使公司出售资产换取现金或计划外不合理借款；甚至面临巨额保证金追加，公司可能由于头寸流动性问题而平仓，或者公司不追加保证金，经纪人（或交易所）也会强制平仓。这意味着公司将不再能够进行套期保值，利用期货对冲风险的能力将变弱。总之，公司通过期货合约可以抵御某些风险（如油价），但如果提前取消这些合约，也就没有任何保障了。

如果是远期合约，就没有这个问题，因为它是在到期日才付款的。但是正如上面提到的，远期合约存在交易对手风险。

◆ 学习重点

做期货的投资者一定要小心突发性现金需求或要求追加保证金的可能性。而做远期合约，所有的付款都只在到期日才发生。

1　基础资产是 250 美元乘以标普 500 期货的价值，也就是第一天 $250 × $1,500=$375,000。因为初始保证金是 19,750 美元，算下来大约占面值的 5.3%。

12.5 期货和远期合约的定价

本章，我们将分析期货和远期合约是如何定价的。一般来讲，有两种方法可以在未来某天收购一项资产。

1. 现在就把它卖了，然后放着；

2. 采用远期合约的方式。

这两种方法都必须是同一个相同成本市场进行的，如果是不同的市场，套利机会就产生了[1]——聪明的投资者可以通过在不同的市场下单，在没有任何风险的情况下，赚取利润。

所有期货定价公司的基本原理被称为现货期货平价定理。根据这一定理，任何头寸都可完美对冲（也即无风险），应当赚取的收益等于无风险利率。这种关系可被用来在不同的市场运用套利的概念发展期货定价关系。

假设你想买沃尔玛的股票，现价为 100 美元，一年的股票期货价格为 110 美元，无风险利率是 5%，这期间没有派息。

一年里，有两种选择可保证你能拥有沃尔玛的股票组合：

1. 现在买入股票并持有一年。假如你是借的钱，利率 5%，一年后的成本是 105 美元（$100+$5 利息）。

2. 签一份股票多头期货合约。一年后，你拿到股票要支付 110 美元。

很显然，最有效的方法是选择 1，即现在借钱买入股票。这种情况下，你也不用掏钱（钱是借的），但一年后你的股票成本是 105 美元。

如果像这样子的话，现货期货平价定理就被打破了，没有潜在的套利机会。实际上，投资者可以今天借钱买入股票（选择 1），同时以 110 美元的价格签一份空头期货头寸。

从今天开始，一年里的支付清单如下：

	今天	一年后
签一份一年期的贷款，利率 5%	$100	$105
今天以 $100 买入股票	–$100	
持有股票一年	+ 股票	

1 套利包括了赚钱：（1）今日；（2）无风险；（3）无需投钱。它是对一项资产在不同市场的价格差异同时进行买卖操作来赚钱的。

续

	今天	一年后
以 $110 签一年空头期货合约		$110
一年后交回股票		– 股票
总的现金流	$0	$5

这样一来，今天你无需花一分钱，一年后你就能赚 5 美元，而且这个收益是有保证的，因为它并不靠沃尔玛的股价表现。这被称为空手套利战术。

另一种情况，假设满足以下条件，现价 100 美元，一年的期货价格为 102 美元，无风险利率为 5%，期间无派息。这种情况下，一种反过来的空手套利可操作。首先，你今天卖出股票[1]并把钱以 5% 的利率存一个定期。接着，你当天签一份一年期、价格 102 美元的股票期货合约。

	今天	一年后
存一个一年定期存款，利率 5%	–$100	$105
今天以 $100 卖出股票	$100	
卖出股票	– 股票	
以 $102 签一个一年的多头期货合约		–$102
按照期货合约，一年后收回股票		+ 股票
总的现金流	$0	$3

一年后，你用定存收回来的钱支付期货合约，结清股票头寸。这一操作保证了你这一年里赚 3 美元，没有风险且当天也无需出钱。

以上两个例子展现了纯套利机会，实现无风险回报且不需要投入一分钱。方法可复制，金额可无限放大，除非例子中假设的价格变动，可能会抵消了套利的机会。所以，我们得出只有期货的价格会抵消套利的机会：

$$F_0=S_0\times（1+r_f）=100\times（1=5\%）=105 \tag{12.3}$$

| F_0 是当前期货的价格，S_0 是当天现货价格，r_f 是期货合约到期无风险利率。

在期货价格为 105 美元时，根据现价和无风险利率，这是市场上唯一可能存在的期货价格，没有套利的机会[2]。

12.5.1 股票期货

股票或股票指数都是要派息的，一般来讲，它的定价公式为：

1 如果你手上没有这个股票，你可借一年并做一个空头。那么，你一年后必须把它还给原来的持有人。

2 这也称为一价定律（一件商品在不同国家或地区出售价格必须相同）。

$$F_0=S_0\times(1+r_f)-D=S_0\times(1+r_f-d)$$
$$d=D/S_0 \tag{12.4}$$

- F_0 是当前期货的价格。
- D 是期货合约期的派息金额，d 是相对于股价的百分比（派息率）。
- S_0 是当天现货价格。
- r_f 是无风险利率。

期货价格的计算：标普 500 指数的现价是 1,500 美元，无风险利率是 5%，派息收益率 3%。那么，一年期标普 500 期货价格是多少呢？

$$F_0=S\times(1+r_f-d)=1500(1+0.05-0.03)=1{,}530$$

今天要买一年期期货的价格应该为 1,530 美元。

如果期货价格高于上面这个价格，就有套利的机会。投资者知道期货的价格高了，他们就可以采用做空期货并做多指数的套利战术。

如果期货价格低于 1,530 美元，套利机会同样存在（反向操作）。投资者知道期货价格相对于有效价格是低了，他们应该做多期货并做空指数。

需要注意的是，无论标普 500 接下来一年的表现如何，以上两种战术都能赚钱，只有在 1,530 美元这个价格点上是没有套利机会的。请注意我们还没提到一个词“期望值”。

很多人奇怪期货定价为什么要了解期望值。1,530 美元这个期货价格并不意味着市场参与者就相信，一年到期时，价格就刚好是这个价，只能说它到时可能是这个价，因为它是根据当天的指数（$1,500）、无风险利率和派息率算出来的，任何其他期货价格都会带来套利机会。

◆ 学习重点

期货定价是为了消除套利机会，它并不依赖于期货市场变化的预期。

12.5.2 利率期货

采用利率期货，投资者可以锁定未来几年的实际利率，利率期货也采用套利条件定价。

当投资者无论何时需要在未来的一段期间确保利率不变，这些衍生工具就很有用，不管是未来的一笔贷款或是存款。

一般讲，一个一年期远期利率协议的定价公式为：

$$FRA_{t-1,t}=\frac{(1+R_{0,t})^{t}}{(1+R_{0,t-1})^{t-1}}-1 \tag{12.5}$$

- $FRA_{t-1,\ t}$ 是远期利率协议，也就是 t–1 年与 t 年之间将保证的实际利率。
- $R_{0,\ t-1}$ 是从现在到 t–1 年实际年收益（利率）。
- $R_{0,\ t}$ 是从现在到 t 年实际年收益（利率）。

你准备本年买一台车，你将会贷款。你知道当前的贷款利率，对你来说重要的是一年后的利率会怎样。你可以用利率期货在今天就确保一年后的利率，即锁定你一至两年期间的贷款成本。

假设现在一年期贷款利率是 5%，两年期是 6%，一年的远期利率可以用下面的等式：

$$(1+R_{0,1})\times(1+FRA_{1,2})=(1+R_{0,2})^2$$

- $FRA_{1,2}$ 是远期利率协议，也就是一至两年之间将保证的有效利率。
- $R_{0,1}$ 是从现在到一年有效年收益（利率）。
- $R_{0,2}$ 是从现在到两年有效年收益（利率）。

公式左边我们知道了两年的回报，这是先通过投资一年期债券获得的。接着，再用一个一至两年的远期利率协议（$FRA_{1,2}$）计算。公式右边，我们有了一个两年回报，这是通过直接投资两年期债券获得：一个两年期的保证回报。

实际上，为了避免套利机会，一至两年远期利率（$FRA_{1,2}$）要使公式左边与右边相等。

那么，用上面的例子，远期利率就是：

$$1+FRA_{1,2}=\frac{(1+R_{0,t})^t}{(1+R_{0,t-1})^{t-1}}=\frac{(1+R_{0,2})^2}{(1+R_{0,1})^1}$$

$$FRA_{1,2}=7.01\%$$

上面的原理适用于任何远期利率，不管到期日是什么时候。如从现在算，两年后的年利率是多少？意即投资于第二至第三年你可以保证的有效利率，假设两年期贷款利率是 5%，三年期是 5.5%。

$$FRA_{2,3}=\frac{(1+R_{0,3})^3}{(1+R_{0,2})^2}-1$$

- $FRA_{2,3}$ 是远期利率协议，也就是两年与三年之间将保证的有效利率。
- $R_{0,2}$ 是从现在起两年有效年收益（利率）。
- $R_{0,3}$ 是从现在起三年有效年收益（利率）。

这个例子也等于：

$$1 + FRA_{2,3} = \frac{(1+R_{0,t})^{t}}{(1+R_{0,t-1})^{t-1}} = \frac{(1+R_{0,3})^{3}}{(1+R_{0,2})^{2}} = \frac{(1+5.5\%)^{3}}{(1+5\%)^{2}}$$

$$FRA_{1,2} = 6.5\%$$

12.5.3 外汇衍生品

汇率连续波动，这种波幅对于任何做外汇交易的人都是值得关注的。外汇衍生品可使投资者锁定未来某一时段的汇率。

买入未来外汇的投资者持有一个多头头寸。通常讲，到期时，当现货价高于上面预定价，多头持有人将获利。

你以 1.5 瑞士法郎∶1 欧元买入 1 亿欧元，你就持有了欧元远期长仓，图 12.3 表示从现在起，一年间外汇现价对远期合约的盈（亏）。

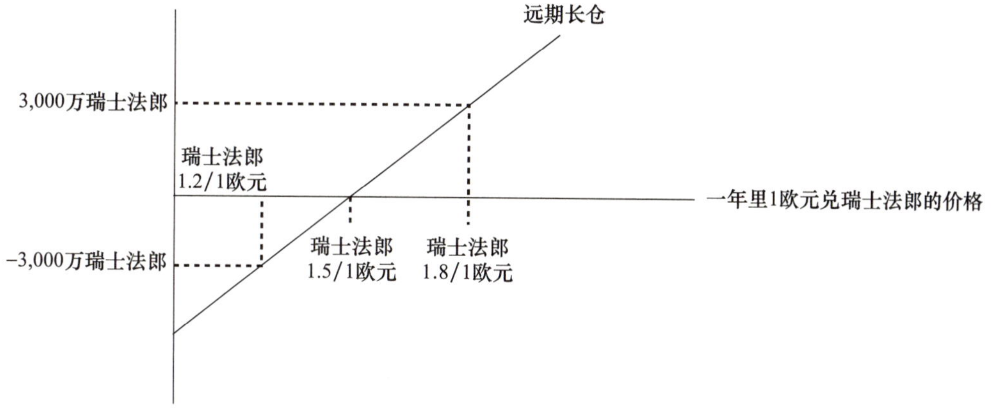

图 12.3 一年间外汇现价对远期合约的盈（亏）

如果一年之中瑞士法郎的汇率变到了 1.8，那么，长仓合约就盈利了。的确，你采用远期合约 1:1.5 的汇率，用 1 亿欧元买入 1.5 亿瑞士法郎。如果等你用的时候再去市场买的话，现价将会是 1:1.8，那么，你将需要 1.8 亿瑞士法郎。这一合约产生的收益将是 3,000 万瑞士法郎。

外汇的空头远期合约就反过来了。空头情况下，你以 1:1.5 卖出 1 亿欧元，如果汇率一年里变成 1:1.8，按照市价需要 1.8 亿瑞士法郎，你就有 3,000 万瑞士法郎的亏损，因为远期只需 1.5 亿瑞士法郎。

对于股票、利率、外汇远期，都是通过套期定价的。的确，外汇的期货或远期合约不是按照想象来定价的，它们只跟两个经济体的利率是相关：

$$\frac{(1+r_{foreign})}{(1+r_{s})} = \frac{f_{foreign}}{S_{foreign}} \qquad (12.6)$$

- $S_{foreign}$ 是现在的美元（$）与境外货币的汇率。
- $f_{foreign}$ 是美元（$）与境外货币一年期远期汇率。

- $r_{foreign}$ 是外国货币的市场利率。
- r_s 是本国货币的市场利率。

这称为覆盖利率平价关系。无论何时它被打破，套利者将能够在外汇市场上通过借入一种货币、贷出另一种货币并锁定境外货币来获得无风险的利润，这将会是一个无需投资的无风险的收益（因为采用外汇远期合约锁定的未来的利率）。

◆ 学习重点

汇率期货按照两个经济体的利率来定价（而不是预想）。

假设我们想算出欧元与瑞士法郎的远期汇率，设定：

- 瑞士法郎：欧元的汇率目前是 1.2:1；
- 欧元的利率是 4%；
- 瑞士法郎的利率是 1%。

我们用公式 12.6 平价利率来计算：

$$\frac{(1+r_{法郎})}{(1+r_{欧元})}=\frac{f_{法郎/欧元}}{S_{法郎/欧元}}$$

$$f_{法郎/欧元}=\frac{(1+r_{法郎})}{(1+r_{欧元})}\times S_{法郎/欧元}=\frac{(1+1\%)}{(1+4\%)}\times 1.20=1.1654$$

那么，远期合约价格（欧元兑瑞士法郎当日汇率从现在起一年）一定是 1.1654。

算出这个结果的原因很简单，假设远期合约价格等于现价，这种情况下，投资者就会以今日的现价锁定未来一年的汇率，套利机会这时就有了——投资者借入利率便宜的货币，以高利率的货币存入，由于利差保证了有收益。本例中，就是以 1% 的利率借入瑞士法郎，然后以 4% 的利率存入欧元，无论他们想做多大金额，都有 3% 的无风险利差。由于有 1.2 的远期合约，就不会有汇率风险。

但是，如果远期合约汇率为 1.1654，这个盈利策略就不存在了。本例中，投资者不可能通过借入一种货币和借出另一种货币而无风险地套利。

12.6 如何用掉期对冲风险

掉期是两个交易对手交换未来现金流的衍生合约。一个掉期，一方以一种变动的底层资产为基础，如利率、商品价格、权益指数或外币汇率，保证未来一系列的支付。

有两类基本的掉期：利率掉期（通常称为普通利率互换）和货币掉期，按照一个基础名义本金对未来的现金流交换。掉期是场外市场的一部分，由掉期经纪（中介）负责执行；公司之间不能直接签约[1]。

12.6.1 利率掉期

利率掉期（IRSs）是流动性最好的利率衍生品。一个利率掉期，双方根据规定的名义金额来约定交换的现金流[2]：

- 一方支付固定利率，根据协议掉期利率，每一期间支付一笔固定的利息；
- 另一方支付浮动利率，它按到期日的利率支付；
- 最初的名义金额一直不变。

当一家机构想把支付的利率固定并愿意接受变动利率，它就可以买入一个掉期（也称长仓掉期或固定利率支付人），相反的一方卖出一个掉期（或称空仓掉期，或浮动利率支付人）。这种情况下，这家机构会承诺在掉期期间以变动的利率支付（同时接受一个固定的利率）[3]。

公司 A 与公司 B 签署了一个 1 亿美元 5 年期的利率掉期合约，每年付息一次。在这个掉期合约中，公司 A 按 4% 的固定利率支付利息，公司 B 承诺按浮动利率支付利息（比如参照欧元银行间利率）。每年，公司 A 按 4% 固息支付公司 B（根据名义金额 1 亿美元，得出为 400 万美元），同时，公司 B 按现行的浮动利率支付公司 A，双方只交接净差。

如某一年欧元银行间利率为 3%，公司 B 必须要支付 300 万美元的利息（即名义金额 1 亿美元乘以欧元银行间利率 3%）。因为公司 A 要付 400 万美元给公司 B，所以公司 A 只要付给公司 B 净差额 100 万美元即可。（见示意图，译者注）

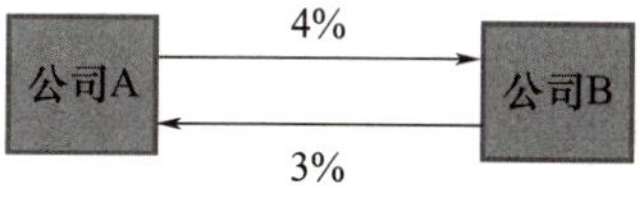

假设市场浮动利率上升了，欧元银行间利率在某一年是 5%，这时，公司 B 要付给公司 A 净差额 100 万美元（500 万美元浮动利息与 400 万美元固定利息之差）。（见示意图，译者注）

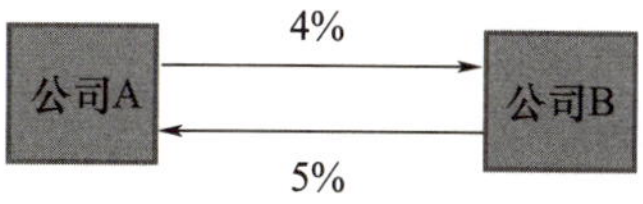

1 对于利率掉期来说，有大量的标准合约参数，包括减少交易对手风险如抵押。抵押要求公司存入资产作为担保物（最常见的是现金和政府证券）。

2 “名义”是指面值，是用来计算某一特定衍生品的付款额。

3 一个掉期可以看作分开的远期合约的组合。的确，对一个掉期合约，有人按照固定利率付息，同时，按照浮动利率收息。这付和收两个动作，可以由现金流折现算出来。

12.6.2 为什么用掉期？

公司采用掉期合约管理风险，是在利用不同市场息差[1]来发挥它们的比较优势，根据每个公司的比较优势，通过掉期交易获取收益。签署掉期合约的理由是多方面的：

- 把浮动利率计息的债务转换为固定利率计息的债务，反之亦然；
- 把浮动利率的资产转换为固定利率的资产，反之亦然；
- 用较低的成本借入，带来较高的投资收益；
- 将某种货币的任何资产或负债转换成不同的币种。

12.6.3 用掉期转换负债

试想下面的情景：

- 公司 A 现有一笔浮息贷款；
- 公司 B 现有一笔固息贷款。

公司 A 想对冲利率上升，目前，它所有的债务都是浮动利率（如采用 LIBOR 利率），这就意味着如果 LIBOR 上升了，它的利息支出就要增加。反过来，公司 B 有一笔固定利率贷款，想转为浮动利率。通过签订一个掉期合约，它们都达到自己的目标。

公司 A 买入掉期（长仓），每年以浮动利率交换一笔固定利息。公司 B 卖出一个掉期（空仓），这就意味着它按浮动利率付息（同时收到固定利息）。假设它们签了一个 5 年期 1 亿元的掉期，每年公司 A 按 5% 支付固定利息，公司 B 按当时的 LIBOR 利率付息。

从图 12.4 中看出，掉期的结果是公司 A 每年按照固定利率 5% 付息，同时，公司 B 按照 LIBOR 利率付息，双方都达到目的。公司 A 有效地把浮动利率责任转为固定债务，消除未来利息费用的不确定性。公司 B 将债务转为浮动利率，如果未来利率下行，它将受益。

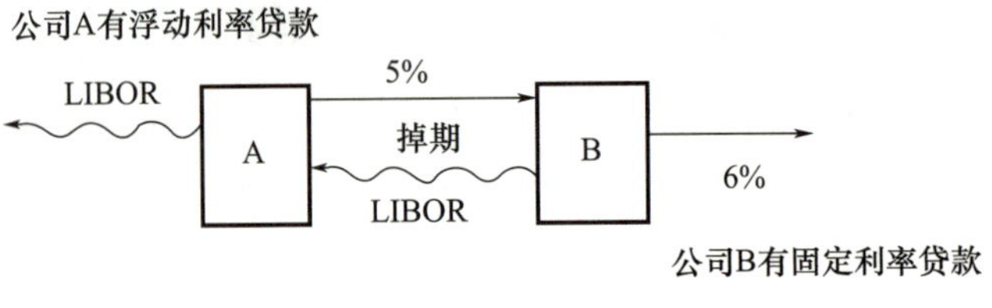

图 12.4 转换负债掉期

12.6.4 用掉期转换资产

试想下面的情景：

- 公司 A 现有一笔按照 LIBOR 的浮动利率债券；

1 不同的公司在不同的市场借到的资金利率不同，有固定的，也有浮动的。

- 公司 B 现有一笔固息债券（年息 6%）。

公司 A 想对冲可能的利率下降，它想锁定为固定利率的收益。反过来，公司 B 想将利率敞开从而可以在利率上升时受益。通过利率掉期协议，这两公司可以交换敞口。

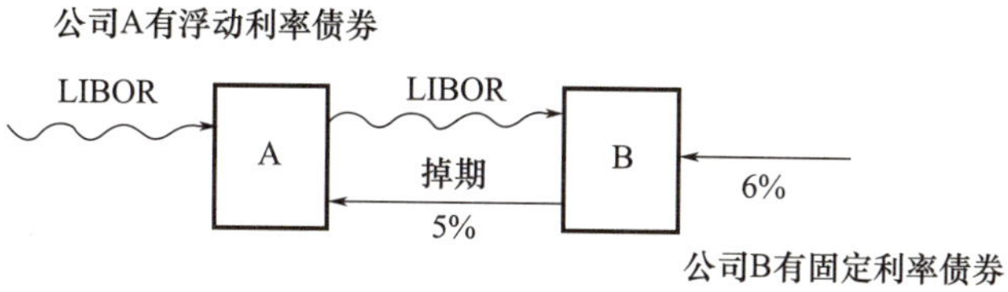

图 12.5　转换资产掉期

从图 12.5 可以看出，掉期的结果是公司 A 收到 5% 的固定利息，同时，公司 B 收到按 LIBOR 计算的当期利息。

12.6.5　如何通过掉期降低借款成本

两公司通过签订普通掉期协议，利用它们各自的比较优势实现套利成本差。的确，由于信息不同以及监管限制等造成不同的公司在固息和浮息市场上的不同，结果是公司在不同市场发行将会有一个比较优势。

试想下面的场景：

- 公司 A 可以用 7% 的固定利率借款，也可以按照 LIBOR+25（基点）[1] 的浮动利率借款；
- 公司 B 是一家评级低、风险高的公司，它借款的话，固定利率要 8%，浮动利率为 LIBOR+75 点；
- 公司 B 希望以固定利率借款，而公司 A 希望以变动利率借款。

虽然公司 B 在两个市场都面临高利率，但它在浮动利率市场有一个比较优势——在浮动利率市场，它比 A 高 50 基点（B 是 LIBOR+75，A 是 LIBOR+25）；但在固定利率市场，公司 B 比公司 A 高 100 基点（B 是 8%，A 是 7%）。公司 A 的比较优势在于，在固定利率市场比公司 B 少 100 基点，而在浮动息率市场比公司 B 少 50 基点。通过签订一个掉期合约，配合发行适宜的债券，它们可以实现目标，双方都可以降低成本。因为公司 A 在固定利率市场有比较优势，它可以用 7% 的利率借入名义本金（比如 1 亿元），公司 B（也利用它的比较优势）在浮动利率市场借入 1 亿，它需要按照 LIBOR+75 基点计息。然后，它们签订掉期合约，公司 A 卖出掉期（空仓），这意味着它承诺支付浮动利率（同时收到固定利率）。反过来，公司 B 买入掉期（长仓），每年它用浮动利率交换固定利率。假设它们签一个 5 年期 1 亿元的利率掉期合约，公司 B 只要按 7.1% 固定利率付息，而公司 A 每年按当时 LIBOR 利率付息。

1　100 个基点为 1%；1 个基点为 0.01%。

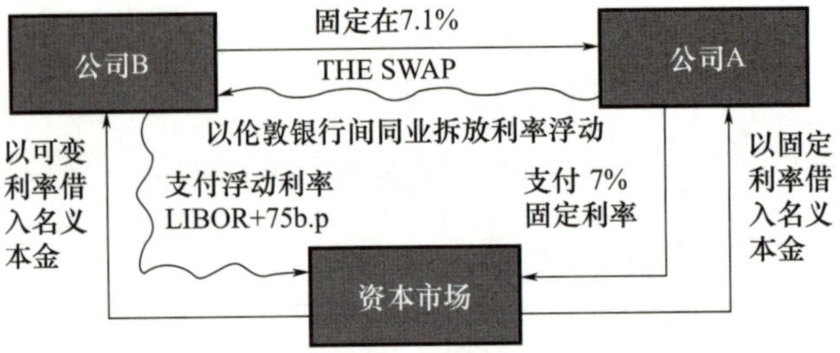

图 12.6　降低借贷成本掉期

从图 12.6 可以看出，最后的结果是公司 B 以 7.85% 的固定利率[1]借到款，它向资本市场支付 LIBOR+75 个基点的浮动利息，然后通过掉期，它向公司 A 按 7.1% 固定利率支付利息，但收到 LIBOR 利息，公司 B 从而实现了固息的目标。通过这一机制，它的最后有效利率为 7.85%，比直接以 8% 的固定利率贷款要低。

公司 A 以浮动利率借款等于 LIBOR–10 个基点（它向资本市场支付 7% 的固定利率，利用掉期以 LIBOR 向公司 B 支付，同时按 7.1% 固定利率收息作为交换），双方都有比较优势时，通过掉期均降低了利率费用。

12.6.6　货币掉期

货币掉期是交易双方通过交换，将一种货币的本金和固定利息转为另一种货币的本金和固定利息（同一个贷款）。公司间可以通过货币掉期（也称外汇掉期）将一个债务（或成本）转为另一种货币。

假设一家美国公司（比如沃尔玛）打算为德国子公司筹集 4,000 万欧元的资本性支出，它可以在美国借美元，大家都知道它可以转为欧元，但这将涉及汇率风险。用美元为欧元项目融资，它完全可以在国际债券市场借欧元，但它可能需要支付溢价，因为它对海外情况不了解。这种情况下，货币掉期会是一个有趣的方案，如果可以找到一家德国公司有对应的需求，那通过掉期将会是一个双赢的方案。

如果目前的汇率是 1.3 美元 : 1 欧元，这个美国公司需要找一个德国公司（如叫 VW），它想借 5,200 万美元（$40,001.30），假设两家公司的贷款成本由于币种不同而不同。

	$	€
沃尔玛	8%	7%
VW	9%	6%

借美元的话，沃尔玛比 VW 低 1%；借欧元的话，比 VW 高 1%。这么一来，沃尔玛有美元的借款优势（同时，VW 有欧元的借款优势）。

因为交易有成本，寻找交易对手也有成本，所以掉期一般都要通过中介进行（掉期

1　7.85%=LIBOR+75 个基点 –LIBOR+7.1%。

银行）。假设沃尔玛与银行签一个掉期合约，欧元以 6.1% 付息，美元以 8% 收息；VW 也签一个掉期合约，它美元以 8.15% 付息，欧元以 6% 收息。同时，两公司各自以本币借入资金，它们有本币比较优势。那么，VW 发行欧元债券、6% 的息率，同时，沃尔玛发行美元债券、8% 的息率，两公司各自立刻将发债所得资金转换为它所选的币种（根据投资所需，沃尔玛需要欧元、VW 需要美元）。图 12.7 展示了这些交易的过程。

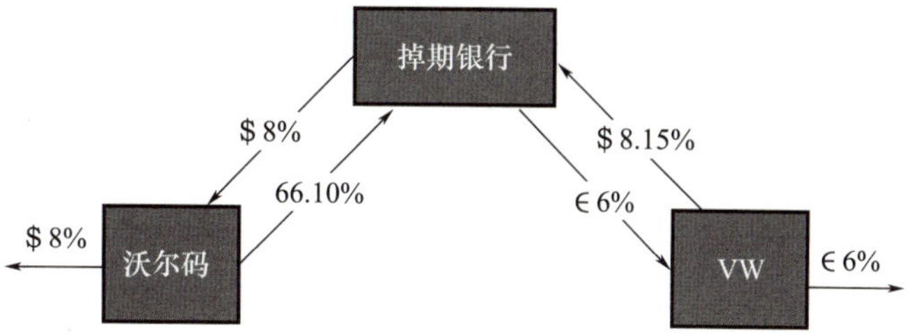

图 12.7 货币互换结算收益

沃尔玛的净头寸是以 6.1% 借入欧元，它从银行以 8% 收到美元，支付它在美国的利率 8% 的债券利息。总体而言，这个 6.1% 的欧元利率远低于沃尔玛 7% 的利率。

VW 的净头寸是 8.15% 借入美元，它支付银行 8.15% 的美元利率并收取 6% 的欧元利率作为交换（这是用来支付欧元债券的）。总体来看，其 8.15% 的美元利率，远低于 VW 自己 9% 的利率。

套利成本差（Quality Spread Differential）为掉期提供了潜在收益（可在交易双方和掉期银行间分享）：

$$套利成本差（QSD）= \$（公司 A- 公司 B）- €（公司 A- 公司 B） \quad （12.7）$$

$（公司 A- 公司 B）是两公司间美元借款成本差，€（公司 A- 公司 B）是欧元借款成本差。

具体到本例：

$$\$（沃尔玛 -VW）=8.0-9.0=-1\%$$

$$€（VW- 沃尔玛）=7.0-6.0=1\%$$

得出：QSD=-1%-1%=-2%

无论何时，套利成本差（QSD）都不会是零，所以，交易中的潜在收益都存在。货币掉期当一方拥有比较优势在市场上借款时能降低借款成本，那么，掉期就成为优选的货币。本例中，合计的潜在节约一次就是 2%，这可以在交易双方和掉期银行间分享，但也没理由平分。本例中，沃尔玛收了 0.9%，VW 收了 0.85%，剩余的 0.25% 归掉期银行（2%-0.9%-0.85%）。

12.6.7 更复杂的掉期

还有几种更复杂的掉期存在，常被称为“新型掉期”。下面是几个例子。

- 掉期权期：一种交易双方之间的合约。在该合约中，双方有权利，但没有义务，在将来进行一项特定的互换交易（互换的条款在合同签订之时就已确定）。
- 基点掉期：双方交换两种浮动利率间的差额。
- 延期互换：利息支付的交换从未来某个点开始。
- 分期偿还掉期：按照某一与时间相关的算法公式，如利率、其他证券的分期等，随着时间面额逐步下降。
- 上升掉期：按照公式随时间面额逐步上升的掉期。
- 定量掉期：依据浮动利率联动的掉期（欧元银行间利率、伦敦银行间利率等）以及外汇市场。
- 幂函数掉期：伦敦银行间利率的幂函数计算的浮动利率的掉期（LIBOR 的平方、立方等）。
- 范围收益掉期：一种息票的掉期以某些事项的发生为条件，如欧元银行间利率在一定天数内规定在某一范围，设定一个上下限，但它也可以与另一金融资产（股票指数、商品等）关联起来。
- “雪球”掉期：每张息票的支付都依据紧邻前一期的支付。

需要强调的是，大多数新型掉期投机意味很高，有些潜在的对冲只有资产－负债管理的金融机构和养老基金采用，大多数情况下，它们代表高杠杆市场的方向。许多公司及政府机构用复杂的掉期，完全是为了把它们的债务往后推，许多不明智的投机行为都以灾难告终。

本章小结

风险管理或套期是采用期货或远期合约的主要原因，公司可以运用这些衍生工具来防止不同资产价格变化带来的不确定性。

期货和远期合约是衍生工具，今天签合同，约定未来特定时间发生的交易。如利率期货可使投资者对未来的利率在今天固定下来（无论是贷款还是存款），同时，外汇衍生品可使公司将未来某一交易在今天就把汇率固定下来。

期货与远期合约的主要不同是应用中的标准化和流动性。期货交易在交易所进行，合同的金额、到期日等都是标准化的条款。远期合约是根据适用情况量身定制的。它们都是双边协议（因此，风险取决于对手方）。

就流动性而言，当采用期货时，投资者必须考虑保证金以及盯市制度。实际上，盯市可能要求投资者追加保证金到账户，这可能对流动性产生影响。而远期合约，不会有中间加钱的事发生，所有的现金流只在到期日产生。

在本章，我们看到了不同资产的期货及远期合约的定价原理，包括股票、指数、利率和汇率。总之，期货的价格不反映预期，只是通过衍生价格防止经纪人利用套利机会。

我们还介绍了掉期以及它的作用。非金融类的公司可以在许多风险管理中运用掉期，这也解释了为什么衍生品被广泛采用。

第十三章

利用期权管理公司风险

期权是一种衍生合约，授予持有人某种权利，在某一期间（或在一个特定日期）以一个固定价格买入或卖出指定资产的权利。期权合约对应各种金融标的资产，包括股票、利率、债券、股指和货币，但也有非金融资产的期权，如商品甚至天气。

期权分两种：购入（看涨）权和卖出（认沽）权[1]。购入期权授予持有人以预先规定的条件买入某一资产的权利，总有一方交易对手作为期权的卖出方，期权卖出方承诺卖出资产（以约定的条件）。看涨期权在高管薪酬项目中越来越受欢迎，确实，从 20 世纪 90 年代以来，许多公司引入了股票期权计划，授予雇员有权利以某一价格但不是义务，去购入公司的股票。

卖出期权授予持有人卖出的权利，期权的卖出人有义务（以规定的条件）买入持有人期权对应的资产。

看涨和认沽两种情况下，期权的购买者只需要支付溢价来换取这些权利。这个溢价取决于一组变量，包括标的资产的市场价格。

1　多头意味着你投资了或已买了某东西，空头对应是卖出。

公司采用期权来保护它们可能面临的各种资产价格的变化，这常被称为对冲，能减少甚至消除风险。本章重点讨论以下题目：

- 不同类型的期权；
- 期权怎样交易，何时交易；
- 期权的回报；
- 采用期权可能的策略，为何它们是有用的；
- 期权怎样估值。

13.1 期权的收益

本节分析不同类型的期权到期时的收益[1]，我们用股票为例说明，但也适用其他资产。

13.1.1 看涨期权

在到期日，期权收益或者为零（如果没有行使），或者为授予价与行使价的差，期权买入者的回报可表示如下：

$$长仓回报 = Max(0, S-X) \quad (13.1)$$

| S 是股票标的价格，X 是行使价。

那么，如果股票在到期日的价格高于行使价，对买入者来讲是好消息，因为这时它的回报是正的。但是，如果股票价格低于行使价，买入者的回报将是零。

期权卖出者的回报可表示如下：

$$空仓回报 = Min(0, X-S) \quad (13.2)$$

| S 是股票标的价格，X 是行使价。

那么，如果股票价格低于行使价，对期权卖出者来讲是好消息，因为它的收益是零。但是，如果股票价格高于行使价，期权卖出者将有损失，买入者有权买入这些股票。

假设有一个 Exxon 公司的股票期权，行使价为 100 美元，持有人享有买入期权，可以在到期日以 100 美元 / 股买入 Exxon 的股票。

1　所有这些偿付对应到期日（行使日）都有现金流产生，不考虑期权支付的价格（也称溢价）

如果到期日 Exxon 的股价是 80 美元，期权回报将是零，期权不会被行使。但是如果到期日股票是 120 美元，回报将是 20 美元（\$120–\$100），持有人可以支付 100 美元行使，即以 120 美元在市场卖出，获得 20 美元净收益 [1]。图 13.1 描述了看涨期权买入者在到期日不同的股票价格。

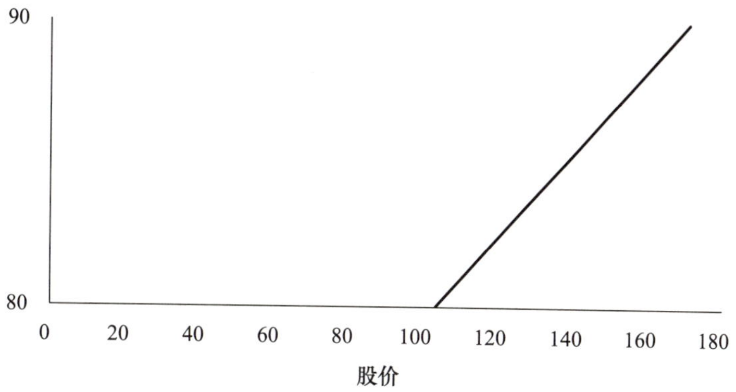

图 13.1 看涨期权回报

由于该看涨期权的行使价是 100 美元，到期日股价低于此价时，期权收益为零。但如果股价高于 100 美元，收益就是股价与行使价之差。

反过来，到期日收益对于期权卖方（认沽）来讲，上面描述的情况就是相反的。确实，在到期日，期权卖出方不会行权，如果期权持有人决定行使它，它可以每股 100 美元卖出 Exxon 的股票，图 13.2 描绘了到期日不同股价下看涨期权卖出方的回报。

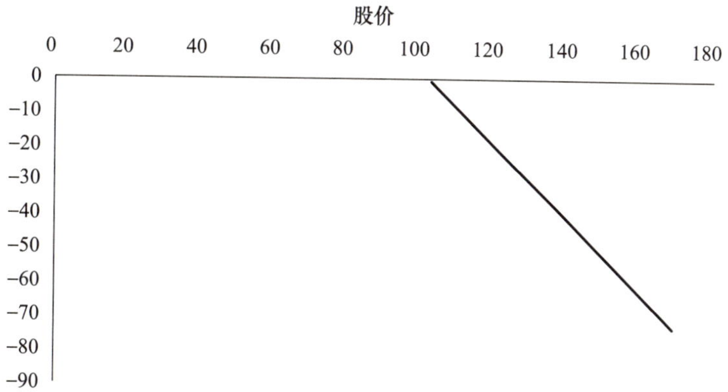

图 13.2 看跌期权回报

这是看涨买入者收益的反镜影像，所有高于 100 美元的部分都为负收益。如股价是 120 美元，认沽期权的收益将会是 –20 美元，如图 13.2 所示，期权卖出者的收益会

1 请注意期权持有者不一定要持有 Exxon 的股票，持有者拥有以 100 美元的价格买入的权利，但他或她可以随时以市场价行使期权。

是负值且不会反弹。显然，看涨期权遭受损失的人，会同意承担这一风险，以换取他或她出售期权时获得的溢价。

13.1.2 认沽期权

以预先定好的价格卖出一项资产的权利称为认沽期权。对于持有认沽期权的投资者，在到期日的回报或者为零（若没行权），或者为行权价与预订价的差额，回报可用以下公式描述：

认沽期权买方的回报 =Max（0,X−S）　　（13.3）

| S 是指定股票的价格，X 是行使价。

期权卖出方的价格可以描述如下：

认沽期权卖方的回报 =Min（0,S−X）　　（13.4）

| S 是指定股票的价格，X 是行使价。

假设一个 Exxon 股票的认沽期权，行使价为 100 美元，期权受益人（认沽期权的买方）在到期日以 100 美元卖出 Exxon 一股。如果到期日 Exxon 的股价为 150 美元，期权回报为零，持有人不会行使这个期权，因为谁也不会把 150 美元 / 股的股票以 100 美元 / 股卖了。换句话，除非股价低于行使价，持有人将不会行权。

但是，如果到期日股价为 70 美元，回报为 30 美元（$100−$70），持有人会行权，即以 70 美元的价格买入股票，因为持有人把 100 美元的股票用 70 美元的价格买入，有 30 美元的净收益。图 13.3 描述了认沽期权的收益。

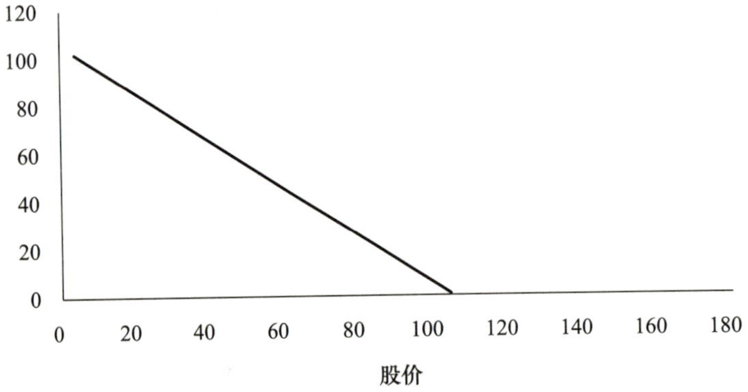

图 13.3　看涨期权卖出回报

反过来，在到期日，期权购买者的回报（也称认沽期权卖出方或认沽销售权）将会是上面描述的相反结果。确实，在期权到期时，认沽期权的卖方没有权利且有义务以 100 美元的价格购买股票，如果期权的持有者决定行使它。

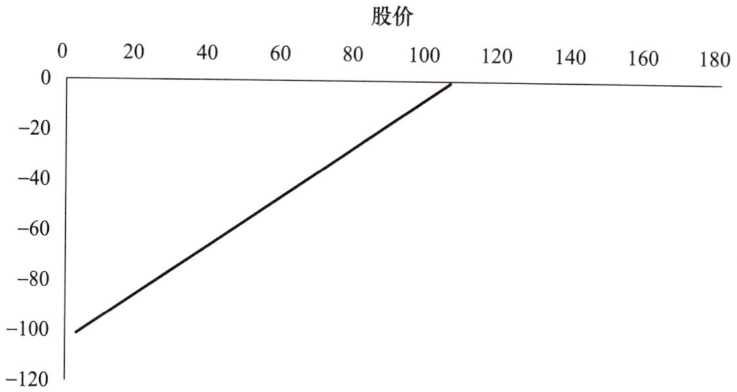

图 13.4 看跌期权卖出回报

那么，如果到期日股票价格高于行使价，对于期权卖出方是好消息，因为期权没有价值。但是，如果股票价格高于行使价，卖出方的回报将是负的（所有低于 100 美元的价格，回报都是负的），如价格是 60 美元 / 股，认沽期权的回报为 −40 美元 / 股，卖出方的回报到期时，跌了 100 美元，那将是最坏的情况，他或她需要用 100 美元买一个价值为零的股票，最终产生 100 美元的损失。

13.1.3 期权何时、怎样交易

所有期权都有一个规定的最后期限（也称行权日或到期日），但就期权何时行使，有两种可能：

- 欧式期权只能在到期日行使；
- 美式期权可以在到期日之前任何时间行使。

两者都与在哪里交易无关，无论是欧式还是美式，两种期权都是在大西洋各自一边交易。

股票期权主要在交易所进行交易。那些公司发行的，如微软、通用电气，属于美式期权。指数期权可以是美式或欧式，如标普 100 指数期权是美式期权，而纳斯达克 100 指数期权是欧式期权。

持有人可以买（看涨）或卖（认沽）标的资产的固定价格，称作行使价或预购价格。

到期日之前任何时间，我们通常说期权的货币性，无论期权是价内期权还是价外期权，这一专门术语是指期权在那时被行使时，针对标的资产当前价格潜在产生的现金流。

如看涨期权是：

- 价内期权：标的资产价值高于行使价——那时行使期权，同时以当时的市价卖出标的资产，将产生正的现金流。

- 价外期权：标的资产价值低于行使价。
- 平价期权：标的资产的价值等于行使价。

反过来，认沽期权是：

- 价内期权：标的资产价值低于行使价——那时行使期权，同时以当时的市价买入标的资产，将产生正的现金流。
- 价外期权：标的资产价值高于行使价。
- 平价期权：标的资产的价值等于行使价。

13.2 用期权对冲公司风险

公司可以采用期权自我保护——对冲——来针对不同资产价格的不确定性变动。采用期权与远期合约来管理风险存在一项重要的差别：当采用远期合约时，双方在当日条件下约定未来的某一交易将会发生，合约签订后，不需要付款，但交易在未来的指定日将发生，无论未来购买人是否赚钱；就期权而言，期权持有人有权利而不是责任决定是否行使它，这就意味着如果市场价格下行使期权无利可图，期权的持有者放弃不行使就可以了，到期也不用付钱。但这种灵活性也是有代价的：采用期权时，需要先向期权卖出方支付一定的保证金；远期合约就不需要。

如铜商品期货的看涨权，你可以在规定的日期以行使价，有权利而不是义务买卖铜。铜在建筑、基础设施、设备制造（电缆、电线和家电）等领域广泛应用，有一个设备制造厂商想采用铜期货来对冲价格变动的风险。确实，铜市场对许多供货方没办法约束，从而使铜价可能波动剧烈。通过采用期货对冲风险，设备制造商可以对原材料价格设置一个上限，如果铜价低于期货的行使价，公司就直接在市场上低价买现货（期货到期放弃行使）。但如果铜价上涨了，公司将会行使这个期权，以预先约定的价格买入，这样一来，期货就有效地封住了原材料的成本。当然，为得到这个期货，生产商必须付出一定的溢价，这可以视作原材料上涨的一个保险成本。

买入认沽期权可以视作一项资产出售的底价保证。如一家公司销售原油并决定买入认沽期权，假设认沽期权为一年期 100 美元 / 桶，如果一年里油价上涨超过了 100 美元 / 桶，公司只要以现货价卖出即可，保证了高价售出的高收益。但如果油价跌了，公司可以行使期权，以固定价格 100 美元 / 桶卖出，这样一来，通过认沽期权公司对冲了油价下跌的风险。认沽期权设立了一个底线（回报永远不会低于 100 美元），使公司在油价高于 100 美元时仍能获利。

同样，期货在货币、利率以及其他商品上，在对冲公司在这些敞口风险上，作为对冲工具也是可用的[1]。

◆ 学习重点

利率、汇率、股票和债券、商品以及天气等的期权可使公司对冲风险，同时从上涨中获益。

阿尔法·罗密欧，一家意大利汽车制造商，定期从日本采购原材料，向供货商支付日元，生产的汽车大都在欧洲销售，价格在市场上也具有竞争优势。公司清楚在将汇率转嫁给消费者上能力有限，那么，如果日元原材料价格保持稳定还好，但如果日元升值了，带来欧元实际成本上升，就会使公司的边际收益下降。公司可以买入日元外汇期权，但需承担一定的额外费用，外汇期权使其拥有权利而非义务在未来一个特定的日期内以约定的汇率买入日元。如果日元升值了，阿尔法·罗密欧公司可以行使期权，以固定的价格买入日元；如果日元贬值了，公司可以让这些期权过期，就以市价买入便宜的日元。运用外汇期权，可以使公司有效地控住日元成本并从汇率变动中获益。

百达翡丽，一家瑞士手表商，向美国出口产品，它已知道将有一出口合同会收到 1,000 万美元，但它的生产成本以瑞士法郎计，所以它会面临外汇风险。百达翡丽可以通过买入美元期权来对冲外汇风险（假设 1 美元兑 1.15 瑞士法郎），这样，公司有效地为它将要收到的瑞士法郎定下最低数额（1150 万瑞士法郎，也就是说，最初的 1,000 万美元，按行使价 1 美元兑 1.15 瑞士法郎）。但如果美元升值了（也就是说，美元价值大于瑞士法郎），百达翡丽以固定价格卖出期权，以市价卖出美元而得到更多的瑞士法郎）。如美元升值到 1 美元等于 1.5 瑞士法郎，百达翡丽就把 1,000 万美元换成 1,500 万瑞士法郎，让手里的期权（1.15 瑞郎）到期不用。

天气衍生品从 1999 年开始交易，这些产品也可以用来对冲某些公司可能面临的价格和数量风险。如一家天然气供应商在暖冬时售气较少，从而收益减少。大多数天气衍生品都采用场外交易，虽然有些合约在芝加哥期货交易所开展。常用的两个指数分别是炎热度天数（HDD）和寒冷度天数（CDD）。HDD 指数按超过 18 摄氏度计算，这代表一栋建筑物通常保持到的温度，HDD 指数意味着需要加热。CDD 指数按低于 18 摄氏度的天数计算，这反映了空调用电的需求。公司在不同的地区（能源、宾馆饭店、娱乐场所、供水、零售、建筑、服装制造）运用期权来对冲它们的这些敞口风险。

1 一些现有的农产品、金属、能源、外币、利率、股权，在不同的交易所交易，如芝加哥期货交易所、国际交易所和纽约期货交易所等。

◆ 学习重点

通过划界（最高线或最低线），期权可有效对冲公司未来将交易资产的风险。

13.3 运用期权可能的策略，为什么有用

许多策略可以针对标的资产同时使用认购权和认沽权。这一节，我们将配合实例，分析一些关键的期权策略，说明它们为什么有用。

13.3.1 备兑看涨期权

通过股票和认沽权的组合，卖方在卖出看涨期权时获得一笔溢价，因此，必须以预先指定的价格卖出股票（如果期权被行使）。在这种情况下，看涨期权被称为覆盖期权，因为风险必须由股票组合中的所持股票覆盖。

期权策略在到期日回报如下：

	S<X	S>=X
Stock（股票）	S	S
Short call（认购短仓）	0	－（S–X）
Covered call（备兑看涨期权）	S	X

| S 是股票的价格，X 是行使价。

假设投资者持有 Exxon 公司的股票和一个看涨期权的空头头寸，行使价是 100 美元，图 13.5 描述了到期日覆盖期权的回报。

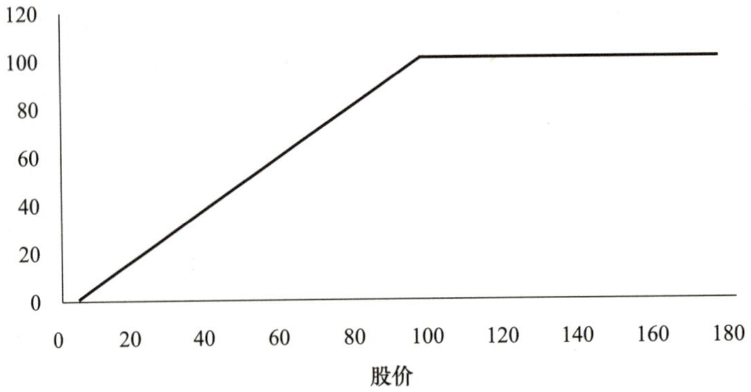

图 13.5　覆盖期权回报

那么，如果 Exxon 公司的股票在到期日高于 100 美元，备兑看涨期权的价值仍会是 100 美元。如果到期日股票价格低于 100 美元，备兑看涨期权的价格就是正股的价值。实际上，备兑看涨期权策略封住了股票价格的上限，所以，即使股票价格超过了行使价，备兑看涨期权的持有者也不会获得额外收益。换句话说，投资者从卖出期权前获取收益。

备兑看涨期权策略对其股票组合中目标定在 100 美元的投资者有用，这意味着他在市场价格达到 100 美元时将把股票出售。这时，投资者可以在期权市场获利，特别是采用备兑看涨期权策略。如果投资者以 100 美元的行使价出售一手看涨期权，同时，组合里包含标的股票，他实际上承诺了在 100 美元时卖出这个股票并从出售中收到溢价。备兑看涨期权就允许这位投资者保持他最初在 100 美元卖出的目标，同时，在认购时得到一个保证的溢价。

13.3.2 保护性看跌期权

通过购入看跌期权来保护购入者对抗价格下跌的风险，同时，持有一项资产和一个看跌期权，被称为保护性看跌期权。到期日，看跌期权的回报如下：

	S<X	S>=X
Stock（股票）	S	S
Short call（认购短仓）	X−S	0
Covered call（备兑看涨期权）	X	S

实际上，保护性看跌策略是兜底而不是封顶。如果股票价格上涨，投资者获益；如果股票价格下跌，投资者受到一定限度（看跌期权的行使价）的保护。作为这种保护的交换，购买者必须为这一看跌期权支付溢价。

一名投资者持有 Exxon 公司的股票，现价为 100 美元，这位投资者想在两年内套现股票来支付房款。他没有马上卖掉股票，把钱放进银行账户里，而是买入一个保护性看跌期权，通过买入这个两年期行使价为 100 美元的看跌期权，可以防止股价跌到这个水平以下。图 13.6 描述了看跌期权在到期日的回报情况。

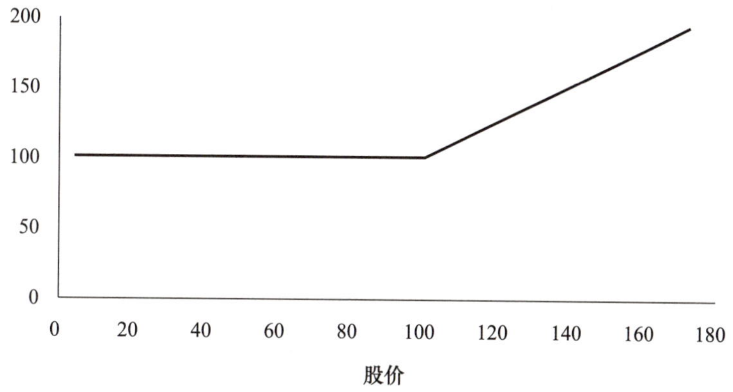

图 13.6 保护性看跌权回报

投资人就这样保住了 Exxon 股票价格未来两年的底线，也就是到期至少 100 美元 / 股。如果两年后的股价高于 100 美元，他可以直接在市场卖掉股票。如果股价跌至 100 美元以下，他可以行使期权，收到保证的 100 美元（行使价）。当然，作为这一保护措施的交换，投资人必须为此期权先支出溢价。

13.3.3 跨式期权

所谓跨式期权就是通过以同样的行使价买入一个看跌期权和一个看涨期权，如果投资者认为股票将剧烈震荡且不确定是上涨还是下跌，这个策略非常有用。在到期日，跨式期权的回报如下：

	S<X	S ≥ X
看涨期权	0	S–X
看跌期权	X–S	0
跨式期权	X–S	S–X

假设投资者同时持有看涨头寸和看跌头寸，两边的行使价都是 100 美元，图 13.7 描绘了这种跨式期权到期日的回报。

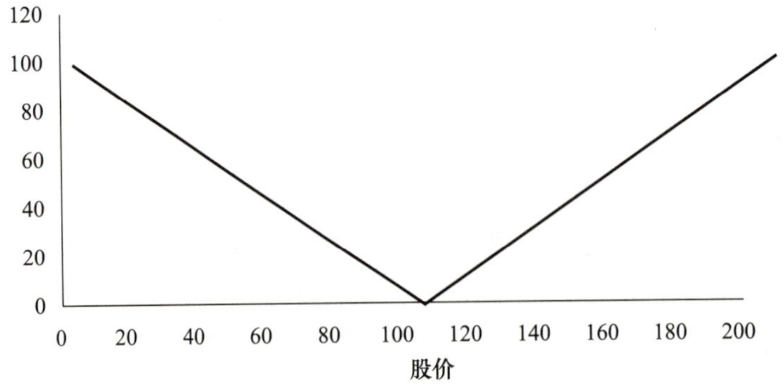

图 13.7 跨式期权回报

那么，如果到期时 Exxon 的股价高于 100 美元，投资者从行使看涨期权中获益。反过来，如果 Exxon 的股价低于 100 美元，投资者从看跌期权中获益。实际上，跨式期权没有向下的，它的向上依据股票的波动程度。当然，投资者也必须为买入看涨期权或看跌期权支付额外费用。

13.3.4 领子期权

领子期权就是在两个证券之间设一个上下限价值组合，定义为一个看涨股票配合一个买入认沽权和一个空头看涨期权。看跌期权提供下跌保护或称地板，空头看涨期权（一个比看跌价高的行使价）提供上限或称顶盖，这样，领子期权就为一项资产设置了上边限和下边限。

这是一种一定程度上防止资产价值剧烈波动的策略，同时，使对冲策略的成本最小化。领子期权策略的主要思想是在当日以低成本给投资者一个防护底线，为卖出权筹集资金，投资者以高一点的行使价卖出一个看涨权。但一般卖出看涨期权的选择方法，是它的溢价能覆盖看跌期权的额外费用，这样一样，投资者不用在期权上花钱，换成为损失设了一个底线，并接受收益的上线。

假设一名投资者持有一只股票现价 100 美元，投资者可以建立一个领子期权，买入一个看跌权，行使价为 80 美元，同时，卖出一个看涨权，行使价 120 美元。图 13.8 描绘了到期日这个领子期权的回报。

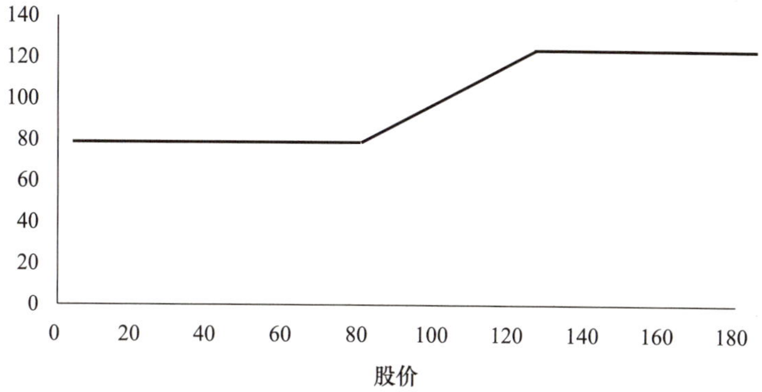

图 13.8 领子期权回报

领子期权经常在利率上使用。一方面，公司用领子期权策略可有效防止可能面对的利率大幅上升（从而带来较高的资金成本）；另一方面，如果利率出现大幅下跌，公司也能承受，收益将封顶。

13.3.5 蝶式套利

蝶式套利是基于标的资产低波动性预期的一种策略，它的设立是通过买入两个不同行使价的看涨期权，再卖出两个另外的行使价的看涨期权。

一位投资者，80 美元行使价买入一手看涨期权，120 美元行使价再买入另一手看涨期权，100 美元卖出两个看涨期权以，他建立起一个蝶式套利。图 13.9 描述了到期日蝶式期权套利的回报。

那么，到期日股票价格在 80~120 美元之间，投资者将从蝶式期权中获益。如果股票价格在到期日低于 80 美元或高于 120 美元，投资者就没有回报。这在投资者相信股票不会剧烈波动的情况下，是很有用的一项策略。

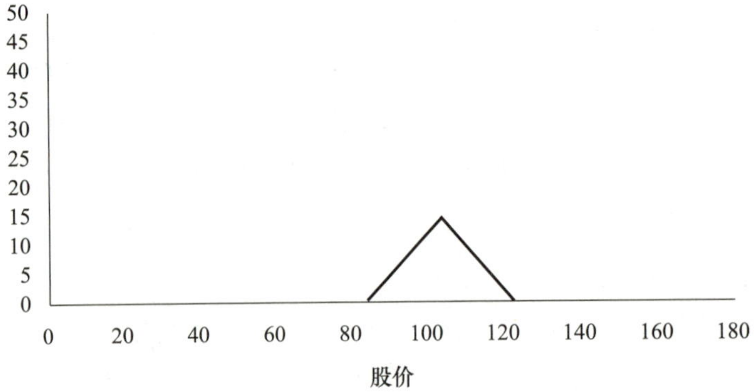

图 13.9　蝶式期权回报

13.4 期权如何估值

如上所述，期权（看涨或看跌）持有者的回报在到期日总为正（如果期权不行使就为零）。很显然，这些期权认购者（或售出者）面临风险，愿意承担风险换取期权发出时间上的溢价。本章我们分析一下期权是如何定价的。

我们先引入套利的概念，所谓套利的产生：（1）当日；（2）无风险；（3）无需资本投入。如果同样的资产在两个不同的市场价格不一样，这就有套利的机会。

假设英国电信的股票同时在伦敦和纽约交易，在纽约 50 美元、在伦敦 55 美元，你可以在便宜的市场（纽约）以 50 美元买入，马上在高价市场（伦敦）以 55 美元卖出。由于你在股市没有净头寸，无论价格涨跌，它是不相关的。

如果交易同时、准确地执行，你是无风险地稳赚，这就意味着一种套利机会。你不用自己的钱而很容易赚 5 美元的差价，因为你可以把在伦敦卖出股票的钱去纽约买入。

现代金融关键原则之一——特定期权定价，是不存在套利机会的，或许你可以做，但它迅速就消失了。如上例，你可以在纽约大量买入并在伦敦卖出，但价格在两市场间会翻转，套利就不在了。

衍生工具一般采用这种无套利原理进行估值，这也表明了在没有套利机会的时候，价格达到均衡。运用这一原理，布莱克、莫顿和思科尔证明了期权（如股票）可以通过持有某些股票和无风险资产组合来准确替代[1]。也就是说,一项看涨期权的回报跟一组股票和无风险资产组合差不多，那么，期权的定价就等于那一组合的价值。

13.4.1 看涨期权的估值

期权定价公式大多数采用布莱克－思科尔公式，许多公司的员工股票长期激励计划也用它来估值，计算期权价值的公式[2]，是金融学主要的突破之一：

$$C = S \times N(d_1) - \frac{X}{e^{rt}} \times N(d_2) \tag{13.5}$$

$$d_1 = \frac{\ln\left(\frac{S}{X}\right) + \left(r + \frac{1}{2}\sigma^2\right) \times t}{s\sqrt{t}} \text{and } d2 = d1 - \sigma\sqrt{t}$$

C 是看涨期权的价格，S 是标的股票现货价格[3]，X 是行使价，r 是无风险利率[4]，t 到期时间，是隐含波动性[5]，N（.）是正态分布值[6]。

13.4.2 布莱克－斯科尔公式在实际中的应用

下面是用布莱克－斯克尔公式计算期权价值的步骤。

1. 取得数据：

   S– 股票现价；

   X– 行使价；

   σ－股票波动率（年化）；

   t– 到期时间（年 %）；

   r– 连续复合无风险利率。

2. 计算 N（d1）、N（d2），这里 N（d1）、N（d2）表示基于 d1 和 d2 值的正态概率[7]。

3. 计算布莱尔－斯科尔价格。

假如我们想计算 Exxon 两年期看涨期权的价值，现价 100 美元，到期行使价 120 美元，无风险利率 4%[8]，公司无派息，股价波动率 20%，把这些代入公式（13.5），我们得出：

---

1 布莱克和斯科尔（1973），莫顿（1973）。

2 布莱尔－斯科尔公式给出了欧式期权一个理论估值。对于美式期权，大多数情况也接受布莱尔－斯科尔的估值。但实际上，美式期权很少等到期再行使，因此，欧式定价更近似。还有一种方法，罗尔－哥斯克－维利期权定价法，在美式期权中用在股票分红上，见罗尔（1979、1981）、维利（1981）。

3 现价是指证券在市场交易的价格。

4 这应该是期权在相同到期无风险资产复合年化率。

5 这是标的股票回报的标准差（用年化表示）。

6 它是标准正态分析的累积分布函数。

7 现有多种方法可以得出 N（d1）、N（d2），在 excel 里，用公式"=NORMSDIST（...）"可以得到我们需要的正态概率值。

8 布莱克－斯科尔公式要求采用连续复合利率，用年或半年复合利率得出最终期权价格的微小变动。

$$d_1 = \frac{\ln\left(\frac{100}{120}\right) + \left(4\% + \frac{1}{2}0.2^2\right) \times 2}{0.2\sqrt{2}} = -0.220$$

$$d_2 = d_1 - \sigma\sqrt{t} = -0.220 - 0.2\sqrt{2} = -0.503$$

用 excel 中的 NORMSDIST 公式，我们得出 $N(d_1)$ =0.413，$N(d_2)$ =0.309。

将以下数值代入布莱尔－斯科尔公式：

$$C = S \times N(d_1) - \frac{X}{e^{rt}} \times N(d_2) = 100 \times 0.413 - \frac{120}{e^{0.04 \times 2}} \times 0.309 = 7.1$$

因此，该两年期看涨期权的价格为 7.12 美元。

13.4.3 期权价格的决定因素

有 5 个因素影响看涨期权的价值。

1. 股价

看涨期权的价值随股价上涨，返回前面的例子（一个两年期 Exxon 公司的看涨期权，到期行使价 120 美元），我们列出它的价值如何随标的股价变化如下：

标的股票价格	\$80	\$90	\$95	\$100	\$105	\$110	\$120
看涨期权价值	\$1.59	\$4	\$5.24	\$7.12	\$9.34	\$12.34	\$17.98

股票现价上涨的可能性越高，期权的价值越高。

2. 行使价

行使价越高，期权的价值越低，如下：

行使价	\$110	\$120	\$130	\$140	\$150	\$110
看涨期权价值	\$10.86	\$7.12	\$5.08	\$7.12	\$3.09	\$1.98

自然，行使价下降的可能性越高，期权在到期日被行使的可能性越大，那么，期权当日价值越低。如今日股价 100 美元，两年期 Exxon 看涨期权行使价 150 美元的价值为 1.98 美元。

3. 利率

较高的利率会降低行使价的现值，从而提升期权的当前价值。

4. 到期日

较长的到期日提升期权价值。距离到期日越长，未来不可预见的事件越多，从而股价变化越大。

5. 股价至到期日隐含波动性

波动性越大，期权值越高，因为期权收益最低为零。较高的波动性在股票上涨情况下引起期权潜在收益提升。股票业绩好，期权持有人愿意波动性尽可能高，从而提升期权收益预期。

13.4.4 股票分红的话会怎样

分红会对期权的价值产生负面影响。实际上，分红高了（除非公司有其他新的消息），将在分红日从股价上扣除，这对看涨期权的持有者是坏消息。

在布莱克－斯科尔公式中，处理分红大多数标准的做法，就是按到期日（折现）下调股价中包含的分红价值。

在上面的例子中，假设股票每年分红2美元、两个分红3美元（就在期权到期日之前）[1]，无风险利率为4%。为满足布莱克－斯科尔公式，我们需计算调整股价的值（S′）：

$$S' = S - PV(Dividends) = 100 - \frac{2}{1.04} - \frac{3}{1.04^2} = 100 - 1.92 - 2.77 = 95.30$$

把分红调整股价的值代入布莱克－斯科尔公式（13.5）得出看涨期权价值5.34美元。

◆ 学习重点

对分红的股票期权进行估值，在用布莱克－斯科尔公式时，要用分红调整的股价。

13.4.5 看跌期权的估值

公式（13.5）被称为看涨期权的价格公式，为得出同样的看跌期权的公式，我们要介绍平价关系，这个公式是基于套利的概念，假设有如下两个组合：

1. 一个行使价X的看涨权，加上一个面值为X的无风险债券（期权行使价）；
2. 一只股票加上一个行使价为X的看跌权。

可以证明，这两个投资组合产生的收益完全相同。

那么，如果未来它们产生同样的收益，那么，今天看涨＋债券组合的成本必须与股票和看跌组合相同[2]。

$$P+S=C+PV(X) \tag{13.6}$$

丨P是看跌值，C是看涨值，S是标的股票的价格，PV（X）是股票行使价的现值。

根据公式（13.6）认沽认购等价理论，看跌期权的价值为：

$$P=C+PV(X)-S$$

---

1 如果分红在期权到期日之后再分，它们也就不相关了。

2 如果这种平价从不波动，套利的机会就出现了。为避免这种情况，投资者必须买入便宜的组合（上面1或2），同时卖出贵的组合。这会马上产生收益，也不用投钱（卖出贵的组合的钱与买入便宜组合的钱相等），不会带来风险（到期日赔赚一样）。这些套利机会不常有，一旦出现，很快在市场消失，认沽认购平衡回到原状。

我们用布莱克－斯科尔公式看涨期权值替换上面等价理论（13.6）的 C，得出看跌期权的价值：

$$P = \frac{X}{e^{rt}} \times [1 - N(d_2)] - S \times [1 - (d_1)] \qquad (13.7)$$

|（如前），且 $l_1 = \dfrac{\ln\left(\dfrac{S}{X}\right) + \left(r + \dfrac{1}{2}\sigma^2\right) \times t}{s\sqrt{t}}$，且 $l_2 = d_1 - \sigma\sqrt{t}$

我们来对一个两个期的 Exxon 看跌期权估值，假如 Exxon 当前的股价是 100 美元，该期权的行使价是 90 美元，无风险利率为 4%，公司不派息，股价的波动率是 20%。

$$d_1 = \frac{\ln\left(\dfrac{100}{90}\right) + \left(0.04 + \dfrac{1}{2}0.2^2\right) \times 2}{0.2\sqrt{2}} = 0.797$$

$$d_2 = d_1 - \sigma\sqrt{t} = 0.797 - 0.2\sqrt{2} = 0.514$$

$$P = \frac{90}{e^{4\% \times 2}} \times [1 - 0.695] - 100 \times [1 - 0.788] = 4.16$$

看跌期权的价值随当前股价的上涨而下跌，看跌期权值对标的股票价格变化的敏感程度如下：

标的股票价格	\$80	\$90	\$95	\$100	\$105	\$110	\$120
看跌期权价值	\$11.01	\$6.56	\$5.37	\$4.16	\$2.93	\$2.2	\$1.22

股票现价越高，看跌期权的价值到期行使价可能越低（在行使价 90 美元时），从而压低了这个期权的售价。

反过来，股票行使价越高，看跌期权的价值上行，如下：

期权行使价格	\$80	\$85	\$90	\$95	\$100	\$105	\$110	\$120
看跌期权价值	\$1.7	\$2.63	\$4.16	\$5.75	\$7.29	\$9.49	\$12.41	\$17.89

事实上，允许其持有者（如果期权行使期为两年）以 105 美元出售的看跌期权的价值，大于只允许其以 90 美元出售的看跌期权。

13.4.6　Delta（Δ）套期保值

期权价值与它的决定因素之间的关系，是由一系列衡量风险左右的，通常用希腊字母代表。

最常用的希腊字母为 Delta（Δ），用来表示期权价值与标的股票价格间的关系[1]：

$$\text{Delta}（\Delta）= 期权价差 \div 股票价差 \qquad (13.8)$$

1　其他希腊字母：vega，计量期权价格对目标股票波动变化的敏感性；计量期权价值从计算期至到期日的敏感性；rho，计量期权价值对无风险利率变化的敏感性；gamma，计量 delta 对标的资产价格变化的敏感性。

| 布莱克 - 斯科尔公式（13.5）中，Delta（Δ）等于 N（d_1）表示看涨，N（Δ）-1 表示看跌［公式（13.7）］。

如上面 Exxon 两年期看涨期权的例子，N（d_1）等于 0.413，这就意味 Exxon 的股价每变动 1 美元，我们应该得出：

- 看涨期权的价格变动 =0.413 × \$1=\$0.413；
- 看跌期权的价格变动 =（0.413-1）× \$1=-\$0.587。

Delta（Δ）在建立套期保值或期权置换中，是一个重要的计量方法。本例中，股票价格上涨时，看涨期权上涨了 41.3%；同时，股票价格上涨时，看跌期权下降了 58.7%。因此，我们按照上面 Delta（Δ）卖出 100 手看涨期权，那么，增加了 41.3 股长仓股，我们将拥有一个保值仓来保证标的资产的价值，这称作 Delta（Δ）套期保值或动态保值[1]。

13.4.7 如何评估波动性

较高的波动性与较高的期权价值（看涨或看跌）是联系在一起的，因为期权持有人只有在有收益时才会行权，他们在到期日不会亏钱（初始溢价已支付的除外）。较高的波动性将转变为未来股票更大的不确定性，那么，预期的收益越高，期权持有人才能从加大的波动中获益。

◆ 学习重点

波动性总是与较高的期权价值（无论是看涨还是看跌期权）相关。

需要强调的是，所有期权价值的投入除了波动性都能轻易观察到。是什么在期权生命周期内影响波动性（预期波动），不是过往的波动，怎么预测未来的波动性？

一项期权用历史的波动性作为标杆，如对过去一定期间的股票回报波动的估计，我们可以用每周股票价格的数据，来描述过去两年间股票每周的波动。在 excel 中，可以用公式 STDEV 得出。

需要强调的是，波动率以年为单位表示（或标准差）。如果用周数据计算股票每周回报的波动率，那么，结果就应该乘以$\sqrt{52}$。如果用每天的数据，我们应该乘以$\sqrt{255}$来反映一年内交易日的平均数。

我们还需要确定用过去多长时间的数据，时间越久，我们观察得越细。这里没有绝对的时间长短，请记住在布莱克 - 斯科尔公式中，σ 是未来期权隐含波动率，任何情况下，用以往的数据描述未来，可能是好也可能是坏。

在市场上，期权通常根据隐含波动率交易，也就是交易员根据另一方的隐含波动

1　还有一种选择，我们可以通过持有一定数量的股票和一些适合的无风险资产来代替看涨期权的收益，这也可以用于建立不同资产的仓位，根据条款如到期日、规模、行使价以及衍生品交易存在的非流动交易等。

率报价。如你在一个特定的期权上提交一个订单，接受支付一个与隐含波动率 25% 一致的价格（也就是用布莱克－斯科尔公司中 σ =25% 得出的）。假设一个两年期的看涨期权，当前的价格是 100 美元，行使价也是 100 美元，无风险利率是 4%，没有分红，不同的期权值用不同的波动率预估得出。

	波动率				
	10%	15%	20%	25%	30%
看涨值	$10.39	$12.46	$14.98	$17.55	$20.12
看跌值	$2.7	$4.77	$7.29	$9.86	$12.43

较高的波动性增加了期权到期盈利的可能性[1]。

根据上面给出的数据，如果看涨期权市场价格是 17.55 美元，我们推测隐含波动率在那个价格是 25%。相似的，如果有人想以隐含波动率 25% 交易这一期权，结果就是 17.55 美元的溢价。

隐含波动率除了期权定价外，还有其他用途。股票市场的隐含波动率有时被用作当前环境风险有多少的指标（以及未来不确定性有多大），如 VIX 指数[2]通常被称为“恐惧指数”，它是根据标普 500 指数中期权交易价格确定的，并表示未来 30 天市场对股票波动性的期望值（见图 13.10）。

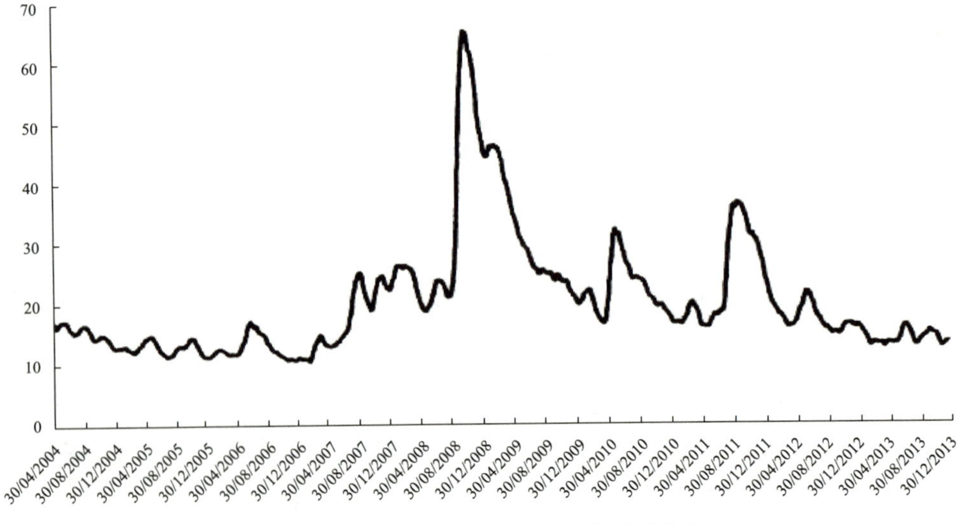

图 13.10 隐含波动率（以 VIX 指数给出）

来源：http://www.cboe.com/micro/vix/historical

1 如果波动性没有了，不确定性也就不存在了。如在本例中，无论看涨期权还是看跌期权都是基于当前股票价格 100 美元发行的。如果没有不确定性，股价在未来两年间都会是平的，期权到期也没有任何价值，那么，今日的价值也就是零。

2 VIX 指数被定义为标普 500 指数 30 天的隐含波动率，可以在 http：//www.cboe.com/micro/vix/historical.aspx 网站上查到。

VIX 指数长期平均值大约为 20%，但是 2008/2009 之后它明显上升了，这表示投资者对于未来的不确定性增大了。

◆ 学习重点

隐含波动性可以被看作对未来市场不确定性的预判。

本章小结

本章，我们介绍了期权以及它是如何运作的。另外，我们看了几种不同对冲策略以及各种结构化策略可能在期权上的运用。

期权是一种金融资产，可以使持有人以某种特定条件（某时、某价）买入或卖出某一标的资产。期权有两种，看涨期权是买入权，看跌期权是卖出权。

拥有一项期权就拥有了价值（对它的持有者来说），那么，任何期权的买入方为得到上述权利，必须付出代价（也称溢价）。布莱克－斯科尔法是市场上标准的估值技术，它需要 5 个要素来计算期权的价值：股票现价、行使价、波动率、期权到期日以及无风险利率，不仅金融专业人士、财务主管和总会计师需要它，绩效顾问、董事在制定奖励计划时也会用到股票期权。

期权对许多资产都有用，包括利率、汇率、股票、债券、大宗商品甚至天气。总之，这些工具使公司遇到反向利益变动时可以对冲风险，运用合适，可使公司锁定某些特定资产未来交易的风险边界（上限、下限）。